Doane

LA MONTAGNE SACRÉE

Daniel Crozes est né en 1958. Journaliste, historien et romancier, il vit et écrit en Aveyron. Passionné par l'histoire de son département qu'il a sillonné pendant dix ans de journalisme à *La Dépêche du Midi*, il lui a consacré une vingtaine d'ouvrages parmi lesquels *Les Aveyronnais, l'esprit des conquérants* (avec Danielle Magne, 1993). Son intérêt pour les traditions et le patrimoine l'a conduit à consacrer trois ouvrages aux objets familiers ou emblématiques de ce siècle : *De corne et d'acier, l'épopée du couteau de Laguiole* (1990), *Le Laguiole, une lame de légende* (1996) et *Ces objets qui nous habitent* (1999). Daniel Crozes a publié plusieurs romans de société salués par le public : *Le Pain blanc* (1994, Prix Mémoire d'Oc), *Le Café de Camille* (1995), *La Gantière* (1997, Prix Lucien Gachon et Prix intercomités d'entreprise des Pays de Loire en 1998), *La Fille de la Ramière* (1998), et *Julie* (1999). Son dernier roman, *Le Bal des Gueules Noires* (2001), a paru aux éditions du Rouergue.

Paru dans Le Livre de Poche :

LA FILLE DE LA RAMIÈRE

JULIE

DANIEL CROZES

La Montagne sacrée

ROMAN

ÉDITIONS DU ROUERGUE

1

L'Aubrac s'éveillait au printemps. On le devinait à la lumière du matin, de plus en plus vive et étincelante, qui jouait avec la rosée ; à l'azur du ciel, presque pur une fois que le soleil avait chassé les brumes de l'aube ; au vert tendre des pâturages, qui effaçait peu à peu l'hivernale terre de Sienne ; aux fleurs jaunes qui parsemaient les prairies de fauche ; à la douceur de l'air lorsque midi sonnait à l'horloge des clochers sur les places de village. D'ici quelques jours, en cortège joyeux et bigarré, vaches et veaux à la robe froment prendraient pour quatre mois le chemin des estives. Dans les fermes, les hommes s'affairaient afin d'être prêts au matin du 25 mai : ils ciraient les colliers de cuir des cloches, préparaient les drapeaux, rubans, rameaux de verdure et plumets de crins de cheval qui orneraient les cornes des bêtes. La même fébrilité — comme un air de fête saluant le retour de la belle saison — régnait partout sauf au domaine du Cayla où la mort avait frappé pendant l'hiver. Au matin de la Saint-Urbain, le troupeau de la famille Fau gagnerait la montagne des Mires sans oriflammes : il porterait le deuil. Les buronniers accrocheraient un crêpe noir aux cornes des vaches ainsi qu'à la bannière du *cantalès*[1]. Hommes et bêtes marcheraient en silence...

1. *Cantalès* : chef du buron.

Alors que le repas de midi s'achevait dans la grande cuisine du domaine, Léonard Fau songeait à ce cérémonial, à la fête gâchée. Depuis quelques années, le sort semblait s'acharner sur la famille. Il y avait eu la maladie de sa femme, en pleine guerre, puis sa mort subite par une nuit froide de décembre ; l'agression de son gendre à la fin du mois de novembre, qui avait succombé à ses blessures après d'atroces souffrances. Un marchand de bestiaux de Bozouls qui se rendait dans la région de Chaudes-Aigues l'avait découvert inanimé au creux d'un fossé près de sa traction, entre Laguiole et Lacalm. C'était un matin brumeux et glacial. Le givre avait rendu la chaussée glissante en fin de nuit. Il était sept heures. Au volant de son camion qui transportait un lot de taurillons, le négociant roulait prudemment. La présence d'une voiture sur le bord de la route, en rase campagne, l'avait intrigué ; il avait hésité à s'arrêter, craignant le guet-apens, puis s'était décidé : cet automobiliste était sûrement tombé en panne au petit matin et avait besoin d'aide. Malgré tout, avant de mettre pied à terre, il s'était muni de son bâton de foire pour pouvoir se défendre si on cherchait à voler son bétail ou à le dépouiller de son argent. A peine s'était-il approché de la voiture qu'il avait vaguement distingué la forme d'un corps dans le fossé à la faible lueur des phares de son camion dont il n'avait pas coupé le moteur. Puis il avait entendu des plaintes et il s'était alors précipité auprès du blessé. L'homme paraissait jeune ; il était vêtu d'un pardessus et d'un costume trois-pièces, comme un notable ; il portait autour du cou une écharpe blanche, maculée de sang et de terre ; il avait glissé dans l'inconscience, anesthésié par le froid et la douleur — ou l'alcool, car son haleine dégageait une forte odeur de marc. Devait-il filer jusqu'à Lacalm pour prévenir les secours au risque de le retrouver mort à son retour ? Ou le transporter chez le médecin de Laguiole ? Le marchand de bestiaux — un gaillard aux épaules carrées — n'avait pas hésité une seconde : il l'avait installé tant bien que mal sur le siège avant de son camion puis rebroussé chemin pour frapper — dans la rue principale de Laguiole — chez le docteur Mazars avec qui il chassait parfois les grives sur le causse de Rodez.

Le médecin n'avait pu tenter grand-chose : les blessures étaient trop graves. Bras et jambes avaient été brisés ainsi que la colonne vertébrale tandis que le thorax avait été enfoncé, perforant l'un des poumons. Malgré quelques hématomes et des traces de coups sur le visage, le docteur Mazars avait reconnu le gendre de Léonard — Michel Gastal — dès qu'il avait ouvert au négociant. Avec l'aide de Numa Auriac, pharmacien de Laguiole et beau-frère de Léonard, il avait préféré l'emmener à l'hôpital d'Espalion à bord de sa voiture personnelle sans attendre qu'une ambulance ait pu monter de la vallée. Malgré des calmants, le jeune homme avait mal supporté la route sinueuse qui conduit de Laguiole à Espalion ; il était mort en milieu d'après-midi sans avoir repris connaissance. Les médecins avaient refusé le permis d'inhumer, saisi la justice. L'autopsie avait révélé que le foie avait éclaté sous les coups ; elle avait également prouvé qu'on l'avait forcé, entre huit heures et dix heures du soir, à ingurgiter un mélange d'eau-de-vie et de raticide pour qu'il souffre au plus profond de ses entrailles avant d'avoir les reins, les bras et les jambes fracassés par un gourdin...

Cette exécution, à l'évidence minutieusement préparée, laissait Blandine veuve après quatre mois de mariage seulement. Tout au long de l'hiver, comme recluse de son gré derrière les murs épais de la maison familiale que ceinturaient les pâturages et les forêts, elle s'était retranchée dans sa douleur. La tristesse de son regard, les plis de son front, la pâleur de son teint trahissaient son chagrin, ses nuits blanches passées à sangloter. « Elle était si belle le jour de ses noces ! » pensait Léonard en l'observant à la dérobée. Dix mois plus tôt, Blandine resplendissait de beauté à la sortie de la cérémonie, devant l'église de Roquebrune, quand le photographe d'Espalion avait rassemblé les invités sur la place du village. Son père la revoyait si élégante et légère dans sa robe blanche, un bouquet de fleurs à la main. Le bonheur éclatait sur ses lèvres au sourire rêveur, dans ses prunelles bleues aussi limpides que le ciel d'Aubrac au cœur de l'été, illuminait son visage au teint clair. En cette journée de liesse, quoique la place de sa femme Pauline demeurât vide à ses côtés, le maître du Cayla n'avait pas caché sa joie de savoir sa fille heureuse : elle avait été beaucoup plus touchée par la disparition de sa mère que François, son frère aîné, parti travailler dès l'adolescence chez ses oncles limonadiers à Paris. Certes, il eût préféré qu'elle épouse un homme de la terre capable de le remplacer dans un proche avenir à la tête du domaine mais il s'était refusé à lui imposer sa volonté. Par respect. Par amour. Blandine avait choisi en toute liberté.

Pourquoi avait-on brisé sa vie en s'acharnant sauvagement sur son mari ? Cette question tourmentait Léonard. Et d'autres encore. Qui avait commandité cet assassinat ? Qu'avait à se reprocher son gendre pour mériter un châtiment aussi horrible ? Des trafics avec les Allemands pendant l'Occupation ? Du marché noir ? Une sale besogne de mouchard auprès de la Milice ou de la Gestapo ? Une escroquerie commise à l'égard d'un client de son père qui dirigeait un commerce de bois à Entraygues ? Une affaire de mœurs ? Des viols ? Ou un meurtre ? L'enquête n'avait fourni aucun élément de réponse. Le juge d'instruction et le procureur de la République de Rodez s'étaient déplacés à Espalion le soir même de sa mort puis le lendemain sur l'Aubrac malgré le mauvais temps, tandis que les services de gendarmerie avaient reçu le renfort d'un commissaire de la police criminelle, monté de Montpellier. Tout avait été fouillé : les abords du lieu où avait été abandonné Michel Gastal ainsi que les bas-côtés de la route entre Laguiole et Lacalm, ses vêtements, sa voiture qui avait été démontée puis explorée dans les moindres recoins, ses papiers personnels tant au Cayla que chez ses parents à Entraygues. En vain. Ses proches avaient été interrogés, comme le patron du café de l'Amicale à Laguiole qui l'avait servi la veille à six heures du soir en compagnie d'un homme étranger au pays, et qui semblait être le dernier à l'avoir vu vivant. Des procès-verbaux par dizaines, et aucun indice. Le commissaire de Montpellier avait décrié la méfiance des habitants de l'Aubrac à l'égard de la police, furieux de ne rien obtenir, persuadé que certains savaient mais se taisaient. Pour sa part, Léonard ne croyait pas au crime crapuleux même si son portefeuille, sa chevalière, son alliance en or avaient disparu. Alors ?

L'arrivée du facteur le tira soudain de ses réflexions. L'homme à la casquette bleue et au teint rougeaud entra dans la cuisine en sifflotant avant de saluer Léonard puis de déposer le courrier en bout de table où son verre de vin l'attendait comme à l'habitude. Il le vida d'un trait, remercia, traversa la pièce d'un pas lent — une chanson sur les lèvres.

Le claquement sec d'une lame de couteau ponctua son départ. A la table des domestiques, le maître-valet fermait son laguiole. A ce signal, les hommes se levèrent pour rejoindre les étables et les prés. L'instant d'après, il ne restait plus que Léonard et Blandine à la table des maîtres. A leur tour, ils se retirèrent tandis que la jeune bonne, Elise, débarrassait. Après le repas de midi, ils prenaient le café dans la salle à manger. C'était l'un des rares moments où ils se retrouvaient en tête à tête dans l'intimité de cette pièce chargée de souvenirs de famille et de trophées à la gloire de la race d'Aubrac : bronzes, diplômes et médailles gagnés en concours par l'élevage du Cayla, têtes de taureaux empaillées. En feuilletant le journal, ils commentaient les nouvelles du pays avant d'échanger les menus faits qui émaillaient la vie de la maisonnée. Assise à la place de sa mère, dans un fauteuil à la tapisserie défraîchie, près de la fenêtre qui ouvrait sur la cour, Blandine en profitait pour se confier lorsque sa peine devenait trop lourde. Son père la consolait de son mieux et l'aidait à lutter contre l'abattement, regrettant que son épouse ne soit plus parmi eux pour l'écouter. « Pauline aurait trouvé les mots justes... », se disait-il.

Léonard refermait la porte de la salle à manger lorsqu'une voix de femme retentit à la souillarde :

— Elise s'occupe de vous ! Le café est en train de « passer »...

C'était la voix de Julienne, petite-cousine de Léonard, avec qui Blandine se heurtait fréquemment. Depuis la mort de Pauline, cinq ans plus tôt, cette femme d'une cinquantaine d'années cherchait à tout contrôler depuis les provisions de charcuterie, de pommes de terre et de vin jusqu'au linge dont elle dressait l'inventaire dans les armoires après chaque lessive. Surtout, elle distribuait des ordres et les hommes s'en plaignaient auprès du maître. Léonard n'osait la réprimander : ils avaient grandi ensemble. Julienne, née à Paris dans une famille de bougnats, avait été élevée par ses parents qui étaient des cousins de sa mère. Elle n'avait jamais voulu retourner à Ménilmontant. A la fin de la Première Guerre, lors du mariage de Léonard, elle avait proposé ses services à Pauline. Elle avait su se rendre indispensable, occuper une place privilégiée au sein de la maisonnée surtout au moment de la maladie de sa cousine qu'elle avait entourée d'attentions et de soins, ce que Léonard ne pouvait oublier.

Dans l'attente du café qui avait encore goût de chicorée en ces temps de rationnement, Léonard parcourut les titres du journal qui reflétaient la grisaille du quotidien. L'armée française subissait les attaques du Viêt-Minh en Indochine ; les syndicats brandissaient une menace de grève dans les usines pour protester contre la politique de restrictions du président du Conseil Paul Ramadier — député de l'Aveyron — rebaptisé pour l'occasion « Ramadiète » ; à Rodez et à Millau, le pain manquait dans les boulangeries depuis le début du mois de mai tandis que des perquisitions de blé étaient effectuées dans les fermes afin d'assurer la soudure. Les habitants des villes accusaient les paysans de frauder et de s'enrichir ; on soupçonnait d'anciens « collabos » de poursuivre leurs trafics en toute impunité comme aux beaux jours de l'Occupation. Quelle drôle d'époque ! D'un geste rageur, Léonard referma le journal.

— On ne sortira jamais de cette sale guerre ! tonna-t-il.

Sous la bande du *Rouergue républicain,* le facteur avait glissé deux lettres : toutes deux, postées la veille à Espalion, portaient la même écriture. L'une était adressée à Léonard, l'autre à sa fille. Le maître du Cayla décacheta l'enveloppe d'un doigt impatient tandis que Blandine ouvrait la sienne à l'aide du coupe-papier qui traînait sur la cheminée près de la pendule. Dès les premières lignes, elle éclata en sanglots.

— Ecoute-moi ! dit son père d'une voix persuasive.

Alors, d'un pas pesant qui fit grincer les lames du parquet, il se mit à arpenter la pièce comme pour choisir ses mots ou se donner le temps de la réflexion. A cinquante-quatre ans, et malgré un léger embonpoint, Léonard restait bel homme avec ses joues pleines et rondes, ses moustaches conquérantes, son regard vif. Pas un seul cheveu blanc sous le chapeau ! Sa stature impressionnait sur les champs de foire ou dans les concours ; elle rassurait Blandine.

— Cette lettre n'est qu'un tissu de mensonges ! s'insurgea-t-elle avant même qu'il n'eût réagi. C'est de la calomnie !

Les mots « voyou », « voleur » et « assassin » dont on affublait son mari résonnaient dans sa tête. Cette lettre l'accusait pêle-mêle d'avoir réquisitionné des pommes de terre, du blé et du bétail dès l'hiver 1943-1944 pour les revendre au marché noir en présentant de faux ordres de la Résistance, d'avoir rançonné des familles du Cantal et de l'Aveyron au cours de l'automne 1944 à la tête d'une bande armée, brutalisé des vieillards pour les amener à avouer où ils cachaient leurs économies. Cette même lettre prétendait encore que Michel Gastal avait violé une jeune femme dans une ferme du Carladès un matin de foire de Mur-de-Barrez, en l'absence de son mari et de son beau-père ; il l'aurait menacée avec un poignard de chasse puis aurait abusé d'elle dans sa chambre pendant que ses complices enfermaient sa belle-mère dans la cave.

— De l'affabulation ! s'écria-t-elle.

Léonard sortit enfin de sa réserve pour glisser à mi-voix :

— Je te l'accorde, Blandine : il n'y a pas de preuves ! En tout cas pour l'instant... mais... je me demande...

— Comment ? coupa-t-elle. Tu oserais, toi aussi, mettre en doute son honnêteté ?

Le maître du Cayla manifesta son embarras par un haussement d'épaule : le train de vie de son gendre l'avait toujours intrigué. Michel roulait à bord d'un cabriolet Citroën, portait de jolis costumes, couvrait sa femme de cadeaux. Où trouvait-il cet argent ? L'empruntait-il à son père ? L'avait-il gagné au marché noir ? Le mystère persistait.

— Enfin ! répéta Blandine, surprise par son peu

d'empressement à la soutenir. Tu ne peux pas croire un mot de cette lettre...

— L'amour et le chagrin t'aveuglent, se résolut à lâcher Léonard. Ouvre les yeux ! On n'en voulait pas qu'à ses liasses de billets, à sa chevalière et à son alliance ! C'était un règlement de comptes...

Elle fondit en larmes et se réfugia contre sa poitrine, saisie par le doute ; elle se reprochait sa naïveté. Au collège de Rodez puis au domaine du Cayla après la débâcle de mai-juin 1940, Blandine s'était forgé un idéal d'homme : elle cherchait un mari qui puisse la défendre, la protéger des pièges de la vie. Sa première rencontre avec Michel Gastal remontait à l'hiver 1943-1944. A la table de Numa et Clothilde Auriac, oncle et tante de Blandine, pharmaciens à Laguiole, ils s'étaient retrouvés côte à côte au cours d'un repas. Ils s'étaient revus chez les Auriac avant la fin de l'hiver puis avaient pris l'habitude de passer les dimanches ensemble au printemps. Michel s'était montré attentionné, amoureux ; elle avait succombé à son charme. Dès la fin de l'année 1944, il l'avait demandée en mariage. La vie qu'il lui proposait, Blandine en avait rêvé : il ouvrirait une quincaillerie à Laguiole mais ils habiteraient au Cayla. Il la savait attachée au domaine et soucieuse de vivre au plus près de son père. Aussi s'engageait-il à respecter son désir le plus cher, sa liberté. Pouvait-elle espérer mieux d'un homme ? Les fiançailles avaient été célébrées en août 1945, les noces l'été suivant. C'était son premier amour. Elle croyait qu'il résisterait à tout, jusqu'aux derniers jours de leur vie... Plus que jamais, elle voulait savoir qui était vraiment son mari, quels méfaits il avait commis, qui l'avait assassiné. Comment savoir ? Cette lettre pourrait-elle relancer l'enquête ? Léonard devina ses pensées.

— Inutile d'écrire au juge Teulière ou au commissaire Delheure ! s'empressa-t-il de dire à sa fille. Les lettres anonymes n'ont aucune valeur. Depuis la

Libération, les facteurs en distribuent par centaines... Chacun soupçonne son voisin de s'être enrichi avec le marché noir ou d'avoir renseigné la Milice... Comme pendant la guerre, les bureaux des juges et des gendarmes croulent sous les dénonciations...

La vérité éclaterait-elle un jour ?

Le mystérieux correspondant se manifesta tous les jeudis jusqu'à la première semaine d'août, avec une régularité exemplaire. Oblitérées tantôt d'Espalion ou de Laguiole, tantôt d'Entraygues ou de Nasbinals pour brouiller les pistes, les lettres s'acharnaient à dépeindre Michel Gastal sous un jour de plus en plus sombre et cruel, à décrire par le menu ses méthodes de racket que n'auraient pas renié les chauffeurs — bandits de grand chemin. Elles passaient au peigne fin sa vie et ses tristes exploits, racontant les beuveries et parties fines qui clôturaient ses sorties dans un tripot clandestin qui entretenait aussi la réputation d'être un hôtel de passe, insistant également sur son sadisme à l'égard des gens sans défense — femmes ou vieillards ; elles contenaient de telles précisions que Léonard s'interrogeait sur la personnalité de son auteur. Etait-il mythomane ? Travaillait-il pour la Secrète ? Appartenait-il à cette bande armée et avait-il été dupé à l'occasion d'un partage de butin ? En avait-il été victime et entendait-il régler ses comptes ? Ou aurait-il un jour croisé la route de Michel Gastal, qu'il aurait reconnu ? Dès la troisième lettre, Léonard et sa fille constatèrent qu'il n'inventait rien. Le corbeau narrait l'attaque, en novembre 1944, d'un couple d'anciens bougnats près de Raulhac, dans le Carladès. Armés de fusils de chasse et cagoulés, Gastal et sa bande avaient surgi en fin d'après-midi. Pour délier leur langue, ils avaient ligoté leurs victimes sur leur lit et leur avaient brûlé la plante des pieds à l'aide d'une bougie. Mais l'affaire avait tourné court : ils fouillaient l'armoire à la recherche de bijoux quand deux hommes les avaient délogés de la maison. C'était un père et son fils, les plus proches voisins des bougnats ; ils avaient débité des arbres une partie de l'après-midi dans les bois et, au retour, repéré la traction près de la maison. Jouant des poings, les menaçant avec leur hache, ils avaient réussi à mettre les bandits en fuite mais Michel Gastal avait eu un œil poché dans la bagarre.

— Je m'en souviens maintenant ! s'écria Blandine. Il m'avait raconté qu'il était tombé chez ses parents dans l'escalier de la cave. Ce soir-là, m'avait-il dit, il y avait panne d'électricité et il était descendu sans lampe chercher une bouteille... Il était très amoché ; il avait eu peur de perdre l'œil...

La lettre indiquait une date : jeudi 18 novembre 1944.

Elle monta aussitôt dans sa chambre, exhuma d'un tiroir de l'armoire les lettres qu'elle avait précieusement conservées. Elle ne tarda pas à trouver ce qu'elle cherchait : une enveloppe dont le tampon portait la date du 19 novembre 1944. Il s'excusait de ne pouvoir passer la journée du dimanche 21 novembre avec elle comme convenu : un œil poché l'empêchait de conduire son cabriolet et de se déplacer jusqu'au Cayla. En quelques lignes, il relatait l'incident dont il avait été victime dans l'escalier de la cave de ses parents à Entraygues. Deux semaines plus tard, lorsqu'ils s'étaient revus, les pommettes et le contour de l'œil en portaient encore les traces...

Quelles révélations leur réservait encore le corbeau ? Blandine craignait désormais le pire et, à l'idée que son mari avait peut-être tué, elle frissonna d'effroi. Cet après-midi-là, pendant que son père montait au buron, elle voulut relire toutes ses lettres dans l'espoir d'y trouver un indice — si mince fût-il — qui pût permettre de prévoir la suite des événements. Aurait-elle dû y renoncer pour s'éviter de souffrir davantage ? De rage, elle faillit déchirer ces mots d'amour tant la douleur était vive et insupportable ; elle se sentait trompée, trahie. Dans la pénombre de sa chambre, allongée sur son lit, elle pleura jusqu'à ce que ses yeux rougis deviennent secs.

— J'ai peur, confia-t-elle à son père dès qu'il revint des Mires en fin d'après-midi.

Tout autant que les abominables forfaits de son mari la préoccupaient les plans de leur correspondant. Quelles étaient ses intentions ? Leur soutirer de l'argent ? Ternir leur réputation dans le pays ? Qui jouait ce rôle répugnant ? Maintenant que Blandine et son père détenaient les preuves que l'inconnu n'affabulait pas, le danger se précisait.

— Tu n'as rien à craindre, dit-il d'une voix assurée.

— Mais toi ? s'écria-t-elle. On peut te surprendre sur les chemins ou sur nos terres. Comment te défendras-tu ? Le corbeau ne nous laissera pas tranquilles un seul jour...

— Tu exagères, Blandine !

— Papa, sois raisonnable ! Tu lis le journal comme moi... Même chez nous, les routes ne sont pas sûres... On détrousse des gens... On les assomme pour les voler...

Depuis le mois de mai, un « homme au masque rouge », connu désormais sous le nom du Masque Rouge, rançonnait les paysans au retour des foires de Marcillac ou de Villecomtal. Ces agressions alimentaient régulièrement la page des faits divers des quotidiens aveyronnais. Auteur d'une quinzaine de forfaits, le Masque Rouge avait échappé aux gendarmes et au flair des chiens policiers, aux battues organisées par les maires à travers le pays. Dans le même temps, en dépit de l'arrestation d'une bande armée de Montpellier qui avait sévi dans les campagnes aveyronnaises, les attaques de fermes isolées persistaient. Sur le plateau d'Aubrac, une psychose collective s'installait. Chaque été, la fenaison ramenait de la main-d'œuvre venue de la vallée du Lot ou du causse de Rodez. Depuis deux ans, s'y mêlaient aussi quelques prisonniers allemands. Ce brassage d'hommes inquiétait.

— Je te promets d'être prudent, répondit-il. Je le suis déjà !... J'ai pris mes précautions pour les foins... Nous aurons la même équipe que l'an dernier... Des gars sérieux...

Blandine n'était qu'à moitié rassurée. Elle redoutait la présence d'une main criminelle qui mettrait le feu aux granges, provoquerait des accidents avec les attelages de bœufs.

— Le maître-valet aura l'œil, ajouta-t-il pour balayer ses craintes. Depuis la première lettre, je l'ai chargé d'une ronde chaque nuit...

Les précautions prises par son père parurent la satisfaire. Peut-être l'aideraient-elles à mieux dormir désormais. Elle veillait si tard sans pouvoir trouver le sommeil, toujours aux aguets, ou en proie aux cauchemars.

Comme Léonard le pressentait, le corbeau finit par exposer ses exigences. Sa dixième lettre, parvenue au domaine le 7 août, était explicite : le maître du Cayla devait acheter son silence et verser la somme de trois cent cinquante mille francs avant le 30 septembre.

— Trois cent cinquante mille ! siffla-t-il, ahuri.

A la foire de Lacalm, le 29 août dernier, il avait obtenu cent soixante-quinze mille francs d'une paire de bœufs de six ans.

— Deux paires de bœufs gras ! précisa-t-il à sa fille. Ou le salaire annuel de notre maître-valet... C'est exorbitant !

Elle hocha la tête, impressionnée. Pour imposer un tel montant, le maître chanteur devait bien les connaître : il savait que la famille Fau possédait de l'argent « vieux », patiemment amassé au fil des générations. Avant d'acquérir le domaine du Cayla qui appartenait à l'abbaye de Bonneval, installée depuis le Moyen Âge au-dessus d'Espalion près d'une boralde, les Fau en avaient été les fermiers généraux pendant un siècle et demi ; ils avaient si bien mené leurs affaires qu'ils s'étaient enrichis et avaient emporté les enchères au moment de la vente des biens nationaux lorsque les propriétés de l'Eglise avaient été démantelées par la Révolution. Dans le pays, beaucoup les enviaient pour leur bel ensemble de terres et de bâtiments : cent soixante hectares en un seul bloc — c'était si rare — dont une montagne de quatre-vingts hectares, proche de la ferme, et son buron ; des étables qui avaient été agrandies par le père de Léonard puis modernisées par Léonard lui-même à l'occasion de l'installation de l'électricité au Cayla en 1938 ; une grande maison surmontée d'un clocheton dont le fronton s'ornait des armoiries de l'un des abbés de Bonneval — un frêne. L'ancienneté de sa famille, l'importance du domaine, les souches renommées de son élevage conféraient une certaine noblesse à Léonard. C'était un homme respecté qui siégeait au conseil municipal et dans les jurys de concours, présidait le syndicat cantonal de la race d'Aubrac. C'était un « monsieur au chapeau » comme on désignait alors les éleveurs réputés du plateau. On se déplaçait de loin pour solliciter ses conseils et on tenait compte de ses avis. Qui osait le défier ?

— Tu paieras ? demanda-t-elle à son père.

— Payer ? s'exclama-t-il, surpris qu'elle posât la question.

L'idée ne l'avait pas effleuré un instant malgré les menaces du maître chanteur de révéler en public les agissements crapuleux de son gendre durant la campagne des élections municipales dont le premier tour avait été fixé au dimanche 19 octobre. Au café de Roquebrune, à la sortie de la grand-messe, on parlait déjà du renouvellement du conseil. Le maire, notaire à Malbouzon mais propriétaire d'une

ferme au chef-lieu de la commune, prévoyait d
reconduire devant les électeurs la liste élue au printemps 1945, sur laquelle figurait Léonard. Le maître du Cayla avait la confiance du maire ; il occupait le poste de deuxième adjoint.

— Payer ? répéta-t-il. Jamais ! Au cours de ma vie, je n'ai jamais cédé au bluff ! Ni capitulé avant de m'être battu jusqu'à la limite de mes forces. Si on s'attaque à notre honneur, je le défendrai bec et ongles... Ton mari a peut-être été un salaud de la pire espèce mais nous n'en sommes pas responsables... Ni toi ni moi. C'était avant ton mariage... Je n'accepterai pas qu'on te salisse...

Blandine admirait sa détermination et son courage, mesurait les risques qu'il prenait en refusant ce marché. Si le maître chanteur s'exécutait, les habitants de Roquebrune — en partie, tout au moins — douteraient désormais de leur intégrité : on se méfierait d'eux, on les mettrait à l'index au village. Quelle serait l'attitude du maire ? Accorderait-il quelque crédit à ce déballage qui promettait d'être sordide et se débarrasserait-il de Léonard pour être réélu ? Ou le soutiendrait-il face à la calomnie ? Blandine espérait qu'il ne se laisserait ni aveugler ni manipuler.

— Si le corbeau n'est pas lâche, les masques tomberont ! reprit Léonard d'une voix décidée. Il me tarde maintenant de savoir s'il a des preuves et quelle est l'ordure qui se livre à cette sale besogne.

La partie de cache-cache avait assez duré : il souhaitait désormais un affrontement à visage découvert. Loin d'anéantir cet homme durement éprouvé, cette perspective galvanisait son énergie. Jamais, depuis la disparition de Pauline, il n'avait senti une telle force l'animer.

2

Blandine n'en dormit pas, ressassant leur discussion, étouffant dans sa chambre malgré la fenêtre grande ouverte sur la fraîcheur de la nuit, comptant les heures que l'horloge dc la cuisine égrenait avec conscience. Peu après le chant du coq qui servait de réveille-matin aux hommes du domaine, on frappa à sa porte. Pourquoi la dérangeait-on si tôt ? Il était à peine six heures. L'inquiétude noua sa gorge. Elle songea aussitôt à son père. En ce matin du 8 août, Léonard avait quitté de bonne heure Le Cayla pour Laguiole où se tenait la première foire d'été qui marquait le début de la décharge des montagnes. Aurait-il été attaqué en route ? A cette idée, ses jambes flageolèrent et sa main trembla sur la poignée de la porte. Elle finit par ouvrir. Elise parut gênée de la surprendre en chemise.

— Madame Julienne est couchée, expliqua la jeune femme d'un air embarrassé. Un coup de soleil... Hier, elle a passé l'après-midi à sarcler les pommes de terre ; elle avait oublié son chapeau... Les domestiques arriveront bientôt des étables... Si vous pouviez...

— Je descends, coupa Blandine. Le temps de m'habiller...

Elle versa de l'eau dans la cuvette en faïence et mouilla un gant de toilette pour rafraîchir son visage avant de brosser ses cheveux châtains et bouclés qu'elle coiffait courts puis de passer à contre-cœur une robe noire ; elle détestait le noir. Après une visite à sa cousine qui dormait dans la chambre voisine, elle retrouva Elise devant la cuisinière de fonte : le feu ronronnait déjà. Tandis que la bonne réchauffait la soupe, Blandine prépara une omelette aux lardons. L'odeur de friture se répandait dans la cuisine lorsque le premier bouvier entra, traînant des pieds ; il marmonna un vague bonjour et s'attabla. Une fois qu'il eut taillé de fines tranches de pain, Elise remplit son assiette d'une soupe épaisse et brûlante qu'il commença à manger un moment plus tard sans attendre ses compagnons. Les quatre hommes le rejoignirent alors qu'il arrosait son bouillon d'une rasade de vin. A sept heures, ils retournèrent à l'étable. Blandine en profita pour boire son café au lait, debout près de la fenêtre, le regard absent.

— Vous devriez manger ! insista Elise qui venait de s'asseoir en bout de table après avoir débarrassé.

La jeune bonne, femme au teint frais et au solide appétit, étalait de la confiture sur un large chanteau de pain. Ses hanches rondes contrastaient avec la taille fine de Blandine, mais elle s'en moquait.

— Mangez ! répéta-t-elle avant de plonger à nouveau sa cuillère dans le pot. Vous êtes blanche comme un linge...

Blandine reprit du lait, esquissa un sourire en la voyant dévorer ses tartines puis fila à la souillarde. Cette journée promettait d'être longue, éreintante en l'absence de Julienne. Malgré la chaleur, les deux jeunes femmes devraient se relayer jusqu'à la nuit devant les plaques du foyer pour nourrir une douzaine de personnes ; en été, les cuisinières du Cayla dressaient la table cinq fois par jour. Aussi la matinée s'écoula-t-elle au rythme des allées et venues entre les caves, le saloir, la souillarde et la cuisine. Blandine s'accorda peu de répit jusqu'au retour des hommes, au moment de la collation de neuf heures,

ce qui ne l'empêcha nullement de penser à son [illegible]
Où était-il à cette heure ? Sur le foirail de Laguio[illegible]
tournant autour des bêtes ? Au café, assis devant un morceau de falette[1] ? Elle avait hâte d'entendre les grelots des chevaux.

Au milieu de la matinée, le charretier attela le break à l'une des juments ardennaises de la ferme qu'il conduisit près de l'abreuvoir de pierre dans la cour puis, de sa grosse voix, jeta à la cantonade :

— L'attelage est prêt !

Chaque vendredi, Julienne livrait aux buronniers les provisions de la semaine : des pommes de terre, des légumes frais du jardin, de la ventrèche, du pain, des œufs. Quoiqu'elle n'ait pas l'habitude de mener des chevaux, Blandine décida de se rendre elle-même à la montagne des Mires. Cinq kilomètres séparaient le domaine du buron auquel on accédait par une draille qui traversait les pâturages.

— Aidez-moi à charger ! dit-elle au charretier qui tenait les rênes de la jument. Puis je me débrouillerai...

L'homme, bourru, s'y opposa.

— Votre père ne me le pardonnerait pas, fit-il, catégorique.

Elle céda ; il hissa les paniers de victuailles à l'arrière du char à banc puis s'installa à ses côtés. Le fouet claqua. Ils s'éloignèrent à pas lents.

Au buron, Blandine ne rencontra que le *cantalès* et le *pastre*[2], occupés l'un et l'autre à la fabrication du fromage pendant que le *bédélié*[3] et le *roul*[4] surveillaient les bêtes au loin en lisière des bois. Dans la salle commune, accroupi devant la cheminée, le *pastre* attisait les braises à l'aide d'un soufflet à

1. Falette : poitrine de veau farcie.
2. *Pastre* : berger, second du *cantalès*.
3. *Bédélié* : homme chargé de la surveillance des veaux.
4. *Roul* : mousse, garçon à tout faire dans un buron.

bouche. Malgré la pénombre, elle remarqua qu'il était jeune.

— Dépêchez-vous ! lança-t-elle. Nous sommes pressés.

Lorsqu'il sortit en toussotant, incommodé par la fumée de l'âtre, elle le vit en pleine lumière. C'était un bel homme, grand et tout en muscles, aux traits fins et à la barbe rasée de frais, ce qui était rare chez les buronniers, aux sourcils épais et noirs, à la peau halée par la vie au grand air. Ses cheveux bruns disparaissaient sous une casquette à visière semblable à celle que portaient les ouvriers au temps du Front populaire, peu commune sur les montagnes où les saisonniers préféraient le béret. Malgré des tâches salissantes et pénibles à accomplir de l'aube au crépuscule pendant quatre mois sans confort ni repos, Gauthier Chassan soignait sa tenue : pas de vêtements troués ou rapiécés. Blandine s'étonna de ne pas l'avoir aperçu au domaine la veille du départ du troupeau pour l'estive ; il paraissait tellement différent des hommes pataudes et grossiers qui se louaient dans les burons. Son regard, surtout, attirait. Dans ses prunelles couleur châtaigne brillaient une tendresse, une douceur qui tranchaient avec l'austérité des lieux, la rudesse du métier.

— C'est votre première saison au Cayla ? demanda-t-elle tandis qu'il déchargeait le sac de pommes de terre.

D'un hochement de tête, il confirma.

— Je change de montagne tous les ans, précisa-t-il en refermant le coffre à provisions près du buffet. J'aime changer... Buronnier en été sur l'Aubrac, charbonnier en hiver à Paris... Cette vie me plaît mais notre métier est dur... Madame Julienne ne nous amène jamais de viande fraîche... juste un peu de ventrèche pour la soupe... un misérable bout de gras ! Pas de fromage sauf à l'occasion de la Saint-Jean... Dans un buron, c'est le comble ! A ce rythme-là, on nous mesurera bientôt le lait que nous buvons après la traite du matin... Certains jours, nous crèverions de faim si on ne posait pas de collets dans la forêt ou ne pêchait pas de poissons dans le lac...

— Vous oubliez le rationnement ! protesta-t-elle avec vigueur. Le gouvernement nous impose encore des tickets... Vous manqueriez de pain si nous ne récoltions pas de seigle, si nous ne chauffions pas le four tous les quinze jours... Les gens des villes n'ont que du pain jaune et compact... Même chez nous à Espalion ou à Rodez... Depuis le printemps, les boulangers ne vendent qu'une ration de deux cent cinquante grammes par jour : les Parisiens n'en avaient pas plus durant la guerre... Vous devriez le savoir puisque vous avez l'habitude de passer l'hiver à Paris... Ce pain-là qui tord les estomacs, vous n'en voudriez pas ! Même nos boulangeries l'écoulent aujourd'hui sans tickets pour liquider leurs stocks... Il est infect...

Gauthier le concéda. Il reconnut aussi que les hommes du buron des Mires n'avaient pas manqué de pain depuis le début de l'estive.

— On ne peut pas en dire autant de la viande, souligna-t-il. Vous pourriez nous livrer un jambon ou des poulets...

— J'en parlerai à mon père, promit-elle. Les temps sont difficiles. A cause de la sécheresse, il y a eu moins de foin... On gardera peu de *bourruts*[1] à l'étable, cet automne... Moins de *bourruts* : moins de bœufs à dresser dans deux ans...

Attiré par les échos de la conversation qui parvenaient de façon confuse sous la voûte de pierre de la cave, le *cantalès* abandonna les fourmes qu'il retournait et fit irruption dans la salle commune. Il s'appelait Blaise ; on le surnommait Brise-Fer parce que sa poigne de colosse était capable de tordre du métal. Ses yeux torves roulaient des lueurs fauves. *Cantalès* de la montagne des Mires depuis près de

1. *Bourruts* : veaux de l'année, vendus à huit-neuf mois.

trente ans, Brise-Fer était furieux après son *pastre*. Il n'admettait pas la contestation. Les jeunes *rouls* le craignaient ; il les humiliait pour qu'ils filent droit, les privait des deux rations quotidiennes de lait à la moindre incartade.

— Chassan ! hurla-t-il. La comédie a assez duré ! Qui t'a permis d'embêter cette dame avec tes revendications d'ouvrier parisien ? Si tu as quelque chose à dire, tu viens me trouver...

Blandine voulut s'interposer :

— Blaise ! Laissez-le tranquille...

— Vous plaisantez, ma pauvre dame ! Avec ses belles paroles, il a essayé de vous rouler dans la farine...

A ces mots, il renvoya Gauthier près du feu tandis que Blandine coiffait son chapeau de paille. Midi approchait ; le charretier devait s'impatienter. Sur le seuil, elle se retourna. A genoux sur les dalles de pierre, devant les chenets, Gauthier la regardait.

Deux jours plus tard, les chemins de Blandine et de Gauthier se croisèrent à nouveau. C'était un dimanche. En cette fin de matinée, la foule envahissait la place du foirail et la rue principale de Laguiole pavoisées de guirlandes et de drapeaux, profitant d'une accalmie. Depuis l'aube, les averses s'étaient succédé tandis qu'un épais brouillard noyait le bourg. La pluie venait enfin de cesser ; un vent fort et frais chassait les nuages. Au cours de l'après-midi, devant un parterre de personnalités, le préfet devait inaugurer un taureau de bronze fixé sur un socle de basalte en plein centre du foirail. Cette œuvre d'art, transportée par camion depuis Paris et coulée par un sculpteur de Montmartre à la gloire de la race d'Aubrac, suscitait la curiosité du pays. Depuis son arrivée, une bâche la protégeait des regards indiscrets au grand dam des badauds qui essayaient de la soulever pour apercevoir ou toucher un pied de l'animal. Alors que les cloches de Laguiole sonnaient à toute volée la fin messe de onze heures, des familles entières, des é- veurs, des Parisiens en vacances sur l'Aubrac se massaient autour du monument dans un brouhaha indescriptible. Au milieu de cette cohue, Léonard Fau bavardait avec le propriétaire du taureau qui avait servi de modèle à l'artiste ; ils s'apprêtaient à rejoindre les invités du banquet dans les salons de l'hôtel Régis. Raide dans son costume noir, Léonard ne cachait pas sa fierté.

— C'est un grand jour, avait-il confié de bon matin à Blandine en nouant sa cravate. Pour nous... L'Aubrac... Est-ce que tu réalises ? C'est une œuvre d'art commandée par l'Etat ! On se déplacera de loin pour la voir et la photographier. Tous les éleveurs de salers en seront jaloux... Même les paysans du Limousin... Maintenant, nous pouvons autant qu'eux...

Avant de remiser son attelage dans les écuries de l'hôtel Régis, il avait déposé sa fille près de la pharmacie Auriac : Clothilde avait insisté pour qu'elle partage leur déjeuner pendant que Léonard et Numa assisteraient au repas officiel. Depuis onze heures, l'officine n'avait pas désempli. Aussi, après avoir embrassé son oncle et sa tante, Blandine s'était-elle éclipsée pour se promener dans les rues. Devant la vitrine de la coutellerie Calmels, elle admirait les manches en ivoire des services à découper présentés dans leur écrin rouge lorsque Gauthier la reconnut à sa sortie du café Français. Grâce à sa moto, une 250 Terrot d'avant-guerre achetée avec ses économies et ses onze mois de solde dans les F.F.I.[1], il avait quitté la montagne des Mires après la fabrication du fromage sans attendre le repas tant il était pressé de partir.

— Vous êtes aussi de la fête ? lança-t-il d'un air enjoué.

1. F.F.I. : Forces françaises de l'intérieur.

— Mon père seulement, répondit-elle.

Puis, après un moment de silence, elle lui demanda :

— M'avez-vous tout dit l'autre jour ?

— Oui. Enfin... Non...

Elle l'encouragea à reprendre leur conversation.

Ils s'enfoncèrent dans les vieilles ruelles du bourg qui mènent à la place du Fort où les horizons s'ouvrent sur le puy Mary, le plomb du Cantal. Le soleil commençait à percer sous les nuages ; l'air se réchauffait. Gauthier enleva sa veste kaki, parla longtemps. Elle se garda de l'interrompre, charmée par sa voix chaude et vibrante qui captait l'attention. Gauthier aimait la nature, la terre et les plaisirs de la vie. La guerre l'avait transformé. A dix-huit ans, au maquis, il avait connu la clandestinité, côtoyé la souffrance et la mort, affronté la peur, combattu la lâcheté. Sa liberté, ce jeune fils d'ouvrier avait ferraillé pour la préserver. Son frère Gabin avait été moins chanceux ; il était tombé sous les balles allemandes au mont Mouchet. Ce qui avait conduit Gauthier à s'engager dans les unités combattantes des F.F.I. à la Libération. Il ressentait la mort de son frère comme une injustice.

L'horloge du clocher écourta leur discussion.

— Déjà une heure ! s'exclama Blandine. Maintenant, je suis en retard... Soyez prudent en moto... Et ne provoquez pas Blaise...

Ces recommandations amusèrent Gauthier.

Elle traversa la place, s'engagea d'un pas léger dans la rue du Valat. S'il avait pu la suivre, il aurait remarqué qu'elle chantonnait. Bientôt, il ne distingua plus sa silhouette et rebroussa chemin pour entrer dans un café de la Grand-Rue. Cette rencontre l'avait troublé bien plus que la première fois. Comment rester indifférent au bleu de ses yeux, à la limpidité de son regard, à sa beauté naturelle et à sa simplicité ?

Le lendemain, Blandine voulut convaincre
père d'améliorer l'existence quotidienne de s
buronniers. Elise venait de servir le café, et Léonard racontait la brillante fête de la veille. Au récit paru dans le journal, il ajoutait une foule de détails ; il s'étonnait ainsi que l'hôtel Régis ait servi du gigot d'agneau dans un banquet destiné à célébrer les mérites de la race d'Aubrac, que le ministère des Beaux-Arts n'ait attribué cette œuvre de Guyot à la commune de Laguiole qu'à titre de dépôt.

— Une lubie de fonctionnaire ! lança-t-il à sa fille. Le taureau est à Laguiole et il y restera !

La colère retombée, il l'écouta enfin. Dès les premiers mots, il la désapprouva par une moue incrédule mais elle s'obstina.

— Qui t'a fourré ces idées dans la tête ? finit-il par lâcher, agacé par son acharnement à soutenir un point de vue qu'il ne partageait pas. Les burons n'ont jamais été des hôtels de luxe...

— Nous ne vivons plus au XIXe siècle ! Ces hommes ont le droit d'être traités correctement...

— Oui. Peut-être... Sûrement...

Léonard promit d'y réfléchir.

Comme il tardait à se décider, Blandine revint à la charge deux jours plus tard. Il finit par assouplir ses positions, ce que n'apprécia guère sa petite-cousine, jalouse de ses réserves.

— Quelle folie ! jeta-t-elle à Léonard sur un ton peu aimable. De la fourme deux fois par jour... Un poulet toutes les semaines... Un jambon pour terminer la saison...

— Une épaule ! rectifia-t-il avec humour.

— C'est trop ! s'emporta-t-elle. A ce train-là, tu cours à la faillite... Tu vendras moins de fromage... Tu dépenseras plus au buron... Et tu perdras beaucoup d'argent... Déjà que...

— C'est mon argent ! coupa Léonard. Ça me regarde...

Elle tourna les talons en piquant une épingle dans

son chignon impeccablement tiré. Un instant plus tard, son agressivité fondit sur Blandine dans le couloir du premier. La jeune femme laissa couler l'orage avant d'annoncer d'un ton résolu qu'elle assurerait chaque vendredi les livraisons au buron. Vexée, Julienne s'en offusqua :

— Mais ce n'est pas ta place !

— Ma place ? rétorqua-t-elle.

— Une fille ou une femme de maître s'occupe de sa maison. Pas de la ferme ou du buron... Tu as un rang à tenir... Ne l'oublie pas...

La discussion s'envenima. Elles s'accablèrent de reproches jusqu'à ce que Léonard, alerté par leurs éclats de voix, monte les séparer.

Le vendredi suivant, Blandine se rendit seule aux Mires avec le break attelé à la plus vieille jument poulinière du domaine, Fiona — une bête douce et obéissante. La veille, son père l'avait emmenée sur les chemins pour l'initier à l'art et la manière de tenir les rênes. Grâce à ses conseils, elle parvint sans encombre au buron sous le regard ébahi de Blaise, qui sous-estimait la capacité des femmes à mener des chevaux.

Dans la salle commune, étalant les provisions sur la table après l'avoir débarrassée des reliefs de leur casse-croûte de dix heures, Gauthier s'exclama :

— Vraiment, vous nous avez gâtés !

Chaque vendredi la ramena désormais au buron, y compris par temps de crachin ou de pluie, ce qui laissait Julienne perplexe.

— Je me demande ce qu'elle y trouve à se mouiller sur un break alors que personne ne l'y oblige ! grommelait-elle ces matins-là, le nez collé aux carreaux de la cuisine. Un caprice de gamine...

Un caprice ? Nullement. Blandine prenait goût aux sorties ; elle en éprouvait le besoin pour échapper aux remarques acides de sa petite-cousine qui s'efforçait de marquer son territoire à la moindre

occasion. Quand son père se rendait à Lagu…
pour ses affaires, Blandine l'accompagnait volontiers. A peine avait-il entendu sa voix sur le seuil de
la pharmacie que son cousin Laurent se précipitait
à sa rencontre depuis le salon du premier. Ce jeune
homme de vingt et un ans, svelte et élégant, qui
poursuivait ses études de pharmacie à Paris, déva-
lait les escaliers quatre à quatre et la serrait dans ses
bras devant les clients.

— Blandine ! s'exclamait-il. Enfin ! Depuis le
temps... On se voit si peu maintenant que je suis
parisien... Reste jusqu'à ce soir... On te ramènera...

Au volant de la Juvaquatre de son père, il l'entraînait pique-niquer près des orgues basaltiques du
pont de Pigasse ou pêcher sur les bords de la Selves ;
il la forçait à rire et à chasser ses idées noires. Sous
les arbres, pendant qu'il taquinait la truite, Blandine
rêvassait. Allongée sur l'herbe, les yeux mi-clos,
dans la quiétude des berges de la rivière, elle songeait à Gauthier. Cet homme l'attirait. Elle appréciait son esprit curieux, sa sincérité, surtout son
attachement à la nature et à la terre que n'avait
jamais manifesté son premier mari. Voilà pourquoi,
chaque semaine, à l'approche du vendredi, la même
impatience la poussait à nouveau sur la draille.

3

Un après-midi de la mi-septembre, peu avant la traite, un orage éclata sur la montagne des Mires. Le mousse rassemblait vaches et veaux pour les conduire près du parc lorsque retentirent au loin les premiers roulements de tonnerre. Le soleil venait de se voiler ; les oiseaux volaient bas. Le *bédélié* s'en inquiéta. Puis Gauthier.

— On devrait aider le *roul*, proposa-t-il à Blaise. Avec l'orage, les bêtes sont énervées... Seul, il n'y arrivera pas... Les veaux risquent de s'échapper dans les bois...

Les hommes s'apprêtaient à quitter le buron pour le parc situé à trois cents mètres en contrebas de la porcherie. Tenant d'une main leur seau de bois, de l'autre leur siège rond à un pied, Brise-Fer et Gauthier avaient passé un tablier ciré sur leurs vêtements avant de remplir de sel la poche en cuir retenue à la taille par une courroie. Quant au *bédélié,* il s'était muni de cordes en crin qui serviraient à attacher les veaux à la patte de leur mère pendant que le lait giclerait dans le seau. Les trois buronniers n'attendaient plus que l'arrivée du troupeau, prêts à traire les soixante-dix vaches du domaine. Aussi Brise-Fer refusa-t-il la suggestion du *pastre* :

— Qu'il se débrouille ! C'est son boulot !

— Peut-être ! rétorqua Gauthier. Mais nous serions les pires des salauds si nous le laissions seul, sur la montagne, à courir derrière les bêtes... Il a quatorze ans... C'est un gamin... Il sera bientôt sous l'orage et ça claquera de tous les côtés...

Des éclairs zébraient un ciel menaçant dans lequel des nuages se livraient à une course de vitesse, activés par les rafales de vent. Les premières gouttes de pluie s'écrasèrent sur les dalles de pierre qui recouvraient l'entrée du buron.

— L'orage est là ! hurla Gauthier tandis que le tonnerre grondait de plus belle au-dessus de leurs têtes.

Il abandonna son seau à traire et son siège, enleva sa poche à sel et son tablier ciré, prit un bâton.

— J'y vais ! jeta-t-il à Blaise sur un ton décidé. Ce pauvre gosse a besoin de nous... Ne compte pas sur moi pour le regarder plus longtemps galoper comme un dératé sous la pluie...

— Chassan ! brailla le *cantalès*, les yeux furieux. Je t'interdis d'y aller ! Ou tu reçois mon poing sur la gueule !

Plus souple et rapide que le *cantalès*, Gauthier s'élança vers le parc avant qu'il ait pu réagir. Le colosse continua à vociférer, persuadé qu'il rebrousserait chemin :

— Chassan, vingt dieux ! Reviens ou je t'étrangle, fils de p... !

Gauthier poursuivit sa course. La grêle fouettait son visage, ses lourdes chaussures le freinaient mais rien ne l'arrêta. Maintes fois il glissa et se releva pour repartir avec autant d'énergie. Il songeait au mousse qui tremblait à l'idée de perdre une bête et d'être battu à son retour au buron, qui devait être épuisé à force de parcourir la montagne. Lorsque Gauthier put le rejoindre, trempé jusqu'aux os, l'orage redoubla de bruit et de fureur. Des trombes d'eau noyaient le paysage, les éclairs se succédaient à une cadence infernale. La foudre s'abattit à cinquante mètres d'eux, frappa le troupeau qui se débanda. Pris de frayeur, Gauthier et le mousse fermèrent les yeux quand elle fondit sur les bêtes,

avant de se précipiter vers les bois pour écha
au taureau qui fonçait sur tout ce qui bougeait, au
vaches qui couraient sans trop savoir où aller, et aux veaux qui les cherchaient. La foudre éclata une deuxième fois en plein milieu de la montagne entre la forêt et le parc, avant que le déluge de feu ne daigne faiblir.

L'orage s'éloigna enfin ; la pluie s'estompa. Alors, Gauthier et le *roul* entreprirent de réunir le troupeau pour le ramener au parc. Un triste spectacle les attendait : deux vaches avaient été foudroyées. Le mousse en pleura, se mit à sangloter.

— C'est de ma faute ! dit-il d'une voix tremblante, terrifié à l'idée d'avoir à affronter le *cantalès*.

Gauthier s'efforça de soulager sa conscience.

— Tu n'y es pour rien ! insista-t-il. La foudre tombe au hasard...

Cette perte l'affectait aussi. Les buronniers aimaient les bêtes et connaissaient chacune d'entre elles par son nom, capables de les distinguer parmi des centaines grâce à leur regard, à la couleur du bord de leurs paupières qu'entourait une auréole blanche plus ou moins dense, de leur pelage et de leur mufle, à la conformation de leurs cornes ou aux nuances de noir qui en terminaient la pointe. Peu après son arrivée sur une montagne, s'appuyant sur des dons d'observation qui étonnaient souvent les *cantalès* ou les *bédéliés,* Gauthier repérait vite ces détails qui lui permettaient de se familiariser en moins de deux semaines avec un troupeau d'une soixantaine de têtes. Ce talent d'éleveur doublé d'une passion, il le tenait de son grand-père maternel, Elie Aubagne, qui l'avait initié dès son enfance. Elie Aubagne possédait une ferme près d'Allanche, dans le Cantal, peuplée de vaches salers qui montaient à l'estive durant la belle saison et dont le lait se transformait en fourmes de cantal, produites au buron comme en Aubrac. Dès l'âge de quatorze ans, encouragé par le grand-père Aubagne, Gauthier était devenu *roul* sur les montagnes des grands domaines de la vallée de l'Aveyron proches de Bertholène où habitaient ses parents. Les mois d'hiver, il avait suivi les troupeaux dans les étables. On l'avait remarqué ; il avait gravi rapidement les échelons de la hiérarchie des burons.

Sur ces entrefaites le *bédélié* les rejoignit, les yeux hébétés. Entre ses doigts, il tordait son chapeau de toile.

— Blaise ! Blaise ! balbutiait-il. Blaise...

— Où est-il passé ? demanda Gauthier.

— L'orage... L'éclair... Il voulait te rattraper coûte que coûte...

Gauthier et le *roul* emboîtèrent le pas mal assuré du *bédélié*. A une portée de fusil du parc à veaux, près d'un pied de gentiane, le *cantalès* gisait la face contre terre. Le visage brûlé par la foudre.

— Ne regarde pas ! ordonna Gauthier au mousse. Dans ta vie, tu auras bien le temps de voir des morts... File au domaine...

— C'est la justice de Dieu, murmura le *bédélié* en se signant.

Une heure plus tard, Léonard arrivaït sur les lieux avec l'un des bouviers. A tous, ils soulevèrent le corps de Brise-Fer pour le hisser sur un char à banc qui le transporta jusqu'à l'entrée du buron. Dans la salle commune, le long du mur de la cave, près de la rangée de sonnailles et de la presse à tome, deux bancs placés côte à côte servirent de lit mortuaire. Gauthier décrocha la croix de bois suspendue à une poutre et la déposa sur la vieille couverture de laine qui recouvrait le *cantalès*.

— Nous le veillerons cette nuit, annonça-t-il à Léonard.

Le soleil perçait timidement. Les vaches meuglaient ; l'heure de traire était passée. Le bouvier, Gauthier et le *bédélié* se hâtèrent de descendre au parc avec leur poche à sel, leur seau, leur siège. Les bêtes étaient nerveuses ; les hommes l'étaient aussi,

marqués par le drame de l'après-midi. Plus
l'ordinaire, ruades et jurons fusèrent. La *gerle*[1] ne
remplit qu'à moitié...

Des lueurs rouges incendiaient l'horizon lorsqu'ils retournèrent au buron, bras et jambes lestés de plomb. Léonard les rejoignit peu avant la tombée de la nuit avec des provisions.

— Mangez ! dit-il. Reprenez des forces ! Vous l'avez mérité...

Après la traite, ils se contentaient d'habitude d'une assiettée de soupe et d'une tartine de beurre. Ce soir-là, personne n'avait faim. Ils ne goûtèrent pas à la *pascade* aux lardons qu'avait préparée la bonne ni au pâté de porc ; ils ne burent qu'un verre de vin. Tous ne pensaient qu'à l'orage meurtrier ; ils se demandaient si le mauvais sort ne s'acharnait pas sur Le Cayla et la famille Fau. Comment ne pas être troublé par ces drames survenus en l'espace de quelques mois seulement ? « Un de plus ! se disait Léonard, les yeux rivés à la bougie qui brûlait près du corps de Blaise. Quelle tuile ! Tant pis pour les bêtes même si elles étaient belles... C'étaient des vaches de concours... On sélectionnera des génisses pour les remplacer d'ici quelques années... Mais Blaise... On ne remplace pas un homme... Quand s'arrêtera cette maudite série ? »

Dans la salle commune, près de Gauthier qui tombait de fatigue sur une chaise, le maître du Cayla ressassa ces pensées pendant une partie de la nuit. Peu avant l'aube, il sortit sur le seuil du buron pour respirer l'air frais. La brume noyait la montagne mais, dans le ciel, des étoiles scintillaient. On pouvait espérer une belle journée. Au cours de la traite, son œil expert se promena sur l'échine et les aplombs de chaque bête, essaya d'évaluer le poids des veaux qui pourraient être vendus à la foire du

1. *Gerle* : récipient en bois pour recueillir le lait des deux traites quotidiennes, d'une contenance de 120 litres environ.

23 septembre à Laguiole pour « décharger » la montagne en cette année sèche. Après la traite, il entraîna Gauthier à l'écart des hommes.

— Blaise est mort mais la vie continue, dit-il à mi-voix comme s'il était indécent de régler la succession du *cantalès* avant même que sa dépouille ne soit portée en terre. Sa place te revient, Chassan... Un bon *pastre* finit toujours par devenir *cantalès* ! Tu es jeune mais j'ai confiance en toi... Bien sûr, tu suivras le troupeau pour l'hiver...

Cantalès dans une grande ferme de l'Aubrac ? C'était le rêve de Gauthier depuis l'adolescence. Cette proposition de Léonard bousculait ses plans. Le jour de l'inauguration du taureau de bronze à Laguiole, il avait croisé dans les rues le patron de son chantier de charbon qui se trouvait en vacances à Huparlac, chez ses parents. Autour d'un verre de gentiane, au café de l'Amicale, ils s'étaient engagés pour une nouvelle saison et Gauthier avait promis de prendre le train de Paris dès le lendemain de Toussaint. Pour autant, même s'il tenait à sa parole, pouvait-il refuser l'offre de Léonard ? L'occasion ne se représenterait pas de sitôt. Il imaginait déjà la réaction de son père qui avait tout tenté pour le détourner de la terre. Victorien Chassan aurait voulu que son cadet conduise des locomotives à vapeur sur les lignes du Midi comme son aîné Gabin ; c'était un inconditionnel des chemins de fer. Après son certificat d'études, il l'avait poussé à préparer le concours d'entrée dans les centres d'apprentissage de la SNCF. A contrecœur, Gauthier s'était exécuté ; il avait échoué, à dessein, s'attirant la colère de son père. C'était au printemps 1940, en pleine débâcle ; il s'était loué dans les fermes pour ne plus être à la charge de ses parents. A son retour des armées alliées, dès qu'il avait manifesté l'intention de « monter » du charbon à Paris durant les mois d'hiver, Victorien l'avait incité à marcher sur les traces des Aveyronnais de la capitale : épouser une fille du pays puis prendre une gérance de café. Pour ne pas le contrarier, car la mort tragique de Gabin l'avait beaucoup affecté, Gauthier avait remis sa décision à plus tard. En fait, il n'envisageait pas de modifier les projets qu'il avait mûrement réfléchis au cours de la guerre. Pendant quelques années, comme tant de jeunes buronniers, il partagerait son temps entre l'Aubrac et Paris. Après son mariage, il chercherait une place de fermier du côté de Laguiole ou de Saint-Chély...

— Tes conditions seront les miennes ! ajouta le maître du Cayla, pressé de conclure. Nous n'allons pas jouer les maquignons...

Gauthier obtint sans discussion un bon salaire de *cantalès* bien qu'il ait peu d'expérience, et trois jours de congé au moment de la Noël pour rendre visite à ses parents qu'il n'avait pas revus depuis le printemps. Pouvait-il espérer mieux ?

On enterra Blaise à quatre heures de l'après-midi en l'église de Roquebrune. Léonard supprima la traite du soir à la montagne des Mires pour permettre aux hommes d'assister aux obsèques qui se déroulèrent devant une assistance clairsemée. Le *cantalès* n'avait pas de famille ; c'était un enfant de l'Assistance publique, venu de l'orphelinat de Grèzes dans la vallée de l'Aveyron. Dans le pays, il comptait peu d'amis.

Après que Léonard eut jeté une pelletée de terre sur le cercueil, à la fosse commune du cimetière, les domestiques se retrouvèrent au café et les conversations roulèrent sur Gauthier.

— C'est bien jeune un *cantalès* de vingt-deux ans ! marmonna le premier bouvier, en essuyant ses lèvres d'un revers de main. C'est la meilleure ou la pire des choses... Dans quelque temps, le patron regrettera Brise-Fer...

Dans le brouhaha de la salle, Gauthier ne l'entendit pas. Le dos appuyé contre le comptoir, face à la porte qui donnait sur la place, il ne quittait pas

Blandine des yeux. La jeune femme s'installait sur la jardinière aux côtés de son père. Quelle grâce dans ses gestes ! Lorsque Léonard mania le fouet, leurs regards se croisèrent et elle l'encouragea d'un signe discret. Dans ce café qui sentait l'étable, le tabac, le vin et l'anis, parmi des gens indifférents ou sceptiques, Gauthier se sentit soudain plus fort pour honorer sa parole et se montrer à la hauteur des espérances de son patron.

En quelques jours, l'ambiance changea au buron. Blandine put le constater lorsqu'elle y retourna. Libérés de l'autorité de Blaise et de ses humeurs redoutables, les hommes étaient enfin détendus ; ils plaisantaient. Gauthier s'était jeté à corps perdu dans une tâche qui ne l'effrayait pas. Au contact de certains *cantalès* de la vallée, il avait beaucoup appris sur la conduite du troupeau et la fabrication du fromage. Saison après saison, dans un cahier d'écolier, il avait consigné leurs conseils et ses propres observations. Au cours des premières années de la guerre, il avait écrit à son grand-père Elie pour trouver des réponses à ses questions. Pourquoi, en plein été, les fourmes se couvraient-elles de crevasses à la cave ? Pourquoi les fromages d'automne prenaient-ils parfois un goût désagréable de savon, ou la pâte devenait-elle marbrée en fin de saison ? Elie Aubagne n'avait pas ménagé son temps ni sa peine pour satisfaire sa curiosité dans de longues lettres alors qu'il répugnait à se servir d'une plume et à chausser ses lunettes.

Léonard montait aux Mires chaque jour au milieu de la matinée, parlait longuement avec Gauthier, se rendait à la cave pour vérifier les conditions de mûrissement du fromage, inspecter les dernières fourmes en quête du moindre défaut qui les eût déclassées lors de la vente. Il paraissait satisfait de son *cantalès*.

— Tu te débrouilles bien ! reconnaissait-il. Grâce

à toi, je pourrai sauver la saison et conserver la confiance des marchands : ils sont intraitables sur la qualité du fromage ! Qu'une seule fourme ne leur plaise pas et ils discutaillent sans fin...

Comme chaque début d'automne, les soucis s'accumulaient : il s'agissait de négocier au meilleur prix les fourmes de Laguiole, les paires de jeunes bœufs dressés, une partie des veaux de l'année. Excepté la vente de quelques cochons élevés au buron ainsi que de la volaille grasse en surplus à l'approche des fêtes, il n'y aurait pas d'autre rentrée d'argent importante avant la mise sur le marché au mois de mai d'un lot de génisses de deux ans. Plus que la nécessité de défendre âprement ses intérêts — Léonard avait la réputation d'être dur en affaires —, le préoccupaient les menaces du maître chanteur. Le 30 septembre approchait. Que manigançait-il ?

Deux jours avant la date fatidique, dans une courte lettre postée de Rodez, le corbeau réitéra ses exigences : la somme de trois cent cinquante mille francs, en billets usagés, devrait être déposée à la croix du Pal avant minuit. La croix du Pal ? C'était un lieu sauvage, éloigné des fermes, entouré de bois et d'estives. La détermination de Léonard demeurait intacte : il ne céderait pas.

Au soir du 30 septembre, il demanda aux hommes de redoubler de vigilance en fermant les portes des étables, imposa au maître-valet et au premier bouvier d'effectuer une ronde toutes les deux heures, chargea Gauthier de surveiller les bêtes près du parc. Peu rassurés, ils se munirent d'un *drelhier*[1]. Qui le patron craignait-il ? Le Masque Rouge ? Il semblait avoir disparu sans avoir été arrêté. Le retour d'une bande de voyous du Midi ? Peut-être...

Lumières éteintes, le domaine veilla. Un fusil à

1. *Drelhier* : bâton taillé dans l'alisier, trempé dans la chaux vive et cravaté de cuir.

portée de main, le maître se posta derrière les rideaux de la fenêtre de sa chambre qui offrait une vue d'ensemble de la cour, face au portail à double battant, que la lune éclairait comme en plein jour. La configuration des lieux — des bâtiments en cour fermée et une seule entrée avec un porche en pierre de taille — facilitait la surveillance.

— Une chance ! glissa-t-il à sa fille avant de sortir ses jumelles.

Malgré un bol de tilleul bu avant de monter, Blandine ne trouva pas le sommeil. Elle sursautait au moindre bruit : un hululement de chouette sur les toits, un miaulement de chat ou un trottinement de souris au grenier. Elle finit par somnoler sur son lit — tout habillée. Dès l'aube, la vie reprit son cours...

Jusqu'au dimanche, pendant cinq nuits, Léonard resta sur ses gardes. En vain. Rien d'anormal ne se produisit à la montagne des Mires ni à la ferme mais ses inquiétudes persistèrent.

— Il ne nous lâchera pas aussi facilement, affirma-t-il à Blandine. Nous aurons bientôt de ses nouvelles : ça commence à *cabaler*[1] au village... On votera dans moins de trois semaines...

Ce dimanche-là, fidèles à leurs habitudes, Blandine et Julienne assistèrent à la messe de neuf heures. Léonard les accompagna : le maire souhaitait le voir ainsi que le premier adjoint afin de régler quelques détails de la campagne. Il les abandonna sur la place de l'église, recommanda au charretier de les reconduire après leurs achats à l'épicerie-mercerie du Père Meunier.

— Ne m'attendez pas, Germain ! insista-t-il. Je rentrerai avec le notaire... Comme après les réunions du conseil...

Maître Delmas le retint jusqu'à midi puis s'excusa de ne pouvoir le ramener au Cayla : ses fermiers

1. *Cabaler* : être en campagne. L'expression date de l'époque où les candidats battaient la campagne à cheval.

l'avaient invité, de longue date, au baptême de leur dernier garçon. La cérémonie était prévue à la fin de la grand-messe. Le premier adjoint se proposa.

— Je n'ai pas une torpédo mais mes chevaux ont du sang ! dit-il avec humour.

Léonard accepta volontiers, réussit à convaincre l'adjoint de déjeuner au Cayla, le convia à boire un verre au café avant qu'il ne lance sa jardinière sur les chemins. Lorsqu'ils traversèrent la place, la foule des paroissiens sortait de l'église : les femmes bavardaient sous le porche ou emmenaient leurs enfants au magasin du Père Meunier pendant que les hommes marchaient d'un bon pas en direction du bistrot. Les tables commençaient à se garnir. Léonard et le premier adjoint, Zéphirin, préférèrent s'installer au comptoir. Au patron que les clients surnommaient « le Père Bugeaud » parce qu'il portait la casquette depuis son service militaire dans les bleds algériens, ils commandèrent deux gentianes.

Soudain, la porte s'ouvrit avec fracas sur un homme de la taille de Léonard mais plus corpulent, qui resta planté sur le seuil.

— Quel honneur, mes amis ! s'écria-t-il d'un air goguenard. Voilà ces messieurs de la mairie !

Léonard ne se retourna pas. A la voix, il avait reconnu son petit-cousin Martin Fau. Un homme retors. A Roquebrune, beaucoup le craignaient. C'était un procédurier ; il cherchait noise à ses voisins et s'acharnait sur eux. Ses airs supérieurs, sa rapacité et jusqu'à son nez crochu justifiaient le sobriquet qu'il avait gagné dans le pays : le Grand Duc.

— Quoi de neuf au Château, cousin ? reprit-il d'une voix criarde. On prépare sûrement les élections ?

Maintenant, la salle était bondée. Certains clients n'osaient plus parler, par peur d'être sa cible.

Théâtral, Martin avança jusqu'au milieu du café pour se livrer à son numéro pendant que le Père

Bugeaud remplissait trois verres de pastis. Il les but d'un trait, enleva chapeau et veste, joua avec ses bretelles. Puis, prenant à témoin les clients du café, il lança d'un ton agressif :

— Chers amis, elle est belle la liste du Château avec des zigotos de cette espèce ! Un repaire de bandits ! Autant que vous le sachiez avant d'aller voter : le second adjoint a abrité un truand sous son toit pendant des mois ! Devinez qui ?

Comme au cirque, il ménagea le suspense avant de lâcher :

— Son gendre bien sûr ! Michel Gastal. Vous l'avez tous connu... Un garçon bien mis et poli... C'était un voyou de la pire race ! Celle qui vole et qui tue sans vergogne...

A ces mots, Léonard sursauta. Les masques tombaient enfin. Il aurait pu s'en douter, soupçonner Martin : les deux familles étaient brouillées depuis quarante ans. A l'idée que le Grand Duc puisse être mêlé à la mort de Michel, un sentiment de répulsion l'envahit ; il en frissonna.

— Oui ! messieurs ! insista Martin d'un air triomphant. Du gibier de potence ! Un homme de sac et de corde !

Léonard se retourna, essaya de se dominer pour ne pas perdre son sang-froid. Il le regarda droit dans les yeux.

— Un voyou ? Un truand ? s'écria-t-il. Prouve-le, Martin !

— Le prouver, cher cousin ? répéta le Grand Duc en ricanant de ses dents jaunies par le tabac. Bien sûr...

— Avec des ragots de bistrot comme d'habitude ! coupa Léonard avec aplomb. Tu devrais avoir honte de cracher sur un mort...

Dans un coin de la salle, quelques clients applaudirent. Furieux d'être tourné en ridicule, Martin se déchaîna. Ses yeux jetaient des éclairs de haine et ne parvenaient pas à se détacher de Léonard qui s'efforçait de garder la tête haute. Pêle-mêle, il déballa tout ce qu'il savait sur les supposés agissements de Michel Gastal. Indigné par ce réquisitoire, Léonard tenta de défendre son honneur dans une cacophonie qui frisait le burlesque. Aussi préféra-t-il quitter la salle avant qu'il ne soit trop tard. Lorsqu'il sortit, le Grand Duc pavoisait.

Une fois sur la place, il s'épongea le front.

— Quelle ordure ! lâcha-t-il entre ses dents.

— La campagne commence bien ! soupira Zéphirin, inquiet de la tournure qu'elle semblait prendre déjà.

Avant de grimper sur le siège du break qu'il avait rangé sous un tilleul près de l'église, il interrogea Léonard sans détour :

— C'est sérieux cette histoire ?

— Sérieux ? répondit-il d'un air embarrassé. Tu connais Martin...

— Mais ton gendre ? reprit le premier adjoint, en proie au doute. C'était un homme sûr ?

— Un homme sûr ! Un homme sûr ! répéta Léonard sous le coup de l'agacement. Comment veux-tu que...

— Ton gendre ne m'a jamais plu ! l'interrompit Zéphirin. Il roulait avec une belle voiture ; il dépensait beaucoup d'argent... Quelque chose me dit que... Enfin... Tu comprends... Je sais... C'était le mari de ta fille... Mais... Pendant l'Occupation, il a peut-être trempé dans des affaires louches...

Surpris par ses insinuations, Léonard rétorqua :

— Et Martin ? Tu l'oublies ? Martin ! Le bon ancien de 14 qui plastronnait dans les rues d'Espalion ou de Rodez, couvert de médailles, avec la bannière de la Légion[1] de Vichy ! Même si on n'a pas

1. La Légion française des combattants (L.F.C.), officialisée en août 1940 par le gouvernement de Vichy, rassemblait les anciens combattants des deux guerres (1914-1918,1939-1940) et soutenait Pétain.

de preuves, on le soupçonne d'avoir renseigné la Milice et d'avoir fait du zèle au moment du départ des jeunes pour le STO... Certains parents s'en sont plaints : il aurait fouillé des maisons et des granges pour vérifier que les gars étaient partis en Allemagne...

Gêné, Zéphirin changea de conversation.

Au Cayla, Blandine guettait impatiemment le retour de son père derrière la fenêtre de la cuisine. Elle fut soulagée de le voir arriver en compagnie de Zéphirin qui se fit prier pour partager leur repas. On le sentait mal à l'aise. Son regard plein de suspicion trahissait ses pensées. Même dans son camp, auprès de ses colistiers et du maire, Léonard éprouverait des difficultés à conserver la confiance. A Roquebrune, tout le monde jugeait Martin excessif mais, trois ans après la retraite des Allemands, trop de rancœurs persistaient pour qu'on ne prêtât aucun crédit à ses attaques.

Après son départ, Léonard raconta à sa fille la scène du café et elle regretta qu'il n'ait jamais répondu clairement à leurs questions d'enfants puis d'adolescents à propos des cousins de La Bruyère. Pourquoi les évitait-on sur la place de Roquebrune après la messe du dimanche et refusait-on de les saluer si, par malchance, on les croisait dans les boutiques de Laguiole ? Le temps avait passé mais le mystère demeurait alors qu'ils avaient le droit de savoir.

— Bien sûr ! répondit Léonard. Tant que vous étiez jeunes, toi et ton frère, je préférais...

— Nous ne sommes plus des gamins ! coupa-t-elle.

— Il y a eu la guerre, précisa-t-il pour se justifier. Puis la maladie et la mort de votre mère... Tu conviendras que le moment était mal choisi pour en parler... Il y avait plus urgent...

— Tu t'inventes des excuses !

Ces critiques finirent par l'irriter ; il perdit son sang-froid.

— Blandine ! tonna-t-il soudain. Baisse le ton !

Elle se renfrogna. Aussitôt, sa colère retomba.

— Pardonne-moi, glissa-t-il d'une voix plus douce. Je ne voulais pas... Mais tu as raison... Depuis longtemps, j'aurais dû... C'est une vieille histoire qui remonte à l'époque de mon grand-père Fernand et de son frère Achille, le grand-père de Martin. Fernand a repris le domaine ; il était l'aîné... Achille est parti à Paris comme garçon de café... A la mort de leur père, en 1908, il était propriétaire d'un café sur les Boulevards et d'un hôtel à Clichy. Parce qu'il aimait la terre et les bêtes, Achille a proposé à son frère de partager Le Cayla, de prendre la montagne des Mires... Fernand a refusé... Sur l'Aubrac, on ne sépare pas une montagne des prairies de fauche... Achille a été dédommagé mais il a reproché à son frère de l'avoir floué avec la complicité du notaire... Ils sont morts sans s'être réconciliés... La génération suivante a jeté de l'huile sur le feu : mon père et le père de Martin se sont disputés une ferme... Le père de Martin a réussi à l'acheter... Tu devines s'il était fier de s'installer à La Bruyère et de devenir propriétaire : il rêvait de cette revanche ! Ses enfants, il les a dressés contre nous : Martin, l'aîné, avait à peine six ans qu'il se cachait derrière les haies à la sortie de l'école pour m'insulter et me cracher en pleine figure... C'était un vaurien...

Quel imbroglio ! Y avait-il d'autres secrets de famille ? Peut-être plus terribles, enfouis à jamais dans les mémoires mais qui risquaient d'en sortir à tout moment, de semer le trouble dans leur existence ? Partagée entre la peur qu'engendrait en elle cette idée de réveiller d'encombrants fantômes et l'envie de savoir, Blandine renonça pour l'heure à poser la question. Elle voulait ménager son père. Plus tard sûrement...

Léonard demanda à la bonne de préparer du thé d'Aubrac.

— Déjà quatre heures ! s'écria-t-il en tirant la montre du gousset.

Comme chaque jour, il voulait monter au buron.

— Tant pis pour l'infusion, dit-il. Elise la tiendra au chaud...

Une veste doublée traînait sur un fauteuil ; il l'emporta ainsi que son chapeau et son bâton de foire, sculpté d'une tête de taureau.

— Je viens avec toi ! proposa Blandine alors qu'il ouvrait la porte de la salle à manger. La montagne est si belle à cette saison...

— La nuit tombe vite ! Tu auras froid sur le break...

Elle insista, s'habilla chaudement. Dix minutes plus tard, au son de ses grelots, Fiona s'élançait sur la draille. Le soleil était encore haut dans un ciel pur ; l'air doux et parfumé. Les forêts de l'Aubrac s'étaient parées des couleurs flamboyantes de l'automne : l'ocre et le rouille chassaient le vert. Bientôt, les troupeaux rejoindraient les étables et les arbres perdraient leurs feuilles. Un renard traversa le chemin à cinquante mètres devant eux et courut jusqu'au lac où il but longuement avant de sauter le muret de pierre qui délimitait les pâturages et de disparaître dans les bois. Avec les jumelles de son père, Blandine put suivre sa course.

— Magnifique ! murmura-t-elle.

Lorsqu'elle se rendait à la montagne des Mires, la jeune femme flânait en chemin pour observer le vol d'un autour des palombes, d'une buse, d'une alouette ou d'une bécasse, repérer des plantes qu'elle ne connaissait pas et qu'elle essaierait d'identifier grâce à une vieille flore de France, héritée d'un grand-oncle passionné de botanique. Elle ne se lassait pas de ce paysage dont la beauté la fascinait, ni du vent qui avait goût d'herbes sauvages et de fleurs, d'eau et de liberté.

4

Le lendemain, Léonard ordonna à Gauthier d'avancer le retour du troupeau au domaine. Depuis des siècles, respectant les règles de la transhumance établies par les moines de l'abbaye d'Aubrac, hommes et bêtes ne quittaient les estives qu'à la Saint-Géraud, le 13 octobre. Qu'il neige ou qu'il gèle, cette date demeurait immuable. Aussi, sa décision surprit-elle le *cantalès*. Pourquoi abandonner la montagne dès le 6 octobre ?

— Une semaine de plus ou de moins, quelle affaire ! expliqua-t-il. Les vaches seront aussi bien dans les *devèzes* : il ne leur reste maintenant que les mauvaises herbes des *vergnes*[1] dont elles ne veulent pas... Elles seront à l'abri chaque soir, à l'étable... Tant que le temps permettra de les sortir, le maître-valet t'aidera à traire et tu fabriqueras du fromage...

Les instructions étaient claires. Gauthier devait ramener le troupeau l'après-midi même, au plus tard au coucher du soleil. La nervosité du maître l'intrigua tout autant que le départ précipité des pâturages d'été. Que cachait-elle ?

Précédé d'un concert de meuglements, le cortège pénétra dans la cour du Cayla à la tombée de la nuit. Gauthier venait en tête avec la bannière de la mon-

1. *Vergnes* : parties humides et marécageuses dont l'herbe est de mauvaise qualité.

tagne des Mires, portée fièrement. Fermait la marche le break chargé des cochons montés à l'estive le 25 mai et qui avaient été nourris avec le petit-lait du buron. A grand renfort de jurons, poussant des cris stridents qui résonnaient dans le soir entre les murs des bâtiments de la ferme, ou maniant le bâton sur les échines si quelque bête se montrait récalcitrante, les hommes rentrèrent vaches et veaux. La scène était digne d'une féria ! Après cinq mois de liberté, le troupeau renâclait à se plier à nouveau à la discipline de l'étable. Certaines mères cherchaient à s'échapper et à gagner les prairies voisines ; d'autres menaçaient d'encorner les bouviers ou décochaient des coups de sabot.

Devant l'entrée de la maison, Léonard et sa fille assistaient à la scène. Au milieu du tintamarre, Gauthier leur remit solennellement la bannière. C'était la coutume. Elle passerait l'hiver aux côtés des trophées exposés dans la salle à manger. Au moment des fêtes ou du sacrifice de l'un des cochons, les invités ne manqueraient pas de la remarquer à gauche de la cheminée avant de se mettre à table : les femmes commenteraient la finesse des broderies, les hommes interrogeraient le maître des lieux sur la signification des armes de cet abbé de Bonneval qui en ornaient le fronton.

Emu, Léonard posa la bannière contre la porte à double battant avant de serrer longuement la main de Gauthier. Dans une année, comme les foires et les grandes fêtes religieuses, la montée et la descente du troupeau servaient de repères aux éleveurs. En ce soir d'automne, comment ne pas songer à tout ce qui s'était passé depuis le 25 mai ? En quelques secondes, les événements de ces derniers mois défilèrent dans son esprit. Saisi de vertige devant un tel enchaînement, il chercha un appui contre le mur mais sa fille ne s'en aperçut pas dans la pénombre.

Son cheptel dans les étables, portes cadenassées chaque nuit, on pouvait penser que Léonard serait enfin rassuré. Il ne le fut qu'en fin de semaine avec l'arrivée au domaine de deux chiens de garde mâtinés de loup, achetés le 17 août à la foire de Nasbinals. Depuis quelque temps, il pressait leur propriétaire, un éleveur de Lozère, d'honorer sa parole : les amener au Cayla avant la Saint-Géraud. A la suite d'une lettre un peu sèche, il obtint ses molosses quatre jours après la descente du troupeau. Les bêtes voyagèrent à bord d'une camionnette d'avant-guerre dont le moteur toussotait, et qui stoppa dans la cour à l'heure où les hommes se lavaient les mains à l'abreuvoir taillé dans une belle pièce de granit. C'était à l'approche de midi. Tous se massèrent autour du véhicule lorsque leur maître ouvrit les portes arrière.

— Reculez ! hurla-t-il. Sinon ils vous arracheront les mollets...

Hauts sur pattes et musclés, ces chiens impressionnaient avec leurs dents longues et acérées qui brillaient dans des mâchoires de carnassiers. Ils tiraient sur leur chaîne, prêts à bondir. Léonard avait chargé le maître-valet de s'en occuper. Jules devint blême en les voyant, le poil luisant et gris, les babines dégoulinant de bave.

— On dirait des loups ! murmura-t-il, inquiet à l'idée d'avoir à les apprivoiser. Vous croyez que je pourrai les attacher et les détacher sans qu'ils me mordent ?

— C'est une question de quelques jours, affirma leur propriétaire avant d'écraser son mégot sur les pierres de la cour avec la pointe de ses galoches. Dès qu'ils seront habitués à vous, vous les lâcherez pendant la nuit... Personne n'osera rôder...

Plus tard dans l'après-midi, lorsqu'ils se croisèrent à la grange, Gauthier demanda au maître-valet pourquoi Léonard s'entourait d'autant de précautions ; il se lassait des explications évasives des domestiques qui se montraient méfiants à son égard. Il n'obtint pas davantage. Sa curiosité dérangeait.

— Si tu tiens à conserver ta place, ne te mêle pas des affaires du patron ! insista Jules sur un ton déplaisant. Boucle-la ! C'est tout ce qu'on te demande... Même si tu savais, tu ne comprendrais pas : tu n'es pas du pays...

« Tu n'es pas du pays ! » Cette remarque finissait par l'agacer. A la moindre occasion, on ne manquait pas de rappeler qu'il était né en Lozère, dans une famille d'ouvriers, et que son grand-père élevait des salers — une cousine de l'aubrac mais rivale ! — comme si c'était une tare. Quelle mesquinerie ! Pourquoi leur esprit était-il aussi étriqué ? N'avaient-ils jamais franchi montagnes et bois pour partir à la découverte du monde ou, simplement, de ce que cachait l'horizon ? Gauthier se moquait de leurs secrets de polichinelle, de leurs histoires de chasse, de leurs différends familiaux. Tôt ou tard, il apprendrait ce qui avait justifié l'arrivée des molosses...

Pendant deux semaines, le Grand Duc harcela ses cousins de lettres injurieuses. Léonard les brûlait avant que sa fille ne puisse en prendre connaissance.

— Tu perdrais ton temps à les lire ! répétait-il à Blandine.

Le dégoût l'envahissait. Pourquoi tant de haine ? Que pouvait-il contre un tel acharnement ? Répondre avec les mêmes armes, ou traiter le Grand Duc par le mépris ? Plutôt que de l'imiter, Léonard préférait subir — conscient qu'il s'exposait à la critique. Le premier, le maire l'incita à riposter :

— Attaquez, mon cher Fau ! Attaquez ! Sinon on croira que vous êtes coupable ! Ces histoires risquent de porter tort à notre liste, de vous mettre en ballottage...

Malgré les injonctions du notaire, il ne changea pas d'attitude et la maisonnée en souffrit. Surtout

Blandine. Lorsqu'elle poussait la porte de l'épicerie, les conversations cessaient brusquement ou se transformaient en chuchotements. Depuis longtemps, certaines familles de la commune jalousaient les Fau ; elles prenaient plaisir à hurler avec les loups. Même la Mère Meunier se laissa influencer par des commères, devint moins aimable. Un jour, elle apostropha la jeune femme devant une dizaine de villageoises à propos de ses tickets de sucre et de café, tachés par du vin.

— La prochaine fois, je ne les accepterai pas ! annonça-t-elle. Je n'ai pas envie d'avoir des ennuis avec les inspecteurs... Ces gens du Contrôle économique sont tatillons... Pour le peu de marge que nous avons sur les marchandises...

Blandine fourra les paquets dans son sac puis sa colère éclata :

— La prochaine fois, je me servirai à Laguiole !

Elle sortit en claquant la porte.

Le dimanche des élections, la jeune femme ne vit pas son père de la journée. Après le repas, elle partit se promener sur la draille des Mires. Un pâle soleil essayait de percer dans un ciel pommelé. Seuls, les oiseaux troublaient le silence. Rassemblés en bandes, ils s'apprêtaient à descendre vers des contrées plus hospitalières. Au retour, elle se réfugia dans la salle à manger, activa le poêle, s'offrit une tasse de thé d'Aubrac et une barre de chocolat puis s'installa près de la fenêtre pour feuilleter le dernier numéro du magazine *Elle* que le facteur avait livré la veille. Elle s'y était abonnée après l'avoir découvert à Paris chez Patricia, sa cousine, qui l'achetait pour suivre les tendances de la mode. Elle l'appréciait surtout pour son souci de comprendre les femmes d'aujourd'hui et de les aider à devenir indépendantes, au point de conserver les anciens numéros dans le fond d'une armoire. Ce dimanche-là, plongée dans ses lectures, Blandine en oublia la scène du matin.

Retenu à la mairie par le dépouillement qui promettait d'être long — le panachage était autorisé à Roquebrune —, son père rentra tard. Dix heures avaient sonné à la pendule de la salle à manger quand elle entendit les molosses aboyer. Une voiture manœuvra dans la cour. Après des claquements de portière, la jeune femme reconnut sa voix puis celle du notaire. Alors elle se précipita pour ouvrir.

— Votre père nous a causé des frayeurs ! glissa maître Delmas après l'avoir embrassée. Jusqu'au bout, nous avons cru qu'il serait en ballottage... Son élection s'est jouée à quelques voix...

Puis se tournant vers Léonard :

— C'est à cause de Martin... Vous saviez que c'est un homme dangereux... Je vous l'avais dit : il fallait riposter ! Maintenant, la confiance est écornée... Vous n'aurez pas le poste d'adjoint... J'en suis navré mais...

Debout dans l'entrée, encore vêtu de sa grosse veste et de son chapeau, Léonard accepta cette décision sans broncher. Elle ne le surprit guère. Maître Delmas passait pour un homme inflexible qui songeait avant tout à ses affaires et à ses ambitions personnelles. Ne se murmurait-il pas déjà qu'il tenterait sa chance aux élections cantonales prévues dans deux ans ?

Après son départ, Blandine s'appliqua à raisonner son père :

— Tu as été réélu ! C'est l'essentiel ! Tant pis si le maire te refuse la place de deuxième adjoint... Tu auras moins d'ennuis...

Léonard en convint.

— Il y a plus important que ces histoires d'élections et de mairie ! ajouta-t-elle pour balayer ses regrets.

Son front se dérida enfin ; son visage s'éclaira.

— Oui, dit-il d'une voix douce. Ton avenir... Le domaine...

Le domaine ? C'était leur passion, leur raison d'être ! Depuis la descente du troupeau et l'installation du jeune *cantalès* sous le toit du Cayla, la vie de Blandine avait changé. La seule présence de Gauthier rendait plus supportables les offenses du Grand Duc, les humeurs de Julienne, les caprices du ciel qui annonçaient l'hiver, le silence sépulcral de la maison à certains moments de la journée alors qu'elle rêvait de galopades et de cris d'enfants, la solitude de ses soirées. Chaque matin, elle le croisait à la laiterie qui avait été aménagée près du saloir après le mariage de Léonard. Dans cette pièce au sol dallé de pierres et aux murs blanchis à la chaux, qui exhalait une odeur de petit-lait, le *cantalès* fabriquait les fromages d'automne consommés par la maisonnée à l'approche de la Noël. Une trappe s'ouvrait sur un escalier aux marches de pierre usées par les siècles, qui permettait l'accès aux caves voûtées creusées sous la souillarde, la cuisine et la salle à manger. On y conservait le vin, les légumes, les provisions d'hiver, les fourmes qui mûrissaient sous le contrôle du *cantalès* dans une pièce orientée au nord. Plusieurs fois dans le courant de la matinée, Blandine s'y rendait pour ramener carottes, pommes de terre, fromage ou vin ; il manquait toujours quelque chose en cuisine. A son passage dans la laiterie, elle observait Gauthier qui pressurait le caillé, le coupait à l'aide d'un couteau, pesait la tome ou la broyait avant de la saler puis d'en remplir un moule métallique.

Entre une chanson de Francis Lemarque et un succès du Front populaire, il se lançait dans de longues explications sur son métier de fromager. Elle buvait ses paroles. Il avait un talent de conteur et savait présenter sous une apparente simplicité les choses les plus complexes ou savantes grâce à son imagination, jamais à court de métaphores. Il avait aussi de l'humour et, parfois, tous deux riaient des mésaventures survenues aux mousses que quelques *cantalès* facétieux dépêchaient au buron voisin à la recherche d'un moulin à sel ou d'une auge en fer. Leurs rires déplaisaient à Julienne.

— Pas de familiarité avec le personnel ! disait-elle d'un ton sec à Blandine. On vous entend dans toute la maison et peut-être même de la cour... On se demandera bientôt qui commande... Et n'oublie pas que tu portes le deuil...

Ses réactions laissaient Blandine indifférente.

— Quel pisse-froid ! confiait-elle à Gauthier. Une vraie nonne !

Certains jours, leurs chemins se croisaient à la cave à fromage où Gauthier retournait les fourmes pour mieux répartir le sel ou les brossait pour enlever l'humidité sur la croûte, vérifiait qu'elles n'étaient pas attaquées par des vers — les redoutables « mites » du fromage. Près des travées où s'alignait la production de l'automne, Blandine se familiarisait avec les procédés de maturation. Quand elle tardait trop, Julienne l'appelait depuis la laiterie :

— Dépêche-toi ! L'heure tourne...

A regret, elle abandonnait Gauthier pour remonter à la cuisine où l'ambiance était moins détendue...

Une semaine après les élections, Léonard reçut une lettre d'un médecin de Mur-de-Barrez qui souhaitait le rencontrer à l'occasion d'un déplacement à Espalion, visiter aussi le domaine. Le docteur Perrier, qui avait cédé son cabinet à un jeune confrère au début de l'année 1947, consacrait ses loisirs à deux passions : les meubles Régence et l'histoire ; il s'intéressait ainsi aux anciennes propriétés de l'abbaye de Bonneval qu'il avait commencé à photographier. Il s'était déjà rendu à Galinières près de Pierrefiche-d'Olt tandis que Numa Auriac — les deux hommes se connaissaient depuis plus de trente ans — l'avait assuré qu'il serait accueilli à bras ouverts chez les Fau. Il ne se trompait guère ! Léonard répondit le soir même et le convia à déjeuner ainsi que Numa Auriac l'avant-veille des fêtes de Toussaint. Profitant du beau temps, les deux hommes arrivèrent au domaine en milieu de matinée, ce qui permit au docteur Perrier de découvrir le buron et la montagne des Mires avant midi. Tout au long du repas, la conversation roula sur l'abbaye de Bonneval, ses règles, sa fondation. Pour le médecin en retraite, le sujet paraissait inépuisable ; il captiva ses hôtes, y compris Blandine. Une fois que Julienne eut servi le café et disparu à la cuisine donner ses ordres à Elise pour l'après-midi, il prit soudain un ton grave. Son front se plissa et il tritura un instant sa tasse d'une main nerveuse avant de fixer Blandine puis Léonard.

— Bonneval n'était qu'un prétexte, avoua-t-il. Il fallait que je vous parle... C'est si délicat que j'ai hésité...

L'étonnement se lut sur les visages. Léonard se tourna vers son beau-frère. Pourquoi tant de mystère ?

— J'ai fini par me décider, poursuivit-il. Les rumeurs...

— A propos de mon mari ? coupa aussitôt la jeune femme.

Le docteur Perrier hocha la tête. De cafés en champs de foire et en bals, les ragots colportés par le Grand Duc s'étaient répandus jusqu'en Carladès. Lorsqu'il avait appris que d'aucuns accusaient les Fau d'avoir été complices des agissements de Michel Gastal et les calomniaient, le médecin s'en était inquiété. Il s'était imaginé la souffrance de Blandine et de son père, le lourd fardeau à porter, le regard des autres à affronter. Aussi avait-il jugé qu'il ne pouvait les laisser plus longtemps dans l'ignorance de ce qui avait réellement motivé l'assassinat de Michel Gastal.

— Vous avez droit à la vérité, souligna-t-il.

A mi-voix, il se lança alors dans un long récit. Un matin froid du mois de janvier 1945, il avait été appelé dans une ferme du Cantal par le maire de Labrousse ; il y avait soigné deux octogénaires qui avaient été agressés pendant la nuit. Les trois malfaiteurs s'étaient introduits dans leur maison située en bordure de route, après avoir demandé un broc d'eau pour remplir le radiateur de leur voiture, puis ils l'avaient mise sens dessus dessous en quête d'argent. Les armoires avaient été vidées, les piles de linge piétinées au milieu des pièces, les matelas éventrés. En vain. Ils n'avaient trouvé que peu d'argent dans un portefeuille et un porte-monnaie. Avaient-ils été mal renseignés ? D'aucuns prétendaient pourtant dans le pays que le couple vivait chichement mais possédait de l'or et des bons anonymes. Aussi Michel Gastal avait-il perdu son sang-froid et ses hommes s'étaient acharnés sur le mari avec son propre *drelhier* déniché dans un coin de la cuisine. Ils l'avaient sauvagement battu devant sa femme mais le vieillard avait persisté à répondre qu'ils n'étaient pas riches. Chaque fois qu'il parlait, les coups pleuvaient pendant que son épouse en sanglots les suppliait de l'épargner. La colère quelque peu retombée, ils avaient abandonné leur victime à demi consciente et couverte de sang sur le plancher de la cuisine avant de promettre qu'ils reviendraient. La vieille femme n'avait pas osé après leur départ laisser son mari seul et s'aventurer au-dehors en pleine nuit pour chercher du secours ; les voisins les plus proches habitaient à près d'un kilomètre. Elle avait nettoyé ses plaies, tenté de soulager au mieux ses souffrances avant de donner l'alerte dès la pointe du jour.

— Quand j'ai commencé à l'ausculter, précisa le docteur Perrier, il ne cessait de répéter : « Le fils Gastal... d'Entraygues... » Il était incapable d'en dire plus... Méconnaissable... Défiguré... Les lèvres tuméfiées... Je suis resté à son chevet une partie de la matinée... Il s'est assoupi après une bonne dose de calmants... Son fils nous a rejoints à midi... Ces vieillards n'avaient qu'un fils, premier clerc de notaire dans une étude importante d'Aurillac... Quand il est arrivé, comme s'il sentait sa présence, le blessé a marmonné à nouveau : « Le fils Gastal... d'Entraygues... » Dans un ultime sursaut, après un effort qui lui a arraché des cris de douleur, il a désigné du doigt la chevalière que portait son fils pour signifier qu'il avait reconnu le chef de la bande grâce à sa chevalière...

Perrier s'interrompit pour ajouter aussitôt :

— Sa femme m'a confirmé que les Gastal leur avaient acheté du bois d'œuvre à la fin de la guerre... Le jour où le père avait visité le chantier, le fils l'accompagnait... Il était revenu à plusieurs reprises pendant la coupe des arbres puis au moment du paiement...

Puis s'adressant à Blandine :

— Votre mari devait avoir une belle chevalière, n'est-ce pas ?

La jeune femme confirma : ce bijou en or était orné d'une feuille d'érable et de ses initiales gravées en creux ; il se remarquait à sa main. C'était un cadeau de ses parents pour ses vingt ans.

— Le pauvre vieux est mort à la fin de la journée, dit encore Perrier. Il n'avait aucune chance de s'en sortir.

A ces mots, Blandine ferma les yeux, enfouit son visage entre ses mains et pleura de honte.

— Son fils avait juré de le venger, insista le docteur. J'avais bien essayé de l'en dissuader mais la sauvagerie des meurtriers l'avait rendu fou... Il a dû s'y préparer pendant des mois...

Tout devenait clair dans leur tête. Le mystérieux client du café de l'Amicale, en compagnie de qui Michel Gastal avait bu un verre le soir de son exécution, était sûrement le clerc de notaire : il l'avait entraîné en dehors de Laguiole sous un prétexte quelconque — un rendez-vous pour des « affaires » ou des « trafics » — afin de laver le sang de son père.

Où l'avait-il emmené ? Léonard songeait à un bâtiment isolé, une grange ou une remise désaffectée, des environs de Laguiole, peut-être même un buron du côté d'Alpuech ou Lacalm. Il paraissait évident, par ailleurs, que le clerc n'avait pas agi seul. Avait-il payé des hommes de main — repris de justice ou malfrats — pour l'exécuter, sollicité plutôt des victimes de la bande à Gastal — on l'appelait désormais ainsi dans le pays — pour assouvir sa soif de vengeance ? On ne saurait jamais ; personne ne parlerait.

Ces révélations bouleversèrent Blandine — épouvantée à l'idée d'avoir accordé sa totale confiance à un assassin, d'avoir lié sa vie à la sienne devant Dieu et les hommes. Certes les confidences du médecin la libéraient soudain d'une angoisse — celle de ne jamais connaître la vérité — avec laquelle elle avait craint de devoir vivre jusqu'à la fin de ses jours mais, dans le même temps, elle se sentait tenaillée par des remords. Comment pourrait-elle trouver la paix ?

Un soir de novembre, retenu au lit par la grippe, Léonard ne put retourner auprès des bêtes avant de se coucher comme il en avait l'habitude. Aussi Blandine se proposa-t-elle d'y revenir à sa place. La maison et l'étable communiquaient par le couloir qui menait de la cuisine au logement du maître-valet — desservant au passage le saloir, la laiterie, les caves — et qui débouchait ensuite à l'angle du parc à veaux. On évitait ainsi de traverser la cour, ce que les maîtres et les domestiques appréciaient les nuits de tempête ou de grand froid.

Cette attention le toucha mais il refusa d'une voix lasse : il fallait bien connaître le troupeau, avoir l'œil d'un éleveur, pour repérer un animal malade ou qui ne mange pas.

— Gauthier m'accompagnera, répondit-elle.

Il s'inclina, lutta contre le sommeil tant qu'elle

n'eut pas frappé à sa porte pour raconter sa ronde en compagnie du *cantalès.*

A partir de ce soir-là, après le repas, Blandine rejoignit Gauthier à l'étable pour bavarder près des bêtes tandis qu'il gâtait d'un peu de sel quelques-unes d'entre elles. En général, il était seul à cette heure ; les bouviers veillaient à la cuisine autour d'un verre de vin, réparant des paniers ou des colliers de cloche, sculptant du bois, tressant des corbeilles à linge en osier. Blandine s'installait sur un tas de paille, l'observait parler aux vaches, les flatter, leur caresser l'encolure, les appeler par leur nom. Après s'être lavé les mains à la cuve, il s'asseyait près d'elle et tous deux bavardaient sans se préoccuper de l'horloge. Une certaine complicité les poussait à se confier des bribes de leur vie, toujours avec pudeur, à évoquer des souvenirs d'enfance. Ils partageaient une même passion pour les grands espaces.

Bientôt, à force de le côtoyer, une question tourmenta Blandine. Pourrait-elle rester longtemps insensible à sa vivacité d'esprit, à sa délicatesse, à son charme ? Chaque soir, ils se séparaient sur une chanson qu'il prenait plaisir à fredonner. Gauthier jouait parfois de l'harmonica, cadeau du grand-père Elie pour ses quatorze ans ; il avait appris les gammes dans les burons grâce à des *cantalès* de la vallée de l'Aveyron. Sur ces musiques joyeuses qui avaient la magie de repousser les frimas de l'hiver au-delà des montagnes et d'effacer tout souci, elle le quittait à contrecœur pour retrouver le froid du couloir. De retour dans sa chambre, après avoir avalé une infusion à la cuisine et s'être glissée entre les draps tièdes de son lit qu'Elise avait bassinés, il continuait à habiter ses pensées.

Tandis que s'écoulaient les jours et les semaines, un sentiment grandit au plus profond de son être. Une évidence s'imposait : elle était amoureuse de Gauthier. Alors qu'elle avait été déçue par son premier mari et s'était jurée de se montrer plus méfiante à l'avenir, le jeune *cantalès* avait réussi à la réconcilier avec l'amour par des attentions simples ; il la respectait et il l'écoutait. Les interrogations se bousculaient dans sa tête. Qu'éprouvait-il ? Maintes fois, à son regard, à ses gestes, à ses paroles embarrassées ou à des signes qui ne trompent guère une femme, tels un sourire ou un battement de cils, Blandine avait deviné qu'elle le troublait aussi. Elle hésitait à avouer ses sentiments par crainte d'être incomprise ; elle redoutait le malentendu. N'était-il pas notoire sur l'Aubrac que de jeunes et jolies veuves s'autorisaient des privautés avec leurs domestiques ou leurs saisonniers à l'occasion des travaux d'été ? Blandine refusait d'être cataloguée parmi ces femmes.

Son hésitation se prolongea jusqu'à Noël et ce fut l'absence de Gauthier qui balaya ses réticences. Comme il l'avait annoncé dès la mi-septembre à Léonard, le jeune *cantalès* souhaitait passer les fêtes avec ses parents. Le matin du 24 décembre, après le casse-croûte de dix heures, il s'habilla chaudement pour descendre dans la vallée par Espalion et Rodez.

De la fenêtre de sa chambre, Blandine le regarda partir et suivit du regard sa moto sur la route jusqu'à ce qu'elle se fonde au brouillard. Son départ laissa un vide qu'elle ressentit au moment du repas de midi lorsque les hommes se retrouvèrent dans la cuisine autour de leur table : Gauthier manquait à l'appel et personne n'occupait sa place face au maître-valet. Lorsque Elise servit le café, Blandine avait un air absent. Son père s'en aperçut et insista pour qu'elle aide Julienne à terminer les préparatifs du souper de Noël ; il craignait qu'en cette veille de fête, sa fille ne ressasse des idées noires, retirée dans sa chambre. Elle accepta sans rechigner mais s'enferma dans son silence jusqu'au soir, tandis que ses gestes ressemblaient à ceux d'un automate. Elle multiplia les étourderies, se piqua les doigts avec une grosse aiguille en voulant coudre les poules qu'Elise venait de bourrer de farce, cassa de la vaisselle et oublia de larder le dindon avant de le mettre à rôtir dans le four de la cuisinière. Son esprit vagabondait.

Le lendemain, son oncle et sa tante de Laguiole la jugèrent tout aussi distraite. Comme chaque année, le jour de Noël, ils l'avaient invitée à midi ainsi que son père ; ils savaient recevoir et leur table croulait sous les bons plats. Elle ne goûta au foie gras et à la dinde truffée que du bout des lèvres et ne se mêla guère aux conversations. Clothilde s'en émut.

— Ta fille m'inquiète, dit-elle à Léonard. Ne la néglige pas...

Il promit mais n'en fit rien, pensant deviner les raisons de cette mélancolie. Dans quelques jours, il pourrait en avoir confirmation. S'il s'avérait qu'il s'était trompé, alors il parlerait à sa fille.

Le maître du Cayla avait vu juste. Le retour du *cantalès* rendit à Blandine sa bonne humeur et son sourire. Jusqu'à la dernière nuit, elle avait eu si peur que la neige ne l'empêche de circuler avec sa moto, ou que le gel ne transforme les routes en patinoire. Combien de fois s'était-elle levée pour s'assurer de l'état du ciel, le nez collé à la fenêtre ? Au chaud, sous son édredon, elle l'avait imaginé filant sur la route le casque enfoncé jusqu'aux oreilles, une écharpe autour du cou, le visage glacé, les doigts gourds...

Gauthier rentra le 27 décembre au milieu de la matinée, comme convenu avec le maître-valet. Tout au long de la journée, Blandine brûla d'envie de le retrouver mais jugea plus prudent de patienter jusqu'au soir. Au début de la veillée, elle traîna à la salle à manger et attendit pour le rejoindre que Léonard soit revenu de l'étable. Après le passage de son patron, Gauthier s'était réfugié dans sa chambre. Le soir, allongé sur son lit, il ouvrait un roman avant de s'endormir. L'hiver précédent, chez les bouquinistes des quais de la Seine, il avait acheté huit volumes de *La Comédie humaine* de Balzac qu'il rangeait au fond d'une malle parmi ses vêtements. Il poursuivait la lecture du *Père Goriot* lorsque Blandine frappa à sa porte. C'était la première fois qu'elle pénétrait dans son modeste logement. Tout était propre et en ordre. Sur les murs en planches, badigeonnés de frais au lait de chaux, il n'y avait aucune photo de fille nue comme au buron mais une gravure écornée représentant les ponts de Paris. Assis sur le bord du lit, ils parlèrent longtemps. Gauthier qui portait un pull de laine à grosses côtes tricoté par sa mère, raconta son réveillon dans la maisonnette de garde-barrière qu'occupaient ses parents à Bertholène en bordure de la ligne de Rodez à Sévérac, leur joie de passer ces heures de fête avec leur fils alors que la guerre puis ses saisons de charbonnier à Paris les en avaient privés, le bonheur d'Aurélie de savoir qu'il répondait à l'appel de la terre — c'était son vœu. Sa mère, qui avait une âme de paysanne, regrettait les estives du Cézallier où elle avait grandi au milieu des vaches, et que son cœur n'avait jamais quittées. Depuis quinze ans, elle se contentait d'un petit jardin près d'un passage à niveau dont elle baissait et remontait les barrières jusqu'à dix-huit fois par jour. Jeune fille, elle aurait voulu épouser un éleveur pour rester proche de la terre, des bois et des troupeaux. Même si la vie en avait décidé différemment, Aurélie caressait l'espoir de réaliser son rêve à travers les choix de son fils.

— Mon père est moins enthousiaste, reconnut Gauthier. Il n'aime pas la terre... Mon grand-père était cordonnier à Allanche... Il râlait après les paysans qui arrivaient dans la boutique les jours de foire avec des chaussures à réparer... Elles étaient couvertes de bouse et de boue... C'était répugnant... De colère, il les jetait au milieu de la pièce et menaçait de doubler ses tarifs pour rafistoler ces sabots d'étable ou d'écurie dégoulinant de purin...

Autour de ces souvenirs, ils rirent de bon cœur.

Il était tard. Blandine se leva ; elle défroissa sa jupe à plis creux du plat de la main. Son cœur cognait. Saisie par l'émotion, elle trouva le courage de chuchoter :

— Gauthier... Je voulais vous dire...

Alors son regard clair plongea dans ses yeux.

Elle n'acheva pas sa phrase, se précipita contre sa poitrine, se blottit dans ses bras.

5

Ses aveux bouleversèrent Gauthier et l'empêchèrent de dormir. Pourquoi le nier ? Le jour de leur rencontre sur la place de Laguiole, Blandine l'avait séduit par son naturel autant que par son charme. Depuis son arrivée au domaine, il ne parvenait pas à se détacher d'elle. La tentation était trop forte : ils ne cessaient de se croiser du matin au soir ; ils échangeaient des sourires, des regards. Devait-il résister ? Blandine avait su gagner sa confiance. Alors qu'il l'avait crue fragile, elle savait se montrer audacieuse, déterminée dans la vie. Voilà qui le comblait même s'il n'était pas homme à s'enflammer sans réfléchir. Il n'y avait plus d'ambiguïté. Elle l'aimait ; il pourrait l'aimer.

Aucune des femmes qu'il avait connues jusqu'alors n'avait ses qualités. Angèle ? Elle l'avait initié aux plaisirs de l'amour une nuit de mai 1945 entre des draps gris qui sentaient le jasmin, dans une ferme proche de la frontière suisse, entre Montbéliard et Delémont. Une fin de matinée de printemps, la compagnie de Gauthier s'était installée au village de Glay avec la mission de surveiller l'une des routes menant de Basel, en Suisse, jusqu'à Besançon. Ce jour-là, Angèle était en quête d'un vétérinaire. A l'arrivée de la troupe, elle avait demandé à la cantonade qui serait capable d'aider sa vache à mettre bas. Gauthier s'était proposé ; il avait peiné pour sauver le veau, souillant ses vêtements, déchirant même une manche de sa chemise. La jeune femme qui n'était pas ingrate l'avait invité à sa table. Ils s'étaient revus le lendemain puis les autres soirs. Angèle était veuve depuis cinq ans ; son mari s'était noyé en mer du Nord dans la précipitation d'embarquer pour l'Angleterre au moment de la débâcle de 1940. Elle menait une grande ferme de concert avec ses parents, y élevait des vaches laitières, y fabriquait du fromage. Elle avait usé en vain de ses charmes pour retenir Gauthier que l'idée d'un mariage à vingt ans avait effrayé. Quand sa compagnie avait levé le camp, trois semaines plus tard, il avait suivi...

Mona ? Elle valsait aussi bien que les demoiselles du dancing de *La Coupole* mais parlait trop et jouait l'entraîneuse. Cette jeune Italienne aux yeux noisette, Gauthier l'avait rencontrée dans la rue de Lappe, un samedi soir au bal-musette. Ils avaient sympathisé et ils avaient pris l'habitude de se retrouver le dimanche dans l'une des salles à la mode de La Bastille, *Les Barreaux verts.* Gauthier avait fini par apprendre qu'elle travaillait pour un julot de Montmartre ; il avait fui *Les Barreaux verts,* furieux d'avoir été trompé. A deux pas de là, dans la même rue, sur la piste cirée du *Balajo,* Hélène l'avait repéré dès les premières valses. C'était « une fille de chez nous », comme disait Victorien Chassan, montée d'un hameau de l'Aubrac pour servir dans un café des Boulevards. Elle s'était appliquée à le consoler mais il l'avait vite quittée. Elle ne pensait qu'à s'amuser et à dépenser son argent dans les restaurants. Même s'il aimait la danse et la musique, Gauthier s'était détourné peu à peu des bals-musettes où il n'avait croisé que des femmes légères, superficielles. De la vie, il attendait mieux.

Blandine ne déçut pas ses espérances. Il le constata jour après jour tandis que leurs conversations les emmenaient loin, dans les jardins les plus secrets. La jeune femme ne voulait rien dissimuler à Gauthier, même si ses larmes coulaient parfois lorsqu'elle parlait de sa mère, de sa maladie et de son absence dans la maison, de l'assassinat de son mari. Par le menu, elle raconta aussi ce qu'ils subissaient depuis le printemps, le chantage auquel s'était livré le Grand Duc pendant des semaines, alors qu'il savait sûrement peu de choses sur la bande à Gastal pour n'avoir jamais évoqué dans ses lettres le meurtre de Labrousse, la haine dont il les poursuivait depuis longtemps. Dans la tête de Gauthier, tout s'éclaira : les raisons de son retour hâtif au domaine avec le troupeau, l'achat des chiens de garde, les rondes de nuit, la tension d'avant les élections, les recommandations que le maître persistait à renouveler chaque soir à la fin du repas.

— J'ai toujours peur, confia Blandine. Surtout la nuit...

Gauthier s'efforça de dissiper ses craintes.

— Compte sur moi ! dit-il. Quoi qu'il arrive...

Les jours s'écoulèrent. Ils ne vivaient que pour ces rencontres à la sauvette, impatients de pouvoir se retrouver au cœur de la forêt à la belle saison — loin des regards indiscrets. Mais le mois de mai semblait loin : l'hiver se déchaînait avec ses bourrasques de pluie et ses tempêtes de neige, le vent qui sifflait dans les cheminées et s'engouffrait sous les portes. Les soirées filaient trop vite ! Gauthier devait se lever tôt et Blandine s'obligeait à gagner sa chambre peu avant onze heures. Son pas léger glissait sur les dalles de pierre du couloir puis sur les marches de bois qui conduisaient à l'étage ; tout le monde dormait dans la maison.

Un soir de janvier, Julienne guetta son passage à la cuisine. Sa présence surprit Blandine, habituée à traverser une pièce déserte. Sa petite-cousine s'était assise près de la cuisinière, les pieds sur une chaufferette, un châle sur les épaules. Elle relisait le journal.

— Ah ! te voilà enfin ! marmonna-t-elle en enlevant ses lunettes. Où diable traînes-tu chaque soir ? Chez Chassan ?

— Et alors ? coupa Blandine.

— Une fille de maître ne se vautre pas dans la paille des étables avec un *cantalès* ! lança Julienne.

— Me vautrer dans la paille ? répéta-t-elle. Est-ce que tu nous as surpris seulement ?

Une lueur de défi brillait dans ses yeux.

— Ah ! si ta mère revenait... Et ton père ? Le jour où il apprendra que tu découches pour passer tes nuits à l'étable...

— Mon père ? Il le sait sûrement...

— Ça m'étonnerait !

Léonard n'était pas dupe. Il laissait à sa fille le soin de choisir le moment où elle souhaiterait l'entretenir de ses projets, de l'avenir. Pourquoi se précipiter ?

Le premier dimanche de mars alors que l'hiver semblait donner quelques signes de faiblesse et que les perce-neige avaient fané, le domaine reçut la visite de l'abbé Moussac. La maisonnée était à table lorsque les chiens saluèrent bruyamment son arrivée mais le repas tirait à sa fin. Derrière les rideaux de la fenêtre de la cuisine, Julienne reconnut le vicaire de la paroisse voisine de La Roquette. Bientôt la porte s'ouvrit sur un prêtre d'une trentaine d'années, aux joues rouges et rondes, essoufflé d'avoir marché avec ses souliers ferrés sur des chemins encore recouverts de neige.

— A cette saison, la soutane ne vous aide guère ! lança Léonard qui le pria de s'asseoir à sa table, près de sa fille.

Après avoir enlevé son béret et son grand manteau dans lequel il semblait flotter, Luc Moussac accepta de la tarte aux pommes.

— Quel bon vent vous amène chez nous ? demanda, intrigué, le maître du Cayla tandis qu'Elise ramenait un verre de la souillarde. Vous êtes loin de votre clocher et l'heure des vêpres approche...

Le jeune abbé sourit :

— L'évêque m'a nommé aumônier des buronniers de l'Aubrac...

— Des buronniers ! répéta-t-il. Vous aurez du travail, l'abbé ! Vos ouailles ne sont pas des piliers d'église ni des enfants de chœur !

Cette remarque ne parut pas le choquer.

— Et alors ? fit-il sans paraître effrayé par l'ampleur de sa tâche.

Avant que l'évêque ne l'envoie à La Roquette comme vicaire au lendemain de la guerre, le jeune prêtre avait exercé son ministère chez les mineurs et les ouvriers du bassin de Decazeville pendant trois ans. Dans ce creuset de nationalités où Polonais, Arméniens, Espagnols et Russes cohabitaient avec des paysans aveyronnais, il avait côtoyé des hommes et des femmes qui ne croyaient plus ni en Dieu ni au Diable, ou qui regrettaient de ne pas trouver dans la religion ce qu'ils en attendaient.

— Vous avez du courage ! glissa Léonard. C'est un monde rude.

— Comme l'Aubrac...

— Des « rouges »...

La cuisine s'était vidée ; les domestiques avaient rejoint l'étable des vaches où ils aimaient entendre Gauthier jouer de l'harmonica ou celle des bœufs s'ils éprouvaient l'envie d'occuper l'après-midi à réparer les boucles en cuir qui recevaient le timon ou à fabriquer une provision de chevilles d'attache pour les jougs afin ne pas être pris au dépourvu si l'une d'entre elles cassait au moment des gros travaux. A longueur d'année, le maître-valet incitait ses bouviers à être prévoyants. Intéressée par les propos de l'aumônier Blandine n'avait pas bougé de place tandis qu'Elise trottinait entre la cuisine et la souillarde pour débarrasser les tables.

Après un dernier verre, Léonard le guida jusqu'à l'étable par le couloir de la laiterie. Assis sur la paille, adossés à la cloison de sa chambre, trois hommes écoutaient Gauthier interpréter à l'harmonica des airs de bourrée. Le jeune aumônier voulut les retenir mais ils se dérobèrent sous des prétextes divers ; ils fréquentaient plus les cafés que les églises. Gauthier qui ne pratiquait pas davantage consentit malgré tout à le recevoir ; il se refusait à le renvoyer à La Roquette alors qu'il avait marché dans la neige et le froid pendant deux heures. Une fois la conversation lancée, rien ne put l'arrêter. Gauthier parla avec passion de son métier, de ses satisfactions et de ses revers, des relations parfois orageuses que les saisonniers entretenaient avec les propriétaires de pâturages ou de troupeaux.

— Créez un syndicat de buronniers ! martela l'abbé Moussac en réponse à ses préoccupations. Vous vous défendrez mieux... Vous discuterez pied à pied des conditions de vie et de travail au buron, des salaires... Si mes calculs sont bons, vous êtes cinq cents sur le plateau... Ça compte... Ça pèse...

Il prêchait un convaincu. Gauthier était né et avait grandi dans le quartier des « métallos » à Saint-Chély-d'Apcher ; son père était employé à l'usine comme forgeron : il besognait dans la fournaise, le bruit assourdissant des marteaux-pilons. Combien de fois enfant avait-il entendu ce discours ? Encore jeune pour comprendre, il en avait toutefois retenu des bribes où il était question du prolétariat et de son exploitation par le capital, de la lutte des classes, du pain quotidien et de la misère, de la fortune des grandes familles, de la nécessité de s'unir face au patronat.

— Peu de gars suivront ! rétorqua Gauthier, pourtant d'un naturel optimiste. Les buronniers sont trop individualistes...

— C'est à voir !

— C'est tout vu : personne n'a les mêmes intérêts ! reprit-il. Il y a les « purs » qui sont condamnés à trimer au buron jusqu'à la fin de leur vie : ils n'ont pas envie que le métier change... Il y a les jeunes qui partent à Paris chaque automne pour se coltiner du charbon et qui ne redescendent plus en mai sur l'Aubrac le jour où ils ont trouvé à se marier avec une fille du pays... Il y a aussi les petits propriétaires qui montent à l'estive pour compléter les revenus de leurs fermes... Nous sommes trop différents...

Ils poursuivirent cette discussion le dimanche suivant. La neige avait fondu ; les routes étaient à nouveau praticables en observant quelques règles de prudence. A l'heure de midi, Gauthier put ainsi se rendre à moto jusqu'au village de La Roquette. La grand-messe était terminée, la place déserte. Quelques rideaux s'écartèrent aux fenêtres lorsqu'il se gara devant le presbytère, enleva son casque et ses gants. Le curé, vieil homme soupçonneux, le reçut avec peu de prévenance ; il reprochait aux buronniers de n'avoir ni foi ni loi, de mener une vie dissolue sur leurs montagnes avec la complicité de quelques demoiselles de petite vertu — les « vierges de montagne » — qui animaient des soirées très particulières dans les burons. Aussi, installé en bout de table dans sa salle à manger, se retrancha-t-il derrière un silence pesant tout au long du repas. A l'inverse, l'abbé Moussac se montra chaleureux. Il avait mis à profit la semaine écoulée pour esquisser les statuts du Syndicat qu'il se proposait de soumettre à un avocat de Decazeville ; il souhaitait disposer d'une version définitive avant la fin mai pour exposer ses projets aux buronniers lors du retour des troupeaux sur les estives.

— Bien sûr, vous m'aiderez ! glissa-t-il à Gauthier.

Gauthier promit de se libérer au moins deux soirs par semaine dès le début de la saison. Ce projet le séduisait de plus en plus ; il y avait souvent songé au cours des jours précédents pendant les moments de répit qu'offrait l'hiver dans les fermes et il avait à cœur de le réaliser, étonné de raisonner comme un ouvrier alors qu'il avait refusé d'entrer dans ce monde-là. Il débordait d'idées, voulait publier un journal tous les deux ou trois mois. Son titre ? Il l'avait déjà choisi : *L'Ahuc,* du nom de cri guttural — parfois obscène — que se lançaient les buronniers d'une montagne à l'autre pour échanger des nouvelles ou évoquer leurs amours, leur vie, leurs espoirs. Il voulait aussi organiser une fête des buronniers au cœur de l'été. La Saint-Jean et la foire du 3 octobre à Aubrac étaient les seuls jours où les hommes s'accordaient un peu de repos sur un air de fête. Pendant l'estive, les saisonniers avaient peu l'occasion de se rassembler ; il fallait traire matin et soir, fabriquer le fromage.

— Nous réussirons ! affirma-t-il à l'aumônier. Même si nous sommes tous deux étrangers au pays...

Le premier dimanche de mai entraîna enfin Blandine et Gauthier dans la forêt ; ils guettaient ce moment depuis des mois. Le printemps boutait l'hiver hors de ses ultimes retranchements. Partout sur le plateau, à perte de vue, les pâturages se dépouillaient de leur tunique ocre dont la couleur avait pâli depuis l'automne, rendue fade par la neige et le gel. L'herbe verdoyait, s'épaississait sous l'effet conjugué du soleil et de l'eau ; les sources coulaient sans retenue, irriguaient les terres désormais amollies et poreuses. Dans les bois, la nature s'éveillait aussi : les arbres en pleine sève bourgeonnaient pendant que, sur les branches hautes, les oiseaux babillaient tout en bâtissant leurs nids. Au milieu d'une clairière, Blandine et Gauthier surprirent une hermine qui s'enfuit à leur approche ; elle était déjà en tenue d'été avec sa robe rousse et ses poils blanc jaunâtre sous le ventre. Plus loin, un renard détala : il poursuivait un lièvre. C'était la loi de la forêt. A chaque pas ou presque, surpris par la beauté d'une fleur ou le plumage d'un oiseau, ils s'arrêtèrent.

Déjà loin des murets qui délimitaient la montagne des Mires, au cœur d'une futaie, ils découvrirent une cabane de bûcherons bâtie avec des rondins, couverte de branches et de genêts, dont la porte — une claie de hêtre semblable aux brise-vent à rames des parcs à veaux de burons — était entrebâillée. Ils y entrèrent par curiosité. L'unique pièce, peuplée d'araignées, équipée d'un vieux fourneau et de quelques marmites, avait dû être occupée au début de l'hiver par des braconniers, à en juger par les collets accrochés au mur et les cartouches vides qui jonchaient le sol. Une couchette avait été aménagée pour les nuits de veille et la paillasse garnie de feuilles sèches semblait les attendre. Blandine et Gauthier échangèrent un regard dans lequel brillait un désir trop longtemps contenu puis ils éclatèrent de rire. Dans une odeur forte de mousse et de fougère mêlées, sur ce lit rustique qui crissait sous le poids de leurs corps, ils s'aimèrent avec passion...

L'heure les chassa de la cabane. Même si le soleil était encore haut, perçant la cime des arbres pour inonder de lumière les sous-bois, il fallait rentrer : les bouviers rassembleraient le troupeau peu avant six heures dans les prairies proches de la ferme. A regret, ils rebroussèrent chemin. Ils marchaient d'un pas mesuré, en silence. Lorsqu'ils distinguèrent l'ourlet de pierre des murets se découpant dans l'azur entre les hêtres, Gauthier évoqua la prochaine montée des bêtes dans moins de trois semaines. Il choisit ce moment pour parler de ses projets. Blandine lâcha sa main et s'appuya contre le tronc d'un arbre.

— C'est peut-être une bonne idée ! admit-elle. Pour vous. Mais... les propriétaires ne sont pas des patrons d'usine : ils ne voudront pas discuter des conditions de vie dans les burons ou des salaires avec un syndicat... Tu le sais aussi bien que moi... Quand ils louent des hommes pour la saison, ils s'installent au café devant un verre de vin... Une fois l'affaire conclue, ils n'ont qu'une parole...

Ces remarques n'ébranlèrent pas sa détermination.

Dès les premiers jours de juin, Gauthier commença à visiter les burons proches de la montagne des Mires puis poussa de plus en plus loin du côté d'Aubrac, Nasbinals, Saint-Urcize. Il partait après le repas du soir, rentrait tard sous les étoiles ou dans le brouillard ; les nuits étaient toujours trop courtes. Il ne ménageait ni son temps ni sa peine pour exposer aux saisonniers les buts du Syndicat, les convaincre de s'unir. Certains refusaient de l'entendre, le traitaient de communiste ou d'anarchiste comme s'il menait campagne pour la nationalisation des pâturages d'Aubrac dans la logique de celle des mines et des compagnies électriques ; d'autres acceptaient de l'écouter mais leur mutisme trahissait leurs pensées et son peu de chances de réussite. Encouragé par une poignée de *cantalès* qui l'approuvaient sans vouloir s'engager franchement à ses côtés, Gauthier ne baissa pas les bras. Son obstination finit par irriter ; on le surnomma Thorez : il épouvantait tout autant que le chef du parti communiste dans les villages du Massif central. Déconcerté par la virulence des critiques et l'hostilité que provoquaient leurs projets, l'abbé Moussac regretta de l'avoir engagé dans cette aventure. Un dimanche après-midi, sous les arbres du jardin du presbytère à La Roquette, il confia à Gauthier :

— Vous aviez raison ! Les buronniers sont individualistes et trop méfiants... Ils tiennent à leur liberté... Ils ne toléreront jamais qu'un syndicat traite à leur place avec les patrons...

En dépit de ce constat, ils ne voulaient pas renoncer encore. La tournée des montagnes n'était pas terminée et Gauthier conservait l'espoir de vaincre les réticences de quelques hommes.

— Même si nous n'étions que quinze ou vingt, serait un début ! souligna-t-il. Par la suite, d'autres pourraient nous rejoindre après avoir lu notre journal ou participé à notre fête...

La vieille Terrot s'élança à nouveau sur les chemins et Gauthier se heurta à un obstacle de taille : l'opposition des propriétaires qui crièrent au complot contre la bourgeoisie terrienne. Ils écrivirent à l'évêque pour dénoncer les manœuvres de l'abbé Moussac et ses idées anarchistes, à Léonard pour se plaindre des agissements de son *cantalès* qu'ils taxèrent d'agitateur professionnel à la solde de Moscou. Leurs lettres, relayées aussitôt par des attaques de Martin qui trouvait là de quoi nourrir ses médisances, parvinrent au Cayla la semaine de la Saint-Jean. Léonard s'en inquiéta, même s'il avait peine à croire que Chassan et l'abbé Moussac puissent provoquer à eux seuls une révolution sur l'Aubrac ! Etaient-ils manipulés par quelque organisation politique ? Ou étaient-ils sincères ? Il décida de parler à Gauthier, le soir de la Saint-Jean.

Chaque année, le 23 juin, la famille et le personnel du domaine passaient la soirée aux Mires en compagnie des buronniers. Dans la journée, les hommes dressaient un mât sur le Puech des Mires, point le plus élevé de la montagne, et préparaient le feu près de la porcherie. Ce soir-là, on respecta la tradition : Gauthier alluma une torche sous les fagots dès que le maître donna le signal, sauta pardessus le brasier, tourna l'aligot et le servit à chacun des convives, entonna des chansons de *cantalès* et de Maurice Chevalier durant le repas, dansa la bourrée et joua de l'harmonica. Lorsque le ciel se constella d'étoiles, Léonard entraîna Gauthier à l'écart de la fête. Assise sur un banc devant le buron, Blandine reconnut sa voix que l'écho portait loin dans la nuit claire. Elle avait deviné ses intentions bien qu'il n'en eût soufflé mot ; sa nervosité ne trompait guère ces jours derniers. Son père souhaitait mettre un terme à une polémique qui risquait de le desservir auprès des grands éleveurs, d'altérer aussi son autorité sur le personnel. Pouvait-elle l'en blâmer ?

Devant son *cantalès,* Léonard s'exprima en peu de mots. Le ton était ferme mais, la colère retombée, toute agressivité avait disparu dans sa voix. A quoi bon se fâcher ? Il tenait Gauthier en estime et appréciait son travail. Au-delà de la controverse, il gardait présents à l'esprit l'avenir du domaine et le bonheur de sa fille.

— Ne t'entête pas, Chassan ! conseilla-t-il. Tu perds ton temps et tu risques de te brûler les ailes... Avec ce syndicat, tu ne récolteras que des ennuis... Tu auras les propriétaires à dos et les buronniers te cracheront à la figure pour te remercier...

Gauthier voulut s'expliquer mais Léonard refusa d'entamer une discussion qui promettait d'être animée et de les mener trop loin à son goût. La nuit enveloppait la montagne. Ici et là, sur les *puechs,* scintillaient des braises. La Saint-Jean s'achevait dans les burons, après l'*ahuc,* et sa fille l'attendait pour retourner au domaine.

— Réfléchis bien, Chassan ! répéta-t-il. Ta place ou le syndicat... Si tu restes, je te promets que tu n'auras rien à regretter...

Tandis qu'il rejoignait l'attelage, Gauthier s'attarda près du parc à veaux. C'était une belle nuit d'été. L'air était doux et le ciel d'une beauté exceptionnelle. En quelques secondes, il repéra la Grande Ourse, la Petite Ourse et le chemin de Saint-Jacques. Un tintement de grelot sur la draille suffit à le ramener à Blandine.

Un moment plus tard, quand il s'allongea sur sa paillasse dans le grenier où les hommes dormaient d'un sommeil profond — soûls de vin et de musique —, sa décision était prise. Nullement amer vis-à-vis de son patron, il se sentait serein.

Le lendemain, écourtant son repas de midi, il fila au presbytère de La Roquette. L'abbé Moussac sortait sa bicyclette de la remise et s'apprêtait à partir au chevet d'un malade ; ils purent malgré tout parler à l'ombre d'un tilleul. L'aumônier l'écouta en silence, le front plissé, mais ne manifesta aucune surprise comme s'il s'attendait à ce qu'il renonce tant leur chemin avait été semé d'embûches. Pour sa part, il avait reçu le matin même un rappel à l'ordre de l'évêque qui définissait clairement son rôle auprès des buronniers. Il n'était plus question de les aider à se regrouper en syndicat, ni à publier leur journal. Le prélat l'autorisait toutefois à les réunir une fois l'an en l'église de Notre-Dame-des-Pauvres à Aubrac pour une messe suivie d'un casse-croûte sous les arbres de la place.

— Je suis persuadé qu'il n'en viendra pas dix ! glissa l'aumônier d'une voix lasse, déçu par l'attitude de l'évêque — coupé des réalités dans ses salons aux parquets cirés.

En dépit de ces réactions, de l'hostilité que leurs projets avaient suscitée, Gauthier et l'abbé Moussac ne regrettaient rien. Au cours de leurs discussions, parfois trop brèves à leur goût, ils avaient fini par s'apprécier mutuellement alors que tant de choses — *a priori* — les séparaient. Avant d'enfourcher sa bicyclette, le jeune aumônier promit de monter jusqu'aux Mires dans les prochains jours : il avait hâte de reprendre leurs conversations.

Le choix de Gauthier n'étonna pas davantage Léonard. Depuis l'automne, le patron du Cayla l'observait et avait constaté qu'il était posé, qu'il était homme à préférer la pierre au sable. Comment imaginer qu'il puisse abandonner une place de *cantalès* pour se jeter dans une entreprise aussi hasardeuse ? Pas un instant, le doute n'avait traversé son esprit.

Celui de sa fille non plus. Blandine n'ignorait rien des motivations de Gauthier. Il avait renoncé à ses projets par amour pour elle autant que par réalisme. Elle l'avait laissé libre de choisir et sa décision prouvait combien il tenait à elle. Désormais, pour ne pas le décevoir, elle devait parler à son père. Depuis un mois, elle s'empêtrait dans ses hésitations, repoussait sans cesse le moment où elle oserait se confier. Maintenant, sûrs de leurs sentiments, ils ne pouvaient le laisser plus longtemps dans l'ignorance — quoique persuadés qu'un regard ou un sourire les avaient sûrement trahis. Ils souhaitaient s'aimer au grand jour, bâtir l'avenir.

Le dimanche qui suivit la Saint-Jean, Gauthier pressa Blandine d'agir. Au buron, à la moindre occasion, les hommes multipliaient les allusions grivoises à propos de ses escapades dans la forêt ; il ne les supportait plus.

Le lendemain matin, en entendant son père fredonner une chanson dans sa chambre pendant qu'il se rasait, elle se leva en hâte, passa sa robe de la veille, ne prit même pas le temps de se coiffer et courut frapper à sa porte. Inquiet d'entendre sa voix à une heure où personne ne le dérangeait, il sortit dans une tenue négligée — chemise ouverte, joues couvertes de mousse à savon.

— Qu'est-ce qui t'arrive ? demanda-t-il.

Elle le poussa à l'intérieur de la pièce, le pria de s'asseoir sur le bord du lit, déposa un baiser sur son front.

— J'aime Gauthier ! annonça-t-elle d'une voix joyeuse.

Les yeux pétillants, Léonard sourit. Cet aveu ne le surprenait pas ; il l'attendait depuis des mois.

— Et tu comptes l'épouser ? dit-il.

— Oui... Bien sûr ! Avec ta permission...

— Le Cayla a besoin d'un homme de la trempe de Gauthier ! répondit-il. Je crois que tu as bien choisi... Je suis sûr qu'il te rendra heureuse...

Elle rougit, se leva pour l'embrasser.

La nouvelle de leurs fiançailles fixées à la mi-octobre réjouit les parents de Gauthier, surtout Aurélie. Elle avoua à son fils qu'elle avait pleuré de joie en lisant sa lettre et regrettait déjà d'avoir à attendre l'automne avant de pouvoir rencontrer Blandine. « Nous aurions aimé vous recevoir à Bertholène, écrivit-elle, même si nous sommes logés petitement au passage à niveau. Mais je comprends qu'avec ton métier, vous ne viendrez pas d'ici la fin de l'été ! Tu pourrais quand même nous envoyer une photo d'elle ; il nous tarde... » Blandine s'en chargea. Sa lettre toucha Aurélie et, le jour même, son portrait compléta les souvenirs qui trônaient sur le buffet de la cuisine...

L'entrée de Gauthier dans la famille comblait l'attente de Léonard ; elle l'allégerait de certaines tâches, que le jeune *cantalès* paraissait tout indiqué à assumer en raison de ses connaissances du troupeau et de la vie dans les burons, apporterait du sang neuf pour augmenter encore la valeur du Cayla et préparer l'avenir. Alors qu'à sa place d'autres les auraient âprement discutées ou rejetées, son futur gendre avait accepté ses conditions. Disposé à quelques concessions à propos de la conduite du domaine, Léonard restait malgré tout patron.

— Tu ne seras pas propriétaire du domaine le soir de tes noces ! Ni dans cinq ans... Mon père a tenu la barre jusqu'à sa mort...

Gauthier était prévenu, mais à ses yeux, l'amour de Blandine comptait plus que tout...

La fièvre s'empara du domaine une semaine avant la fête. Avec l'aide de deux jeunes filles de Roquebrune, Elise entreprit le grand ménage que Julienne exigeait une seule fois par an, à Pâques. La cuisinière s'installa à demeure à partir du jeudi. Elle confectionnait encore des galantines de volaille le samedi matin quand la voiture de Numa Auriac déposa dans la cour du Cayla un vieil homme en costume et feutre noirs, à la moustache blanche comme neige, au visage sillonné de rides. C'était Elie Aubagne. Malgré ses quatre-vingts ans passés, ses rhumatismes qui le forçaient à marcher avec une canne, le grand-père du Cézallier n'aurait pas voulu manquer les fiançailles de Gauthier.

— Quelle expédition ! pesta-t-il. Vous êtes au diable !

Elie Aubagne avait quitté sa ferme la veille. C'était son premier « voyage » depuis le mariage de sa fille cadette Hortense dans la Châtaigneraie en 1925. Un autobus l'avait emmené d'Allanche à Saint-Flour où l'attendait un petit-neveu. Ce matin, il avait repris à nouveau le car jusqu'à Laguiole où le pharmacien l'avait accueilli devant le café Divan.

— Et ta fiancée ? lança soudain le vieil homme. Où est-elle ?

Depuis deux heures, enfermée dans sa chambre en compagnie d'une couturière de Laguiole, Blandine essayait sa robe.

— Laisse-la tranquille ! ordonna-t-il alors. Montre-moi tes bêtes...

Avec sa voiture, l'oncle Numa les accompagna sur les chemins poussiéreux jusqu'aux prairies voisines, stoppa devant la barrière où une partie du troupeau se trouvait rassemblée. Assis à l'arrière de la Juvaquatre, la vitre baissée, Elie Aubagne posa une foule de questions à son petit-fils. Le soir encore, il l'entraîna à l'étable. Des larmes coulaient au coin de ses yeux ; il était heureux de constater que Gauthier marchait sur ses pas. Avant de se coucher, il l'appela dans sa chambre.

— J'ai quelque chose pour toi, dit-il en fouillant dans la poche de sa veste. Tu mérites bien qu'on t'aide...

De son portefeuille, il exhuma une liasse de billets.

— Je sais que tu as envie d'une voiture, ajouta-t-il

d'un clin d'œil malicieux. Ça te paiera les quatre roues ou le moteur ! Ces engins doivent coûter tellement cher...

— C'est trop, grand-père ! Et mes cousins ?

— C'est moi qui gouverne ! répondit-il, catégorique.

Lorsque Gauthier voulut le remercier, le serrer dans ses bras, le vieil homme tremblait d'émotion...

Aurélie et Victorien Chassan ne purent monter que le dimanche matin. L'oncle Numa, toujours aussi dévoué, partit les chercher de bonne heure à Bertholène pour que toute la famille puisse assister à la messe de onze heures en l'église de Roquebrune : Léonard y tenait. Intimidés par cet homme qui avait beaucoup de prestance, ils n'osèrent parler dans la voiture. Gauthier guetta leur arrivée dès neuf heures et demie. Sa dernière visite à Bertholène remontait aux fêtes de Noël 1947.

— Enfin, ils sont là ! s'écria-t-il lorsque la voiture se gara près de l'abreuvoir de pierre.

Sa mère n'avait pas changé. Petite, menue, vive. Elle aimait se montrer coquette. Ce matin-là, elle portait une robe claire sous son manteau gris perle. Depuis la disparition tragique de Gabin, c'était la première fois qu'elle laissait dans son armoire ses vêtements de deuil. Gauthier la complimenta avant qu'elle ne rejoigne Blandine très en beauté dans sa robe prune, en crêpe de laine, dont la jupe mi-longue et étroite convenait à merveille à sa taille svelte. Tandis qu'elles bavardaient, il se dirigea vers son père en discussion avec le grand-père Aubagne qui l'écrasait de reproches : pourquoi attendre les fiançailles de Gauthier pour se revoir ? A l'inverse des paysans, les ouvriers pouvaient prendre des congés pendant l'été. Rien n'empêchait les Chassan de s'offrir une sortie d'une semaine en Cézallier dans la famille. Victorien tentait d'expliquer qu'Aurélie devait assurer son service au passage à niveau même en été. Elie Aubagne n'en croyait pas un mot, persuadé qu'ils refusaient de se retrousser les manches pour leur prêter main-forte à la saison des foins. Victorien protestait mollement. Comme abattu et sans forces. Son fils le trouva vieilli. Ses cheveux avaient commencé à blanchir après la mort de Gabin, sa silhouette à se voûter. Il vivait dans son souvenir et paraissait inconsolable malgré les efforts que déployait sa femme pour qu'il sorte enfin du deuil, goûte à nouveau à la vie. Elle espérait que le mariage de Gauthier l'aiderait. Dans quelques années, par leurs cris ou leurs pleurs, des enfants se chargeraient de chasser ses idées noires...

Les deux hommes changèrent de conversation quand Gauthier s'approcha d'eux. Alors, Victorien se dérida.

— J'avais tort de penser que tu manquerais de terres toute ta vie et que tu resterais prolétaire ! avoua-t-il avec une pointe d'humour en promenant ses yeux sur la maison et les bâtiments de la ferme. Un grand domaine... Une belle femme qui t'aime... Que voudrais-tu de plus ? Comme moi, tu as été habitué à moins... Je suis content que la chance te rattrape...

Ces mots touchèrent Gauthier qui avait souvent regretté, depuis l'adolescence, l'attitude de son père au moment de chacun de ses choix. Pourquoi l'empêcher d'aimer la terre, de prétendre y vivre ? Une incompréhension s'était installée entre eux, qui avait gâché leurs relations. Désormais, ils pourraient se parler sans s'opposer, sans élever la voix...

Ce dimanche de fête s'écoula très vite sous un soleil d'automne déjà pâle. Comme personne ne repartait avant le soir, ils traînèrent à table. Le vin de Cahors avait délié les langues, brisé la glace. Au moment du dessert, Gauthier sortit de la poche de sa veste un vieil écrin rouge dont la couleur avait perdu de son éclat avec le temps. Soudain, les apartés cessèrent. Tous les regards se concentrèrent sur cette boîte à bijoux. Avant de l'ouvrir, il se leva pour allumer le lustre de la salle à manger ; la lumière du jour était trop faible pour que Blandine puisse apprécier son cadeau. Lorsque la bague et les boucles d'oreilles scintillèrent, la jeune femme poussa un cri de surprise, porta les mains à ses joues brûlantes. En face d'elle, Aurélie retenait ses larmes.

— Pour toi, dit simplement Gauthier.

Avec beaucoup de précautions, elle prit les bijoux dans le creux de sa main pour mieux les admirer. Les pendants étaient ornés de motifs stylisés en pampille qui enserraient une citrine jaune pâle — pierre d'Auvergne, semi-précieuse, que les bijoutiers d'Aurillac utilisaient pour décorer le Saint-Esprit[1] offert aux fiancées par leurs belles-familles en guise de bienvenue — montée en perle. La bague, plus sobre, était aussi belle avec sa pierre de jade sertie dans un cœur sur l'anneau d'or.

Troublée par ce cadeau, Blandine chercha la main de Gauthier qu'elle serra.

1. Saint-Esprit : croix avec une chaîne en or.

6

Dès la fin du mois de janvier, la préparation de son mariage absorba la jeune femme, ses après-midi et ses soirées, parfois ses nuits si elle ne parvenait pas à dormir. Afin que ses oncles, tantes et cousins de Paris — la « tribu » comme les appelait Blandine — puissent y assister pendant leurs vacances en Aubrac au cours de la première quinzaine d'août, les deux familles avaient choisi la date du samedi 5 août. Déjà, elle songeait à sa robe de mariée. Depuis des mois, dans les pages de *Modes de Paris, Elle* ou *Marie-France,* elle découpait des modèles qu'elle expédiait à Patricia, l'une des filles de son oncle maternel Hilarion. Les deux cousines s'entendaient bien ; elles avaient partagé leurs jeux d'enfants au Cayla au cours des chaudes journées d'été. Plus jeune de deux ans, encore célibataire, Patricia travaillait au rayon confection des Galeries Lafayette. Lorsqu'elle recevait un courrier de sa cousine, elle le renvoyait avec des suggestions.

Les essayages débutèrent après la fin des communions. Pendant cinq semaines, presque jusqu'à la veille de la noce, Blandine se rendit chez la couturière d'Espalion le vendredi après-midi. Chaque fois, elle en profita pour partir le matin de Laguiole avec l'autobus et passer sa journée en ville, s'attardant devant les boutiques de confection ou de chaussures. Sa robe en satin blanc — corsage cintré à manches trois-quarts et décolleté en cœur ; jupe longue plissée —, Gauthier ne la découvrit que le samedi en début d'après-midi au moment de partir à la mairie. Depuis une heure, il s'impatientait sous les arbres dans la cour du domaine. Les invités étaient tous arrivés. Les Parisiens finissaient de décorer de rubans leurs voitures nettoyées le matin à grande eau et dont les chromes brillaient. Les Parisiens ? Hilarion, beau-frère de Léonard, à la tête d'une maison de distribution de bière et d'eaux minérales installée à Charenton ; Pierre et Gatien, frères de Léonard, qui possédaient l'un une brasserie place des Vosges, l'autre un café à la Bastille ; François, frère aîné de Blandine, gérant d'un bar-tabac-PMU dans le XVIe arrondissement. Ils parlaient de leurs affaires. François se montrait le plus acharné. En costume sombre, les cheveux coupés courts et coiffés en arrière, cet homme élancé et nerveux jouait avec ses lunettes de soleil tout en fumant une cigarette ; il était animé d'une boulimie de travail. « On ne fermera que cinq jours ! avait-il écrit à sa sœur un mois plus tôt. Le temps de descendre en Aveyron et de te marier ! Le business n'attend pas... » François ne s'accordait aucun répit. « Des vacances ? Plus tard ! » répétait-il. Depuis son mariage avec Florence — une fille de restaurateurs du boulevard Beaumarchais, originaires d'Estaing —, il n'avait pris qu'une semaine de congé en août 1946, à l'occasion des premières noces de Blandine. Certes le couple fermait son bar huit jours chaque année, au mois d'août, mais c'était pour assurer un remplacement « bien payé » dans un grand café de la capitale.

A les entendre débattre du prix des fonds dans les rues chic de Paris, brasser des centaines de millions de francs, le vertige avait saisi Gauthier qui avait rejoint les siens. Chez les Aubagne et les Chassan, il ne manquait que les cousins de l'Allier et de la Lozère. Les hommes le pressèrent de questions sur les propriétés du pays et la race d'Aubrac, laissant Victorien indifférent. Parmi ces gens, intéressés seulement par les cafés ou les vaches, il se sentait mal à l'aise. Comme son fils, il guettait la sortie de Blandine.

Enfin elle apparut. Gauthier en eut le souffle coupé : il ne l'avait jamais vue aussi belle.

Déjà François frappait dans ses mains :

— Dépêchons-nous ! Nous sommes en retard...

On se serra dans les voitures pour que tous les invités puissent se rendre à Roquebrune. Sur la place du village, devant le café du Père Bugeaud où se pressaient des curieux, un accordéoniste et un *cabrettaïre*[1] en chapeau, blouse noire et foulard rouge autour du cou accordaient leurs instruments ; ils accompagnèrent le cortège à la mairie puis jusqu'à l'église. A peine la messe avait-elle débuté qu'un tintamarre éclata au-dehors. On distingua des roulements de tambour, des sonneries de clairon et des cornes de berger puis un bruit assourdissant de casseroles et de bidons qui couvrit, bientôt, la voix du curé. Le vacarme, ponctué par des chansons paillardes, était tel que Léonard songea à un coup d'éclat de Martin. Dans les villages, il était de tradition d'infliger un charivari à une veuve ou à un veuf qui se remariait. De nuit, les jeunes se rendaient en bande sous les fenêtres des futurs mariés, chantaient à tue-tête tant qu'ils n'avaient pas obtenu à boire...

Le chahut exaspéra les invités. Victorien songea à des jeunes qui avaient trop bu et s'amusaient. Revenaient-ils du conseil de révision, ou fêtaient-ils la « quille » de l'un d'eux ? Il s'étonna que personne ne les priât de déguerpir. Aurélie se demanda ce qui poussait ces garçons à se montrer aussi grossiers. Réglaient-ils un différend avec Léonard ou avec Gauthier ? Agissaient-ils par dépit amoureux ? Elle

1. *Cabrettaïre* : joueur de cabrette (musette).

plaignit la mariée d'avoir à supporter un tel affront. A peine commencée, la fête était gâchée par ces braillards.

Blandine se laissa gagner par l'écœurement. Puis la tristesse. Une larme perla au coin de ses yeux et coula sur ses joues tandis qu'elle cherchait du réconfort auprès de Gauthier. Quoique raide dans son costume, il paraissait serein. Elle prit sa main large et rugueuse, ne la lâcha plus.

Le tapage redoubla et le curé se fâcha net.

— Faites-les taire ! lança-t-il à l'adresse des hommes du premier rang. Ils blasphèment...

Pierre et Gatien sortirent. Sous le porche, cinq garçons tapaient comme des forcenés sur des bidons et s'époumonaient à souffler dans des clairons cabossés. Les deux frères les entraînèrent chez le Père Bugeaud, leur offrirent plusieurs tournées sans pour autant calmer leur ardeur à débiter des insanités, qu'entre deux verres ils continuaient de déverser aux portes de l'église. Assoiffés, les cinq compères commandèrent un grand bocal de prunes à l'eau-de-vie qu'ils vidèrent à moitié, se permettant de jeter les noyaux au milieu de la salle, menaçant de tout casser à la moindre remontrance des Parisiens ou du patron. Profitant d'un moment d'inattention, l'oncle Pierre s'éclipsa pour prévenir le maire qui mobilisa des hommes à poigne et la camionnette des foires de son fermier.

— Débarquez-les loin d'ici sinon ils s'incrusteront jusqu'au soir ! leur ordonna-t-il. Un peu de marche les dégrisera...

La goélette quitta la place quelques minutes seulement avant la fin de la cérémonie. Personne ne troubla la sortie des mariés, mais lorsque le cortège défila dans les rues — précédé d'une ribambelle d'enfants ainsi que des musiciens —, les invités pressèrent Léonard de questions. Pourquoi ces jeunes s'étaient-ils déchaînés pendant la messe ? Le maître du Cayla se contenta d'une réponse vague :

c'était sûrement un pari stupide entre copains un dimanche de fête au cours d'un repas passablement arrosé. Beaucoup le pensaient également : les anciens aimaient citer, à la veillée, des « exploits » du même tonneau. N'avaient-ils pas promené, sur le dos d'un âne, des maris trompés qu'ils affublaient d'une belle paire de cornes en guise de couvre-chef ? Aurélie n'y crut qu'à moitié. Seuls des gens odieux pouvaient se comporter ainsi à l'égard d'une veuve dont le mari avait disparu tragiquement ; il fallait être animé de sentiments exécrables.

Après un tour du village, la noce s'installa à la terrasse du café, sous les arbres. Le blanc du Père Bugeaud, servi frais, se chargea de briser la glace entre les deux familles. Un moment plus tard, les hommes enlevèrent leur veste pour danser des bourrées à quatre. Leurs cris joyeux rassurèrent la mariée.

— Enfin ! soupira-t-elle. C'est quand même la fête !

Léonard avait convié les habitants du village à se joindre à eux au moment de l'apéritif. Quelques-uns d'entre eux honorèrent son invitation tandis que le conseil municipal et le secrétaire de mairie se regroupaient autour du notaire. Blandine présenta Gauthier que beaucoup ne connaissaient pas. Les garçons d'honneur, gilet noir et nœud papillon, offraient des cigares aux hommes ; les filles, en robe longue blanche, distribuaient des dragées aux dames et aux enfants. On but à la santé des mariés ; on chanta *Les Enfants de la Montagne* puis *Le Mazuc* qu'ils reprirent en chœur, accompagnés à la cabrette. Grâce à la musique et à trois doigts de blanc, Blandine retrouva son entrain, ses couleurs.

La fête se poursuivit à Laguiole dans les salons de l'hôtel Régis que Léonard avait réservés pour le repas du soir et le bal. Rien ne manqua sur les tables ; le maître du Cayla tint à s'en assurer après chaque plat. Sans entractes, les musiciens jouèrent des bourrées, valses et regrets jusqu'au bout de la nuit. Peu avant l'aube, malgré la fatigue, quelques invités dansaient encore sur les parquets cirés quand Blandine et Gauthier filèrent à l'anglaise. La tradition voulait que les jeunes se lancent aux trousses des mariés, découvrent la chambre de leur nuit de noces, forcent leur porte puis les obligent à avaler de la soupe épicée à l'ail ou à l'oignon — dans un vase de porcelaine blanche. Après ce qui s'était passé l'après-midi pendant la messe, personne n'osa quitter le restaurant et partir à leur recherche. Un petit-cousin des Fau le regretta ; il insista auprès de François qui le dissuada d'entraîner les convives à sa suite.

— Chez nous, il n'y a pas de noces sans *touril*[1] ! reprit-il. Dans le pays, si on apprend que...

— Au diable les traditions ! coupa François d'un ton catégorique. On s'en moque ! Laisse les mariés tranquilles cette nuit...

Leur voyage de noces les mena sur la côte Basque, du côté de Biarritz et Saint-Jean-de-Luz. Ils voyaient l'océan pour la première fois et ne s'en lassèrent pas. Chaque matin, ils se levaient aussi tôt qu'au domaine, quittaient l'hôtel avant le service du petit déjeuner et se précipitaient vers les plages. Le visage fouetté par le vent du large, chargé de fraîcheur et d'une odeur entêtante, ils marchaient pieds nus sur le sable. Ils écoutaient le grondement des vagues et les piaillements des oiseaux qui tournoyaient au-dessus de l'eau ; ils s'efforçaient de tout remarquer : un bateau de pêche à l'horizon, un phare grâce à sa pointe qui émergeait dans la brume. Tout — le paysage, la lumière, les couleurs juxtaposées du sable, de l'océan et de l'écume — leur paraissait si beau qu'ils s'extasiaient à chaque pas. La plage, déserte, leur appartenait

1. *Touril* : soupe à l'oignon.

comme l'Aubrac lorsqu'ils s'enfonçaient au cœur de la forêt ou s'éloignaient sur les drailles à travers l'immensité herbeuse des estives. Quel bonheur de partager les mêmes émotions ! Après avoir couru et joué au bord de l'eau, ils se décidaient à rentrer à l'hôtel lorsque la faim les tenaillait. Il était dix heures ou presque. Dans la salle de restaurant, ils parlaient du lendemain. La vie leur souriait enfin.

Au retour, ils passèrent une journée à Lourdes. Pour de jeunes mariés, c'était une étape obligée dans les familles bourgeoises de l'Aubrac. Ils ne pouvaient guère y échapper : Clothilde Auriac avait demandé à sa nièce d'acheter des médailles bénies et des chapelets. Le train les ramena en Aveyron par Toulouse puis les conduisit de Rodez à la petite gare de Bertholène où les attendaient les parents de Gauthier. Ils y arrivèrent un soir d'orage, encombrés de valises ; ils dormirent dans la chambre d'adolescent du jeune marié — minuscule pièce qui ressemblait à une chambre de poupée comme la maison au toit de tuiles rouges. Le lendemain, tandis que Gauthier se rendait à Montagnac chez l'un de ses anciens patrons, Blandine et Aurélie purent mieux se connaître tout en préparant le repas. A midi, il les surprit en train de plaisanter dans la cuisine autour d'un verre de liqueur.

— Tu as bien choisi : elle n'est pas fière pour une fille de maître ! glissa Aurélie à son fils quand Blandine rejoignit son beau-père au jardin. Je suis sûre que nous nous entendrons...

La jeune femme aussi se sentait à l'aise comme elle le confia à son mari l'après-midi, au cours d'une promenade en haut du vieux village dans les ruines du château où Gauthier et Gabin jouaient adolescents. Blandine la préférait à Julienne que le célibat et son choix de vie — une quasi-« réclusion » au domaine — avaient fini par rendre acariâtre. A l'inverse de la petite-cousine de son père, Aurélie respirait la générosité ; elle était capable d'aimer et de comprendre. Comme Pauline, sa mère...

Quelques jours plus tard, rentrant au domaine par l'autobus qui assurait la ligne Rodez-Espalion, ils profitèrent de leur passage dans l'ancienne sous-préfecture pour s'inscrire aux cours de l'auto-école Vergnes. Léonard accueillit leur décision avec peu d'enthousiasme mais ne s'y montra pas hostile : la voiture rendrait de précieux services à la maisonnée. Le samedi, Blandine pourrait se rendre à Laguiole chez le quincaillier ou l'épicier avec une liste en poche : elle achèterait du tabac pour les domestiques, des pointes galvanisées et des rouleaux de ficelle pour le maître-valet, du cirage pour son père, des joints en caoutchouc pour les bocaux de conserve que monsieur Spar — c'était son surnom dans le pays, du nom de la marque de produits alimentaires qu'il représentait — ne proposait pas sur les rayons de sa camionnette, des bouchons de liège pour Elise ; elle déposerait les chaussures à ressemeler chez le cordonnier sans attendre la foire mensuelle. Quant à Gauthier, il accompagnerait son beau-père sur les champs de foire et dans les concours de la race d'Aubrac.

— Il est temps que tu te frottes aux marchands ! décréta Léonard. Et aux grands éleveurs du plateau... Tout s'apprend... Préparer les bêtes à l'étable quelques jours auparavant... Les brosser, les laver si tu les as prises sur la montagne avant la descente du troupeau, couper les poils des *bourruts* avec une bonne paire de ciseaux ou le laguiole affûté de frais... Savoir les placer à la corde... Appariés comme des bœufs sous le joug... C'est tellement plus joli quand ils sont de la même taille ! Tes bêtes, tu dois toujours les serrer pour qu'elles donnent l'impression d'être « gonflées », d'être belles ! Ne choisis jamais un creux de terrain sur un foirail, sinon personne ne les remarquera même si elles sont de « première »... N'oublie pas le dernier coup de brosse après les avoir attachées... La robe aura plus de lustre... Ça compte... Tu t'en souviendras ? Avec un peu de patience et beaucoup d'observation, tu t'y mettras...

Puis nostalgique :

— J'ai connu le temps où on poussait les veaux sur les chemins pour les mener à la foire... Quand ils avaient marché pendant huit ou dix kilomètres dans la nuit ou le petit matin, ils se dilataient... Ils ruisselaient de sueur... Je crois que c'était le moment où ils étaient le mieux... Bien serrés les uns contre les autres, une légère vapeur montait au-dessus de leurs échines... C'était un beau spectacle...

Gauthier l'aurait écouté pendant des heures. Cet automne-là, il ne manqua pas une foire. Le camion de Choisy — le négociant en grains et en engrais de Roquebrune — venait le chercher ainsi que son beau-père à la pointe du jour pour les emmener à Aubrac, Nasbinals, Laguiole ou Saint-Urcize, même s'ils n'avaient pas de bétail à vendre ; Choisy restait fidèle à ces occasions de rencontre dans lesquelles il croisait la plupart de ses clients et qui permettaient de conclure des affaires. Au cours de ces journées, longues et éreintantes, Gauthier ne quitta pas Léonard d'une semelle. Vendre exigeait un savoir-faire, une mise en scène pour obtenir le maximum d'un négociant aussi retors que soi. Le jour où Gauthier maîtriserait cet art avec autant de brio, il pourrait revendiquer sa place au domaine. Léonard n'aurait alors aucune excuse : il devrait l'associer à ses décisions même s'il souhaitait rester maître du Cayla.

Dans les cafés de Laguiole et d'Aubrac, la présence de l'ancien *cantalès* ne passa pas inaperçue. On le reconnut ; on le salua ; on se garda de l'appeler Thorez par crainte de s'attirer les foudres de son beau-père. Certains le jalousaient déjà. « Comme le coucou, il a trouvé le nid garni ! » jetaient-ils avec de la morgue dans la voix. D'autres le respectaient.

S'il en démontrait les capacités, Gauthier deviendrait d'ici quelques années un « monsieur au chapeau » et ses conseils d'éleveur seraient appréciés. Il n'en coûtait rien d'être poli sur les foirails, près d'une bascule ou au comptoir d'un bistrot. Pourquoi ne pas l'inviter à prendre un verre à la fin d'un concours, après l'embarquement des veaux ? Quelques-uns osèrent et ne le regrettèrent pas tant il leur apparut différent de ce qu'on avait pu colporter pendant des mois.

Au domaine, l'attitude du personnel était partagée à son égard. Les bouviers fraîchement entrés au Cayla et le *cantalès* qui l'avait remplacé auprès du troupeau à la montagne comme à l'étable le considéraient comme le gendre de la maison — prêts à exécuter ses ordres. Les hommes qu'il avait côtoyés à la table des domestiques et qui avaient toujours obéi à Léonard renâclaient à accepter son autorité. Ils continuaient à le tutoyer, à demander les avis de son beau-père ou du maître-valet comme s'il n'était encore qu'un employé. Pour un peu, ils auraient discuté ses instructions. Quant à Jules, il l'ignorait. Près de vingt ans les séparaient. Le maître-valet le jugeait trop jeune, sans expérience. Aussi, refusait-il de tenir compte de ses points de vue, redoutant d'avoir à céder une partie de son pouvoir sur la ferme ou de son influence auprès de Léonard. Les deux hommes s'étaient heurtés par le passé. Gauthier avait courbé l'échine sans riposter ; il n'avait pas le choix. Dorénavant, les rôles étaient inversés : Jules craignait peut-être de perdre sa place et ne contrôlait pas toujours ses réactions.

Cette situation inquiétait Gauthier qui s'en ouvrit à sa femme un soir d'octobre. Elle ne se montra pas étonnée.

— Depuis plus de dix ans, Jules est l'homme de confiance de la maison ! expliqua-t-elle. Il est arrivé au Cayla comme berger d'été à la fin de la Première Guerre... Il n'est jamais reparti... Mon père le ménage même s'il est soupe au lait... De toute façon, il sera obligé de s'assouplir s'il veut rester... Sois diplomate... Tu y gagneras...

— Etre diplomate ? s'emporta-t-il. Je passe mon temps à arrondir les angles ! Notamment avec Julienne.

— Notre cousine vieillit ! dit-elle en souriant. Quand nous étions enfants, elle se plaignait déjà de ses migraines, de ses douleurs...

— Elle pourrait être aimable ! coupa-t-il sèchement.

Fidèle à ses premières impressions, contrariée par ce mariage, Julienne ne manifestait aucune sympathie pour Gauthier. Certains jours, elle l'appelait Chassan. Comme avant. A table, elle refusait d'engager la conversation si d'aventure ils se retrouvaient seuls à la fin du repas, le traitait parfois avec une telle froideur qu'il quittait la cuisine pour se réfugier à la salle à manger. Cette femme l'irritait avec ses airs cagots et ses idées d'autrefois.

— Aimable ? répondit sa femme. Tu en demandes trop !

Blandine avait choisi d'ignorer les remarques de sa cousine ; elle refusait de discutailler pour des vétilles. A ses propos agressifs, elle opposait un sourire déconcertant. Depuis la fin août, Julienne tentait auprès de Léonard de saper les bases de leurs projets. Elle revenait sans cesse à la charge. Conduire une voiture ? Un caprice. Aménager une salle de bains ? Un luxe de citadin et une dépense inutile. Le domaine qui avait manqué d'eau pendant l'été 1949 — si sec — ne pouvait se permettre de la gaspiller en bains ; les deux puits qui alimentaient la maison et l'étable grâce à une motopompe tariraient à la mi-juin. Julienne demeurait persuadée que ces arguments pèseraient sur les décisions ; elle se trompait. L'opinion de Léonard à propos du confort de la maison n'était plus aussi tranchée qu'avant. Attaché certes au bonheur de Blandine, il songeait également au bien-être de ses petits-enfants ; il rêvait d'être bientôt réveillé, chaque matin, par des gazouillis de bébé qui le rajeuniraient, égayeraient sa vie et le quotidien de la famille. Dès leur retour de voyage de noces, il avait promis à sa fille et à son gendre de préparer la naissance de ces enfants. Sa détermination les avait émus.

— Comme il change ! avait murmuré sa fille.

Un épais brouillard enveloppait Rodez l'après-midi où Blandine et Gauthier passèrent leur permis. C'était en novembre, la veille de la foire de Saint-André. Ils avaient rendez-vous avec l'inspecteur à quatorze heures devant le jardin public du foirail, près du portillon de l'avenue Victor-Hugo, face à la caserne. L'onde Numa les avait accompagnés. En avance d'une demi-heure, ils purent prendre un petit noir au café du Stade qu'envahissait une foule de marchands et d'éleveurs en blouse noire, une canne ou un bâton de foire à la main. A une centaine de mètres du café, sur l'esplanade du foirail, se tenait le marché aux chevaux.

Le patron de l'auto-école d'Espalion arriva peu après au volant de sa Peugeot, rejoint par un homme en pardessus bleu marine et en chapeau. C'était l'inspecteur. Le crachin tombait maintenant sur la ville. Gauthier s'aventura le premier dans les rues. Vingt minutes plus tard, après les boulevards, quelques manœuvres sur la place du Faubourg, un aller et retour sur la route des abattoirs, il revenait triomphant. Ce qui mit Blandine en confiance. Elle partit à son tour en direction de la cathédrale. Son assurance déplut à l'inspecteur qui multiplia les difficultés pour tester ses capacités et ses réflexes. La jeune femme s'en tira bien et garda son sang-froid jusqu'à son passage près du champ de foire, à son retour vers le jardin public. Soudain, un poulain qui avait échappé à son propriétaire traversa l'avenue.

Blandine pila. Ce coup de frein brutal surprit l'inspecteur qui fouillait dans ses papiers et qui, à cet instant, ne se préoccupait pas de la circulation. Il cogna contre le pare-brise avant de céder à la colère et de la recaler.

— J'espère que vous roulerez moins vite la prochaine fois ! dit-il, furieux, en se massant le front.

Blandine se présenta à nouveau la semaine suivante. C'était le milieu de matinée. L'hiver s'installait pour de bon. Le vent du Nord balayait les rues, dissuadait les passants de flâner dans les allées du jardin ou de s'arrêter devant les vitrines des magasins. Peu de promeneurs, peu de voitures en ville. La chance tourna. Pour fêter son succès, Gauthier l'invita à midi dans l'un des salons de l'hôtel Broussy. Ravie d'avoir obtenu son permis, elle proposa à son mari de descendre à Bertholène à l'occasion du Nouvel An.

— Tes parents seront si contents ! souligna-t-elle.

Le garagiste d'Espalion que connaissait l'oncle Numa venait de leur vendre une 15 Six de couleur crème, sortie quatre ans plus tôt des usines Citroën du quai de Javel. Il devait la livrer au cours des prochains jours, le temps d'achever quelques travaux de peinture sur une portière et une aile qui avaient été accrochées.

Le ciel bouleversa leurs plans. Sur l'Aubrac, la neige tomba en abondance au cours de la deuxième quinzaine de décembre et la couche atteignit ou dépassa 1,20 m à 1,50 m par endroits. Cette offensive de l'hiver n'épargna pas Le Cayla qui se trouva isolé en quelques jours. Avec leurs chasse-neige, les services des Ponts et Chaussées tentèrent de dégager les routes principales mais les tourmentes répétées réduisirent leurs efforts à néant : les congères se reformaient après le passage des engins. Le chemin communal qui desservait le domaine ne pouvait espérer recevoir leur visite : il se terminait en cul-de-sac. Ni la route à laquelle il se raccordait, qui menait de Roquebrune à Curières.

— Elle n'est pas prioritaire ! expliqua Léonard à son gendre, quand arrivèrent les premiers flocons. On commence à déblayer la nationale pour que les autobus continuent à circuler. C'est déjà beaucoup si elle reste ouverte ! Quand le vent se déchaîne, c'est terrible... Il paralyse tout, jour et nuit... Après, seulement, on s'active autour de Laguiole... Le chasse-neige n'avance jamais jusqu'au Cayla : nous sommes trop loin du chef-lieu de canton...

Chaque année, durant l'été et l'automne, le domaine constituait des réserves suffisantes pour parer au pire ; il pouvait vivre ainsi des semaines sans aucun contact avec l'extérieur. Ce sens de la prévoyance, poussé à l'extrême par Julienne qui stockait de tout à la cave et dans le moindre recoin, avait étonné Gauthier. L'Aubrac affrontait-il des hivers si rudes, capables de couper du monde des hameaux et des fermes de Noël à Pâques comme le prétendaient les anciens ? Ou la peur s'emparait-elle des campagnes dès que survenaient les jours les plus courts ? Sa femme l'avait rassuré :

— Tu n'as rien à craindre ! Même dans mon enfance, la neige ne nous bloquait pas plus d'une semaine ou deux à la maison...

Cette année-là, déjouant les prévisions les plus alarmistes, elle les empêcha de sortir jusqu'à la fin du mois de mars. Pendant trois mois et demi, elle les priva de visites, de courrier, de ravitaillement. Le facteur qui effectuait ses tournées à pied ne se risqua pas sur le chemin du Cayla ni sur les routes de la commune. A quoi bon ? La voiture postale n'arrivait pas jusqu'à Roquebrune certains matins. Paradoxalement, même s'ils ignoraient les nouvelles du village et du plateau, ils se tenaient informés de ce qui se passait à Paris, en France et dans le monde grâce à la TSF qu'ils écoutaient après le repas du soir. C'était le seul lien qui les unissait aux hommes dans l'attente de la fonte du manteau de neige. Acheté avant la guerrc, le poste crachouillait souvent ; ils parvenaient toutefois à saisir des bribes de phrases. Au soir de la Saint-Sylvestre, Gauthier réussit à capter une station qui diffusait un programme de variétés. Sur des chansons en vogue, ils dansèrent à la cuisine autour d'un verre de vin chaud et d'un morceau de fouace avant que l'harmonica ne les entraîne dans une série de bourrées...

Comme rien ne manquait, maîtres et domestiques s'habituèrent en peu de temps à cette nouvelle vie. Au début du mois de janvier, le maître-valet sacrifia l'un des trois cochons gras que le domaine nourrissait chaque année pour remplir le saloir ; il récidiva un mois plus tard puis affûta une dernière fois sa hache et ses couteaux au moment du carnaval. Chacun se mit au travail sous la direction de Julienne avant qu'un repas de fête ne clôture ces dures journées.

Tandis que les semaines s'écoulaient, ponctuées de grippes et de coupures d'électricité, Gauthier pensait à sa mère qui attendait ses lettres. Il en parlait avec Blandine lorsqu'ils se retrouvaient à la salle à manger autour du poêle au tuyau rougeoyant, et d'une pile de magazines qui dataient d'avant Noël. Le soir, dans leur chambre, il y songeait encore avant de s'endormir pendant que le vent hurlait. Souvent, il éprouvait la sensation d'être un naufragé au milieu des neiges. Heureusement, il y avait l'amour de Blandine...

Un matin, le vent tourna au midi et l'air se radoucit. A l'heure de passer à table, l'eau commença à tomber goutte à goutte dans les chéneaux. Au cours du repas, des paquets de neige dégringolèrent des toitures dans un grand fracas. Huit jours plus tard, la 15 Six du garagiste d'Espalion se garait dans la cour du domaine où de la neige sale résistait ici ou là sur les pierres noires. Le dimanche de Pâques, sous un soleil timide, la Citroën les mena à Bertholène. Sans se soucier d'enlever son tablier à carreaux, Aurélie les serra dans ses bras dès qu'ils entrèrent dans la cuisine.

— Vous savoir là-haut au milieu des montagnes sans téléphone... Sans voisin... Prisonniers des neiges... Quel cauchemar ! Mais... Maintenant, vous êtes là !

Ils la comblèrent de cadeaux ainsi que Victorien. Il y avait eu les fêtes de Noël puis leur anniversaire de mariage que Gauthier n'avait pas oublié à la fin du mois de janvier.

— Trente ans déjà ! murmura-t-elle en cherchant la main de son mari qui souriait. C'était hier... Nous étions jeunes...

7

Le retour du printemps décupla leur ardeur à réaliser les projets qui avaient mûri au cours de longues conversations près du poêle. Blandine se préoccupa d'aménager la maison tandis que Gauthier cherchait à travers le plateau les meilleures souches laitières pour améliorer les performances du troupeau. Tous les ans, au mois de mai, avant la montée des vaches à l'estive, les syndicats de la race d'Aubrac organisaient des concours dans les cantons de la vallée et de la Montagne. Les plus beaux spécimens participaient ensuite au « spécial » de Laguiole qui mettait en compétition les fermes de l'Aveyron, de la Lozère et du Cantal. Gauthier pensait y trouver un bel échantillon de l'élite, des vaches déjà distinguées par le passé et dont les génisses se négociaient à des prix élevés. Sa quête se solda par une déception. Pourtant, en mars, son beau-père l'avait prévenu dès qu'il avait manifesté l'intention de se rendre dans les concours : leur niveau ne cessait de baisser. La sécheresse de 1949 et une succession de récoltes déficitaires en fourrages depuis la fin de la guerre expliquaient la médiocrité des animaux présentés devant les jurys.

— Les bêtes ont encore passé un mauvais hiver, déplorait-il.

Après quelques déplacements à Saint-Chély, Nasbinals et Mur-de-Barrez, Gauthier le constata. Tous les éleveurs ne pouvaient se permettre, comme le maître du Cayla, d'acheter au début de l'hiver des tourteaux et de la luzerne pour compléter la ration quotidienne du troupeau. Aussi jugea-t-il inutile de perdre son temps à attendre le défilé des animaux sur les places des bourgs battues par le vent et une pluie froide en ce mois de mai 1951 qui ressemblait comme un frère au mois de mars. Une visite à Plane, chez l'un de ses anciens patrons, s'imposait. L'élevage d'Hector Estagel ne s'était-il pas classé premier au Contrôle laitier de l'Aubrac l'année précédente avec une vache nommée Fontaine et qui portait bien son nom ? Un soir, cette idée traversa son esprit. Le lendemain, à l'ouverture de la Poste de Laguiole, il lui téléphona avant qu'il ne s'éloigne de sa ferme. Surpris de l'entendre à une heure aussi matinale mais heureux d'avoir de ses nouvelles, il accepta de le recevoir avant midi. Le temps exécrable qui persistait ce jour-là l'empêchait de préparer au buron l'arrivée prochaine du *cantalès* et de ses hommes.

Malgré le brouillard et une pluie fine qui obligèrent Gauthier à rouler au pas, à redoubler de prudence alors que les vaches commençaient à se déplacer sur les routes pour rejoindre les estives, le jeune homme ne regretta pas les heures passées à Plane. Hector Estagel l'accueillit avec chaleur, prêt à l'aider. Ils s'installèrent autour de la table de la cuisine ; il l'écouta sans l'interrompre.

— Tu as raison ! dit-il à la fin. Pousse tes vaches à produire plus de lait... Sois rigoureux dans ta sélection pour que tu aies aussi la qualité... Un jour tu obtiendras des fromages que les marchands se disputeront ! J'en suis sûr : je t'ai vu à l'œuvre... Change de cap tant qu'il est temps : l'avenir de la race d'Aubrac n'est pas dans les bœufs de travail ! Avant une dizaine d'années, le tracteur équipera toutes les fermes et il n'y aura plus de dresseurs de bœufs du côté de Laguiole... Personne ne voudra de vos bêtes...

Hector Estagel voyait loin. « Peut-être trop ! »

songeait Gauthier tandis que l'homme se lançait dans un plaidoyer en faveur du tracteur. Les premiers modèles à essence, arrivés jusque sur l'Aubrac grâce au plan Marshall, coûtaient cher ; la valeur d'une paire de bœufs pour un Massey-Ferguson de 25 chevaux, souvent mal adapté à la réalité du pays. En Lozère, dans l'Ardèche et la Haute-Loire, sur les versants abrupts des vallées d'Auvergne, beaucoup de fermes ne pourraient consentir un tel investissement avant longtemps ; les bœufs leur seraient indispensables pour faucher ou labourer. Voilà pourquoi Gauthier ne prévoyait pas une victoire facile et rapide du tracteur mais son ancien patron balaya ses arguments :

— Tu te trompes, Gauthier ! Nous sommes très en retard sur nos montagnes... Comme toujours ! Descends dans la plaine...

Gauthier n'insista pas.

Hector Estagel s'accorda le temps de fumer une cigarette tandis que sa femme déposait sur la table une bouteille de gentiane. Une douce chaleur régnait dans la pièce où flottait une odeur mêlée de soupe et de poulet rôti. Avant de servir Gauthier, l'homme lissa ses moustaches fines. Son visage s'illumina et ses yeux s'arrondirent. Machinalement, il tritura le col de sa chemise de toile comme pour cacher la tache de vin qui s'étalait à la naissance de son cou.

— Si tu veux de bonnes laitières, glissa-t-il à mi-voix, tu n'auras que l'embarras du choix ! Elles sont toutes inscrites au herd-book et sélectionnées... éliminées au moindre défaut...

Léonard se montrait aussi sévère mais appliquait des critères différents ; il prêtait moins d'attention aux performances laitières ou fromagères qu'aux aplombs, à la résistance physique, à l'humeur, à la rusticité de l'animal pour que Le Cayla conserve sa réputation dans le dressage des bœufs. Accepterait-il de modifier l'orientation du domaine qui semblait figée ? Il l'avait promis à son gendre, à la condition que ses projets n'entraînent pas de révolution et que ses méthodes ne heurtent pas le personnel. Comme par le passé, ses bouviers continueraient chaque hiver à dégrossir au joug douze à quatorze mâles de deux ans, castrés. Ces jeunes paires au poitrail large et aux jarrets solides, vendues à trois ans, n'étaient-elles pas les plus convoitées sur les foirails ? Gauthier l'admettait, persuadé par ailleurs qu'il se retrouverait en position de force pour accélérer les changements le jour où il n'y aurait plus de demande en bœufs de travail. Combien de temps devrait-il patienter ? Dix ans ? Peut-être davantage. Mais ses idées finiraient par l'emporter.

— La crème de la Viadène ! poursuivit Hector Estagel en puisant du bergerac dans sa tabatière pour rouler une nouvelle cigarette. Peu de fermes, dans ce pays, ont des vaches qui donnent couramment 2 500 à 2 800 litres de lait par an... Surtout avec la pénurie de foin de ces derniers étés ! Pourtant, chez nous, Rougette est à 2 950 et Cardine à 3 000... Fontaine a dépassé 3 200...

Ces chiffres laissaient Gauthier rêveur. Pour atteindre le niveau de Plane, des années d'efforts seraient nécessaires.

— On peut sûrement faire mieux ! ajouta-t-il.

— Oui ! répondit Gauthier à la surprise d'Hector qu'il avait envie d'épater. Avec des montbéliardes à plus de 5 000 litres...

— Evidemment ! s'exclama-t-il. Ne compare pas nos vaches aux « princesses » de l'Est... Justement ! A propos de princesses... J'ai une fille de Fontaine parmi le lot des trente mois que je vendrai en septembre ! Violette est de première... Trois éleveurs sont déjà sur les rangs... Mais si cette souche t'intéresse, on pourra toujours en discuter tout à l'heure au pré...

Après le repas de midi, le ciel se déchira enfin et ils marchèrent jusqu'à la *devèze* des génisses. Hector Estagel attira Violette avec quelques grains de sel dans le creux de la main ; il en était fier.

— Belle bête ! souligna-t-il. Vous n'aurez jamais mieux au Cayla...

— Trop chère pour nous, répondit Gauthier à regret.

— C'est à voir... Amène ton beau-père d'ici la Saint-Jean... Entre gens raisonnables...

Ils ne se quittèrent qu'en fin d'après-midi, saisis par le froid. Des nuages envahissaient à nouveau le ciel tandis que le vent du Nord se levait. Même si les jours étaient longs en cette saison, Gauthier se dépêcha de rentrer ; Blandine s'inquiéterait s'il tardait trop. Des bourrasques de pluie et de neige mêlées le surprirent à l'entrée de Cassuéjouls. Comme au cœur de l'hiver, la route se couvrit bientôt d'une épaisse couche de neige grasse qui la rendit glissante, à tel point qu'à deux ou trois reprises sa voiture manqua déraper et se retrouver au fossé. Le vent se renforça. Gauthier préféra s'arrêter à Laguiole. L'oncle Numa réussit à le convaincre de dîner avec eux, de patienter jusqu'au lendemain avant de regagner le domaine ; il n'avait pas vu pareille tempête au mois de mai sur l'Aubrac depuis 1926. Comment prévenir sa femme ? Il pesta après son beau-père qui n'avait pas encore déposé sa demande de ligne téléphonique auprès des services de la Poste. Blandine l'imaginerait bloqué par la neige au bord de la route, sans couverture ni boissons chaudes dans la voiture. Ou victime d'un accident sans que nul ne puisse le secourir. Gauthier mangea peu, ne dormit pas de la nuit.

A sept heures, Numa l'appela pour l'aider à dégager l'entrée de la pharmacie. Sur le foirail et dans les rues du bourg, la hauteur de neige atteignait vingt centimètres !

Le soleil réchauffa l'air peu avant midi et la circulation reprit au ralenti. L'oncle Numa dissuada

Gauthier de partir seul au début de l'après-midi ; il l'obligea à le suivre, l'incita à la prudence.

— A cette saison, la neige est aussi traître qu'au mois de février ! affirma-t-il. Ce serait dommage d'abîmer ta Traction...

Il observa ses conseils et ils parvinrent sans encombre jusqu'au Cayla. Dès que les deux voitures entrèrent dans la cour, brisant le silence du soir, Blandine sortit en trombe de la maison. Elle courut dans la neige, abandonna son foulard près de l'abreuvoir, faillit se tordre une cheville pour se blottir dans les bras de son mari. Sans se soucier de la présence des bouviers qui venaient aux nouvelles — alertés par les bruits de moteur — elle l'embrassa puis ferma les yeux et pleura de joie.

A la mi-juin, une équipe d'agents du téléphone tira une ligne de Roquebrune jusqu'au Cayla. Elle monta de Rodez avec un camion chargé de poteaux taillés dans du bois de sapin, qui dégageaient une forte odeur de goudron et de résine. Deux jours plus tard, une fin de matinée, la sonnerie du téléphone put retentir dans la salle à manger. Blandine exultait : son père avait tenu promesse. Au soir de la tempête, elle ne l'avait pas ménagé. Il avait reconnu ses torts et encaissé les reproches. Le lendemain, il avait écrit aux services des Postes à Rodez. Le maire avait appuyé sa requête ; le dossier n'avait pas traîné dans les bureaux.

L'arrivée du téléphone transforma surtout la vie de Blandine qui souffrait de recevoir peu de lettres de la tribu parisienne. Son frère et sa belle-sœur se contentaient d'expédier une carte à l'occasion des fêtes de Noël et du Nouvel An, de son anniversaire ou de celui de Léonard. Accaparés par leurs journées qui commençaient à six heures du matin derrière le comptoir et ne se terminaient qu'aux environs de minuit, ils prenaient rarement la plume. Ses oncles et ses tantes ne se montraient guère plus zélés. Travailler dans la limonade exigeait beaucoup de présence et de disponibilité d'esprit pour veiller sur tout, satisfaire les clients. Chaque été, à la faveur du repas qui les réunissait le 15 août, ils pressaient Léonard d'installer le téléphone. Leurs cafés en étaient équipés depuis longtemps.

— On pourrait s'appeler le dimanche soir, avoir plus souvent des nouvelles de vous et du pays ! suggéraient-ils.

Le jour de la mise en service de leur ligne, Léonard avait confié cette mission à sa fille.

— Tu te débrouilleras mieux que moi ! estimait-il.

Pour ne pas avoir à décrocher le combiné, il usait de prétextes : ses oreilles bourdonnaient certains jours et il entendait moins bien depuis quelque temps ; les voix paraissaient lointaines et confuses tandis que des grésillements brouillaient les communications avec Paris ; l'opératrice de Rodez imposait une trop longue attente pour obtenir les brasseries ou les bars de la famille. Son refus d'utiliser le téléphone amusait Blandine. Avant-guerre, il s'était comporté de la même manière à l'égard de la TSF. Pendant des années, il avait demandé à sa femme de l'allumer au moment des informations de midi pour écouter Geneviève Tabouis et son analyse détaillée des événements survenus à travers le monde. La guerre l'avait amené à changer d'habitudes. Après le repas du soir, lassé des communiqués de Vichy, il cherchait à capter la radio de Londres pour avoir des opinions différentes sur l'occupation de la France ou l'avancée des armées alliées.

— Comme pour la TSF, mon père finira par s'y mettre ! affirma un jour Blandine à son mari. C'est tellement utile... Surtout dans l'Aubrac...

Tous les dimanches soir, par le menu, elle rapporta désormais à son père ce qui avait émaillé la vie de la « tribu » : une fête de famille chez l'oncle

Hilarion pour les vingt-sept ans de Patricia ; les projets de voyage de sa cousine qui rêvait de partir en Grèce en août ; la nouvelle carte de la brasserie de l'oncle Pierre qui s'ornait d'un paysage d'Aubrac dû au pinceau d'un artiste de Nasbinals ; des travaux dans le café de l'oncle Gatien ; un gagnant au tiercé dans le bar-PMU de François et de Florence. Léonard se délectait de ces nouvelles ; il se sentait plus proche de ses frères et de son beau-frère qu'il voyait peu, partageait leurs satisfactions et leurs soucis. Il constatait par ailleurs que sa fille s'en régalait. Sa bonne humeur le comblait ; elle égayait la maison qui en avait besoin les jours où Julienne râlait après les ouvriers qui travaillaient à la salle de bains du premier étage et salissaient les marches de l'escalier. « Heureusement que Blandine est là ! » se disait-il.

En quelques mois de mariage, la jeune femme avait trouvé son équilibre auprès de Gauthier. Ce qui n'échappait à personne dans la famille. Sa voix était chaude et vive au téléphone ; son bien-être transparaissait aussi dans ses lettres qui débordaient de projets et d'enthousiasme, suscitant des envies parmi ses cousines. « Tu as de la chance ! glissait Patricia dans ses réponses. Je suis contente pour toi... Si je pouvais rencontrer un homme aussi attentionné... » Au domaine, avec son teint frais, ses yeux pétillants et ses robes claires, Blandine s'attirait les félicitations d'Elise qui l'avait connue amaigrie et triste pendant des mois.

— Bravo ! vous êtes méconnaissable ! se plaisait-elle à dire.

Assurément, elle l'était. La présence de Gauthier l'encourageait à mettre en œuvre ce qu'elle n'avait eu pendant longtemps ni le goût ni la force d'entreprendre dans la maison. Comment rattraper le retard accumulé depuis l'arrivée de l'électricité, avant-guerre, alors qu'il y avait tant à faire pour la rendre plus agréable à vivre et avenante ? L'aménagement de la salle de bains l'occupa jusqu'à l'été. Il fallut condamner une chambre, la vider de ses meubles, percer cloisons et planchers pour amener l'eau, placer des tuyauteries, installer un chauffe-eau à gaz et une prise électrique. Pendant près d'un mois, il y eut des allées et venues d'ouvriers dans l'escalier, des gravats, de la poussière, du bruit. Presque une révolution ! La maison n'avait pas connu une telle animation depuis l'été 1939 et les travaux qui avaient permis d'acheminer l'eau des puits jusqu'à la pierre d'évier de la souillarde. Blandine surveilla elle-même le chantier, en régla les détails avec les artisans. Le soir, plans et notes en main, elle exposait ses idées à Gauthier. Comment aurait-il pu contester ses choix alors qu'elle se démenait tant ? Il était épaté par son art de tirer profit des moindres recoins de la pièce, son sens pratique. Même Léonard reconnaissait son talent

— Finalement, nous aurions pu nous lancer plus tôt ! concédait-il sous le regard amusé de sa fille.

En dépit de la fatigue ou de l'énervement qui la gagnait certains soirs lorsqu'elle avait parlementé une partie de la journée avec les ouvriers, Blandine puisait une énergie nouvelle dans ces travaux. Gauthier la stimulait, animé du même désir de changement, et elle se surprenait à être aussi active, à oublier également les erreurs et les déceptions du passé, jusqu'aux chicanes du Grand Duc qui ne lâchait pas prise et les harcelait au moment où ils s'y attendaient le moins. Pour elle, seul comptait l'avenir : leur bonheur dans une vie à deux qu'ils souhaitaient longue, les enfants qu'ils auraient et qui leur donneraient une raison d'être, le domaine qu'ils devraient leur transmettre un jour. Elle s'intéressait à ce que tentait Gauthier avec le troupeau ; ils en parlaient le soir. Sa curiosité l'incitait à poser des questions naïves auxquelles il répondait sans se moquer. Elle le soutenait, convaincue qu'il réussirait.

La veille de la Saint-Jean, lorsqu'il retourna dans

la Viadène en compagnie de Léonard, elle insista pour se joindre à eux et prit le volant jusqu'à Sainte-Geneviève où ils s'arrêtèrent pour déjeuner à l'hôtel des Voyageurs. Son mari la relaya ensuite jusqu'à Plane. La maîtresse de maison leur offrit du café et ils partirent aussitôt en direction de la *devèze* des génisses. Comme il avait plu au cours de la nuit, Blandine dut renoncer à les suivre. Elle assista malgré tout à la fin des discussions trois heures plus tard. Gauthier souhaitait acquérir cinq génisses de Plane mais son beau-père en récusait le prix qui représentait la valeur de sept doublonnes du Cayla.

— C'est beaucoup trop ! reprocha-t-il à Hector. Tu m'étrangles...

— T'étrangler ? répliqua-t-il. Mes bêtes ont des références ! Tu le sais : l'origine se paie !

Pour être plus à l'aise, Léonard déboutonna son gilet que sa bedaine tendait, enleva son chapeau, passa une main dans ses cheveux coupés de frais. Quant au propriétaire de Plane, selon ses habitudes, il plaqua sa paume sur la tache de vin de son cou. Dès ce moment, les regards de Gauthier et de Blandine ne se détachèrent plus d'eux, se promenant sans cesse de l'un à l'autre. Après des palabres interminables en pleine *devèze,* les tractations pourraient-elles enfin aboutir ?

Dans cette salle à manger qui sentait la cire, la conversation se prolongea pendant une heure encore. Se dandinant sur sa chaise, Gauthier se demanda s'il n'avait pas perdu son temps : l'intransigeance de Léonard empêchait tout compromis. Voulait-il prouver jusqu'au bout qu'il restait le patron ? Ou remettre en cause ses projets ?

Alors que les espoirs de conclure s'amenuisaient, ils finirent par trouver un terrain d'entente. Les paumes claquèrent et, soudain, le sourire illumina à nouveau les visages. Pendant qu'ils trinquaient, Blandine entraîna son mari près de l'embrasure de la fenêtre. Elle laissa éclater sa joie.

— Tu vois qu'il t'a écouté ! chuchota-t-elle à son oreille. C'est un homme dur mais juste... Il t'estime beaucoup...

Cet après-midi, il en avait parfois douté. Maintenant, détendu et soulagé, il ne cachait pas sa satisfaction.

Les Parisiens descendirent au pays sous une pluie battante, cet été-là. A peine arrivés, ils grelottèrent dans leurs maisons humides et froides qu'ils n'avaient pas ouvertes depuis la Toussaint. Un bon feu de bois tenta de les réconcilier avec les humeurs du ciel et les rudesses de l'Aubrac.

Les éleveurs du plateau se plaignaient aussi mais pas pour les mêmes raisons. Depuis le mois de mai, les journées pluvieuses ou brumeuses se succédaient. Pour une fois, le foin ne manquait pas mais il était de piètre qualité. Avec ce temps maussade, les troupeaux produisaient moins de lait sur les montagnes tandis que les veaux prenaient moins de poids. L'année serait mauvaise.

La grisaille persistante ne gâcha pas les retrouvailles annuelles de la famille ni les fiançailles de Laurent célébrées le 15 août dans l'un des meilleurs restaurants de Laguiole. Le cousin de Blandine terminait ses études de pharmacie à Paris et songeait désormais à s'installer. Le dimanche de Pâques, il avait annoncé à ses parents qu'il envisageait de se fiancer le jour du 15 août, de se marier l'été suivant au pays de Charlotte — dans un village voisin de Chaudes-Aigues — et de s'établir à Laguiole. Ces nouvelles les avaient tous deux réjouis, surtout Numa Auriac. Après tant d'années passées à Paris, son fils unique accepterait-il de mener une vie plutôt morne dans un bourg de l'Aveyron ? Par chance, Laurent avait rencontré une jeune femme de Chaudes-Aigues, attachée au pays et dont le père était aussi pharmacien.

Ces fiançailles comblaient également Blandine.

Une complicité la liait à Laurent depuis l'enfance. Au sein de la tribu, il était le seul cousin à habiter l'Aubrac ; ils se voyaient souvent, presque chaque dimanche. Son départ pour Paris, au début de l'automne 1944, les avait éloignés mais leurs liens ne s'étaient pas distendus. Laurent l'avait soutenue au moment de la mort de son mari ; il était l'un des rares à avoir essayé de la comprendre puis de l'aider, ce qu'elle ne pourrait oublier. Son retour à Laguiole paraissait inespéré tant elle était persuadée — n'osant en souffler mot à son père par crainte de le décevoir — qu'il préférerait Paris ou une grande ville du Sud à la pharmacie vieillotte de sa famille.

— Tu avais pensé juste ! avait-il reconnu le dimanche où les Fau l'avaient reçu pour la première fois au Cayla en compagnie de sa fiancée. Mais j'ai changé d'avis... Oh ! tu sais... Les grandes villes... Paris... C'est bien pour les touristes...

— Charlotte peut-être ? avait glissé Blandine.

Laurent avait rougi avant de tortiller sa mèche rebelle entre ses doigts longs. Silence embarrassé. Puis l'aveu.

— Oui... Charlotte... Elle n'aime que l'Aubrac...

La jeune femme avait souri, les joues légèrement rosies.

Elle était petite et menue, douce et réservée. Au cours du repas, elle avait peu parlé — intimidée par la présence de Léonard — et ne s'était sentie à l'aise qu'au moment où Blandine l'avait entraînée à travers la maison pour un tour du propriétaire alors qu'Elise servait les liqueurs. Puis, dans la cour, sous un chaud soleil, toutes deux s'étaient lancées dans une longue conversation à propos de leurs études, de leurs passions, des charmes de l'Aubrac au printemps. Blandine l'avait invitée à revenir un dimanche de juin pour cueillir des narcisses sur la montagne des Mires. Agrémentée d'un pique-nique en lisière des bois, cette sortie avait confirmé ses premières impressions : elles étaient faites pour s'entendre. Avant l'été, elles s'étaient revues à plusieurs reprises au Cayla, à chaque séjour de Charlotte chez ses futurs beaux-parents. En lectrices assidues des magazines féminins, elles avaient échangé leurs points de vue sur des articles que Françoise Giroud avait tout récemment consacrés dans *Elle* à l'éthique et à la science. Leurs idées convergeaient, ce dont se félicitait Blandine qui avait toujours souffert de ne pas avoir de sœur ni d'amie à qui pouvoir se confier. Durant ses six années de pensionnat à Rodez, elle n'avait réussi à nouer aucune relation d'amitié avec ses voisines de dortoir ou de classe — toutes filles de notaire, médecin ou avocat qui devaient aujourd'hui pavoiser dans les salons ruthénois.

— C'était passionnant ! avait-elle dit à Gauthier, enthousiasmée, dès son retour au domaine. Elle a beaucoup de culture...

Coquette, Charlotte s'intéressait à la mode mais s'habillait sans effets tapageurs.

— C'est une femme simple ! avait-elle ajouté.

Quelques jours avant ses fiançailles, à sa demande, elle l'avait accompagnée à Saint-Flour et à Espalion pour les derniers achats de la fête. Chaque fois, elles étaient parties pour la journée, ce qui leur avait permis de mieux se connaître encore, de confronter leurs goûts dans les magasins de confection, de poursuivre à la terrasse d'un café — ou en route — une discussion interrompue lors de leurs précédentes rencontres, d'ébaucher des projets pour la fin de l'été. Blandine avait hâte de la voir mariée puis installée dans le pays, ce qui changerait sa vie...

Une réception chez Régis marqua les fiançailles de Charlotte et de Laurent. En pénétrant dans la salle ornée comme pour un dîner de noces, Blandine réalisa qu'elle occupait un an plus tôt dans ce même hôtel de Laguiole la même place que la jeune femme à la table d'honneur. L'émotion la saisit. Le temps avait-il coulé si vite ?

Sur la place de l'église, à la sortie de la messe, Patricia n'avait pas manqué de glisser à sa cousine :

— Tu te souviens de ce que tu m'avais promis l'an dernier ?

Blandine avait hoché la tête. Elle n'avait qu'une parole : Patricia serait la marraine de son premier enfant.

— Alors ? avait-elle insisté. C'est pour bientôt ? Tu as une mine superbe !

Pour toute réponse, elle avait souri.

Maintenant, dans ces salons décorés de guirlandes et de fleurs, pendant que les maîtres d'hôtel commençaient à servir les coupes de champagne, ses tantes et cousines posaient la même question. Ce qui finissait par l'amuser. De quoi se mêlaient-elles ? Sa belle-sœur Florence, mère de deux fillettes qui étaient nées à onze mois d'intervalle, s'autorisa des conseils qu'elle écouta distraitement. A leur vive déception, elles ne lui arrachèrent pas la moindre confidence. Blandine garda ses secrets.

Au lendemain des fiançailles, la famille se dispersa. Comme le 15 août tombait un mercredi, les patrons de cafés ou de brasseries remontèrent à Paris pour préparer la réouverture de leurs affaires. Dès l'aube, François, Florence et leurs filles quittèrent le domaine à bord de leur Hochtkiss bordeaux, le coffre bourré de victuailles et la galerie encombrée de bagages. En embrassant ses petites-filles Elisabeth et Bénédicte — cinq et quatre ans — Léonard essuya une larme au coin de l'œil ; il les voyait si peu en cours d'année.

François l'invita à monter à Paris pendant l'Exposition agricole mais il refusa une fois de plus : Paris ne l'attirait pas. Son dernier séjour dans la capitale datait des Années folles lorsque ses beaux-parents possédaient encore leur hôtel à Saint-Germain. Par ailleurs, depuis quelques mois, des crises de goutte l'empêchaient de dormir. Certains jours, il s'aidait de son bâton de foire pour se déplacer de la maison jusqu'aux étables.

— Vous pourriez descendre plus souvent, répéta-t-il avec l'appui de sa fille et de son gendre.

— Impossible ! répondit François. Il y a le bar... Le loyer à payer chaque fin de mois... Florence ouvre, je ferme... On se croise dans l'escalier... L'argent doit rentrer...

— L'argent vous rendra fous, murmura Léonard.

Florence écourta les adieux, s'installa dans la voiture. L'instant d'après, la vie reprit son cours au Cayla.

Vers la fin de la matinée, Gauthier descendit chez son garagiste d'Espalion ; il avait remarqué deux jours plus tôt la présence d'une tache d'huile sous le moteur de la Traction. Le lendemain, il devait se rendre de bonne heure à la foire de Nasbinals et ne voulait pas risquer une panne au cœur des montagnes du côté de la croix des Trois-Evêques ou après Aubrac. Le mécanicien vérifia les niveaux, changea un joint.

Après une nuit d'orage, Gauthier se leva tôt. Le ciel était gris, brumeux. Les coqs chantaient, impatients de sortir et de s'ébattre autour du domaine. Sa femme dormait encore, en chien de fusil ; il déposa un baiser sur son front. Blandine ne bougea pas dans son sommeil. Gauthier ne résista pas à l'envie de la regarder ; elle était belle. Son visage était lisse ; un sourire flottait sur ses lèvres tandis qu'une respiration régulière soulevait sa poitrine...

A la cuisine, Elise allumait le feu. Pendant que Gauthier filait à l'étable, elle prépara le repas. A son retour, une odeur de soupe et d'œufs frits flottait dans la pièce. La veille, Léonard avait renoncé à l'accompagner ; il souffrait d'un genou. Aussi, Gauthier mangea-t-il seul à sa place habituelle ; il n'échangea que quelques mots avec la jeune femme.

Son esprit vagabondait déjà sur le champ de foire de Nasbinals. Soucieux, il était impatient de savoir si la baisse des cours enregistrée à Laguiole une semaine plus tôt se confirmerait.

Lorsqu'il ouvrit les portes de la remise pour sortir la Traction, six heures sonnaient au loin. Pendant une partie du chemin, gêné par les nappes de brouillard, Gauthier roula doucement. A la croix des Trois-Evêques, le ciel se dégagea, ce qui l'incita à accélérer. Après la tournée de Saint-Urcize, il doubla même un camion lourdement chargé qui peinait à avancer. La vitre entrouverte pour respirer les senteurs de terre et de fougère mouillées, une chanson d'amour sur les lèvres qui le ramenait — en pensée — à sa femme, il fila comme à l'habitude. Sûr de lui, de sa voiture. La Traction arrivait près du village d'Aubrac. Sur la gauche, bâti au cœur des pâturages, l'ancien sanatorium à la masse imposante de pierre grise émergeait de la brume. Engagé sur la pente qui mène à l'embranchement de la route de Nasbinals, Gauthier appuya sur la pédale des freins mais son pied ne rencontra aucune résistance alors que la Traction prenait de la vitesse. Dans son élan, elle traversa la route qui conduit de Salgues à Nasbinals et termina sa course en contrebas au milieu de la montagne, après plusieurs tonneaux. Un cri déchira la poitrine de Gauthier :

— Blandine !

Puis il sombra dans un grand trou noir.

8

Il se réveilla dans une chambre d'hôpital, à Rodez, vers la fin de l'après-midi. Ses paupières se soulevèrent lentement tandis qu'il grimaçait de douleur — mâchoires crispées, muscles tendus. Aussitôt, dans cette pièce dont la blancheur des murs l'éblouissait, il sentit la présence de sa femme.

— Blandine ? murmura-t-il. Blandine...

Sa main droite s'agita. D'une voix angoissée, il insista pour la toucher et la voir, s'assurer ainsi qu'il ne se débattait pas dans un cauchemar. Depuis des heures, il avait l'impression de baigner dans la ouate, d'être ailleurs. Où était-il ?

— Chut ! répondit-elle avant de poser ses doigts fins sur sa main fiévreuse. Je suis là... Ne crains rien... Repose-toi...

Depuis le matin, elle guettait le moindre mouvement des doigts ou des lèvres, le moindre battement de cils. Le patron de l'hôtel de La Dômerie l'avait prévenue dès sept heures avant même l'arrivée du médecin de Nasbinals et de l'ambulance des pompiers ; il avait été le premier à se porter au secours de Gauthier. A cette heure-là, il préparait le petit déjeuner des clients qui souhaitaient se rendre à la foire. Depuis la cuisine de l'hôtel dont il avait ouvert grand les fenêtres malgré la fraîcheur du matin, il avait entendu un choc, des bruits de tôle froissée, un moteur qui tournait en surrégime et des meuglements de vache assez inhabituels pour attirer son attention puis l'amener à se précipiter au-dehors. A travers les vitres sales du véhicule, il avait reconnu Gauthier Chassan qui fréquentait la salle du café à l'occasion de la foire d'octobre. Assis sur le siège avant, le visage ensanglanté, le jeune homme paraissait inconscient. Une équipe de pompiers d'Espalion s'était démenée pendant plus d'une heure pour l'extraire de la voiture. En compagnie de son oncle Numa, de Laurent et de Charlotte, Blandine avait suivi l'ambulance jusqu'à Rodez avant que ne débute une longue attente dans un couloir animé par les allées et venues du personnel, où flottaient des odeurs d'éther et de formol. Peu avant midi, un médecin l'avait rassurée.

— Votre mari s'en tire bien ! avait-il glissé. Des ecchymoses, une double fracture du cubitus... Pas de lésion cérébrale... Un miracle ! Il aurait pu se fracasser le crâne...

Le chirurgien n'avait pas caché que le réveil serait douloureux. Aussi Blandine avait-elle tenu à rester à son chevet. Elle passerait la nuit près de son mari, ou se reposerait dans un hôtel proche de l'hôpital. Charlotte avait refusé de la quitter :

— Nous ne te laisserons pas seule !

L'oncle Numa et Laurent l'avaient appuyée :

— Nous pouvons attendre la nuit pour remonter... Les jours sont encore longs à cette saison...

Blandine avait fléchi devant leur détermination, soulagée de les savoir à ses côtés. Après déjeuner, elle les avait abandonnés en ville : Numa avait l'intention de saluer un ami pharmacien, installé rue Béteille, tandis que Laurent et sa fiancée envisageaient, avec le retour du soleil, de descendre jusqu'au pont de Layoule et de se promener sur les berges de l'Aveyron. Ils la rejoignirent à l'hôpital peu avant six heures alors qu'elle recommandait à Gauthier de ne pas bouger, d'être patient. Le plâtre le gênait ; il se sentait brisé de fatigue. La douleur irradiait tout son corps, l'empêchant de dormir et arrachant des larmes à cet homme pourtant endurci...

Jusqu'à sa sortie de l'hôpital, une semaine après son accident, Gauthier reçut chaque jour la visite de sa femme. Blandine arrivait en milieu de matinée au volant de la Juvaquatre de l'oncle Numa ; Charlotte l'accompagnait. Elles ne quittaient sa chambre qu'après son repas de midi. Alors elles flânaient dans les rues, prenaient le temps de déjeuner, de s'attarder devant les vitrines des chapeliers ou des bijoutiers, de pousser la porte des magasins de confection. Avant de retrouver Gauthier, elles s'offraient un verre à la terrasse d'un café. Malgré ses efforts pour changer de conversation et l'enlever à ses soucis, Charlotte ne pouvait empêcher Blandine de s'interroger sur les circonstances de l'accident. Pourquoi Gauthier avait-il perdu le contrôle de sa Traction ? Avait-il eu un malaise ou la voiture avait-elle manifesté une défaillance ? Elle avait hâte que son mari puisse s'expliquer. Depuis le premier jour, une idée ne la lâchait pas : l'accident aurait-il été provoqué ? Elle n'en souffla mot à son père mais s'en ouvrit à Charlotte qui balaya ses arguments :

— Encore l'un de tes rêves noirs ! Cesse de penser toujours au pire sinon tu ne vivras plus... Une voiture peut tomber en panne en sortant du garage... C'est arrivé à mon frère, cet hiver...

Blandine n'insista pas. Pouvait-elle comprendre ?

Le jour où Gauthier remonta au Cayla, il souhaita s'arrêter chez le garagiste qui avait enlevé la Traction dans la montagne attenant au cimetière d'Aubrac. La 15 Six était méconnaissable ! Gauthier se pinça les lèvres en la découvrant parmi les épaves de voitures qui s'entassaient sur un terrain clôturé ; il se demanda comment il avait échappé à la mort. Le garagiste devança ses questions :

— Les Citroën sont solides ! Leur carcasse résiste bien...

Il l'avait examinée avec soin et hésitait à la réparer.

— Ça vous coûtera trop cher ! estima-t-il.

A ces mots, il battit son briquet pour rallumer son mégot. De ses doigts maculés de cambouis, il se gratta le front puis lâcha :

— Il fallait aussi que je vous dise... Ça me gêne... Et ça risque de vous surprendre... Mais bon... Je vous dois la vérité... Les freins ont été sabotés...

A l'inverse de Laurent et de l'oncle Numa, abasourdis par cette révélation, Gauthier ne montra aucun étonnement ; il hocha la tête. Depuis deux jours, s'évertuant à reconstituer son accident à force d'en revivre des scènes durant son sommeil, il avait envisagé cette possibilité. Un nom venait immédiatement à l'esprit : le Grand Duc. La disparition de Gauthier entrait certainement dans ses plans vis-à-vis du Cayla. Son mari décédé, Blandine n'aurait eu qu'un désir en tête : fuir le domaine pour ne plus avoir à vivre avec le souvenir tragique de ses deux premiers mariages. Une jeune femme de son milieu aurait trouvé à se remarier en ville — à Rodez, à Paris —, ce qui aurait permis à Martin de racheter tôt ou tard Le Cayla, en main propre si Léonard y consentait ou grâce à un prête-nom. Mais tout ceci n'était que suppositions ! L'hypothèse pouvait-elle être fondée ou Gauthier se laissait-il abuser par son imagination ? Par crainte de ne pas être pris au sérieux, après le choc de l'accident, il s'était gardé d'en parler à quiconque, surtout pas à Blandine pour ne pas l'alarmer à tort. Ainsi ses doutes étaient-ils confirmés tandis que le constat du garagiste suscitait de nouvelles questions : qui avait pu se livrer à cet acte criminel sous les toits du domaine durant la nuit précédant la foire de Nasbinals sans que le cadenas du portail soit forcé et que les chiens de garde aient aboyé ? Le Grand Duc bénéficiait-il de complicités parmi le personnel ? Cette perspective glaça Gauthier. Jusqu'où irait Martin dans sa vengeance ?

D'Espalion au Cayla, à bord de la Juvaquatre, régna un silence pesant. A l'avant, bouleversés, Numa et son fils se taisaient. A l'arrière, Blandine serrait la main de Gauthier et songeait à leur avenir. Pourraient-ils rester au domaine ?

Léonard les attendait dans la cour, assis sous un arbre près de l'abreuvoir. Encore sous le choc.

— Tu nous as causé une belle peur ! glissa-t-il à son gendre.

Puis, à mi-voix, avant de l'entraîner à la cuisine :

— Je t'aiderai à remplacer ta Traction... Nous avons trop besoin d'une voiture dans cette maison...

Malgré la fatigue du voyage, Gauthier sourit.

Avec son retour, la présence de Numa et de son fils, le repas du soir s'avéra plus animé qu'au cours des jours précédents. Après le fromage, Gauthier rejoignit la table des domestiques : il avait tant à apprendre sur ce qui s'était passé au Cayla pendant son absence. Deux heures plus tard, sa femme réussit à l'en arracher pour qu'il monte se reposer. Dans le grand lit, ils veillèrent longtemps côte à côte puis Blandine s'endormit contre son épaule.

Jusqu'à ce qu'il revienne à l'hôpital pour se débarrasser de son plâtre et revoir le chirurgien, sa femme le choya comme un coq en pâte. Elle l'obligea à se lever moins tôt, à traîner le matin dans leur chambre et à y prendre le café qu'Elise leur montait à sept heures après avoir servi les bouviers à la cuisine. Grâce à la voiture de son oncle, elle l'emmena chez ses parents, à Espalion ou à Saint-Flour si le soleil daignait être de la partie ; elle voulait l'empêcher de ressasser des idées noires derrière les murs du domaine, sur la draille des Mires.

Malgré l'attention dont elle l'entoura en cette fin d'été, Blandine ne put effacer de sa mémoire le souvenir de ce matin d'août sur la route d'Aubrac. Certaines nuits, Gauthier se réveillait en sursaut et appelait au secours ; il s'imaginait encore au volant de sa Traction, protégeant son visage de ses mains pour éviter les éclats de verre. Dans ces moments, il se dressait sur le lit, en nage, et débitait des mots incompréhensibles ; Blandine éprouvait toutes les peines du monde à le calmer. Que faire ? Un guérisseur de Curières avait pu atténuer les douleurs physiques avec ses pommades, ses secrets. Quant aux cauchemars... Gauthier ne trouverait sûrement le repos qu'une fois le coupable démasqué. Aussi avait-il décidé de mener son enquête. Il se refusait à voir des commissaires ou des inspecteurs de la police criminelle — montés de Montpellier comme après le meurtre de Michel Gastal, les assassinats commis dans la vallée du Lot au printemps 1949, la fusillade de la côte du Cayrol — s'installer pendant deux semaines à la mairie de Roquebrune pour y interroger la famille, le personnel du domaine et les habitants du pays, fouiller dans leurs relations, leur passé et leur vie. Blandine se souvenait encore des questions intimes posées avec insistance par le commissaire Delheure...

A son retour de l'hôpital, devant les domestiques, il n'avait pas caché les raisons de son accident.

— Les freins n'ont pas lâché ! avait-il martelé. Ils ont été sabotés.

Tous avaient été indignés par ce geste assassin, à l'exception d'un berger que le maître-valet avait engagé en mai pour la garde des bêtes dans les prairies proches de la ferme et dont l'embarras n'avait pas échappé à Gauthier en dépit du brouhaha qui régnait à la cuisine. Leurs regards s'étaient croisés, le temps d'un éclair. Le jeune homme — un adolescent de quinze ans qui en paraissait dix-huit — avait baissé les yeux. Gauthier avait chargé deux des domestiques de le surveiller mais le berger, finaud, se tenait sur ses gardes : il n'évitait personne et ne changeait rien à ses habitudes. Un matin après son départ pour les *devèzes,* l'un des bouviers visita sa chambre, força le cadenas de sa malle, y découvrit un marteau et des limes roulés dans un chiffon ainsi qu'une chemise maculée de graisse de moteur.

Au moment du repas de midi, avant qu'Elise ne serve, Gauthier les déposa sur la table des maîtres face à la place qu'occupait son beau-père. Un murmure parcourut la pièce.

— Delmur ! hurla-t-il. Viens ici !

Le berger sentit le piège se refermer ; il essaya de s'enfuir mais les hommes l'en empêchèrent en se postant à chaque porte avant de le pousser sans ménagement devant Gauthier qui le secoua de sa main valide agrippée au col de sa chemise rêche. Installé dans son fauteuil alors que tout le monde était debout, Léonard n'avait pas l'intention d'intervenir. Cette affaire concernait son gendre.

— Salaud ! tonna Gauthier. Ordure ! Bandit ! Qui t'a commandé ce sale boulot ?

Quoique encadré par trois gaillards, le berger crânait et refusait de s'expliquer. Avec ses épaules larges, ses bras puissants, il était bâti comme un bûcheron. Face à son mutisme et ses airs narquois, Gauthier perdit patience ; il devint menaçant mais rien n'y fit. Alors, l'un des bouviers l'obligea à parler : sa poigne tordit son bras droit à la manière des laveuses qui essorent le linge avant de l'étendre. Le berger étouffa des cris de douleur puis reconnut le sabotage de la Traction lorsque la pression devint trop forte.

— J'ai été payé ! finit-il par avouer. Autant qu'un *cantalès* pour la saison d'été... Vous pouvez me renvoyer !

Quelle insolence ! Même à genoux sur le parquet, il continuait à les narguer. Le maître-valet voulut le frapper avec sa ceinture mais Gauthier l'arrêta : il gardait en mémoire le visage couvert de sang d'un jeune soldat passé à tabac par la police militaire à la fin de la guerre, dans un casernement des bords du Rhin, pour s'être livré à un trafic d'alcool américain. Il n'allait pas à son tour se transformer en bourreau : il exécrait la violence.

— Qui t'a payé ? insista Gauthier. Martin ? Son fils ?

Le berger s'enferma dans son silence.

Au bout d'un moment, lassé de ne rien obtenir, il le relâcha. Le jeune homme monta au grenier, emporta sa malle. Depuis le seuil, Gauthier le regarda franchir le portail puis s'éloigner sur le chemin. Lorsqu'il retourna à la cuisine, les hommes mangeaient leur soupe sans un mot, le nez plongé dans l'assiette. Elise tremblait encore ; c'était la première fois qu'elle assistait à un règlement de comptes entre hommes de l'Aubrac, qu'elle voyait Gauthier en colère.

A peine s'était-il assis que Léonard glissa à son gendre :

— Le petit s'en tire trop bien ! C'est un voyou ! Il recommencera à la première occasion...

Blandine chercha la main de Gauthier et noya son regard dans ses yeux ; elle était fière de son mari qui avait résisté à toute envie de vengeance. Malgré la gravité de l'instant, la tension qui régnait dans la pièce, ils échangèrent un sourire.

Le renvoi du berger alimenta les conversations au café du Père Bugeaud le dimanche suivant. Beaucoup reprochèrent à Gauthier son indulgence ; encouragés par ce qu'ils lisaient dans la presse à propos des meurtres en série qui ensanglantaient la vallée du Lot, ils prêchaient la dureté face à cette racaille « qui pille et qui tue ». Gauthier ne put se défendre. Ce jour-là, en compagnie de Numa et de Blandine, il choisissait une nouvelle voiture chez son garagiste d'Espalion. Reprendrait-il une Traction ? Une 15 Six, sortie d'usine la même année que la sienne, était disponible mais son compteur affichait deux fois plus de kilomètres et sa couleur

— noire — déplaisait à Blandine. Nullement attirés par une 4 CV, trop petite à leur goût, ils se laissèrent séduire par une Frégate bordeaux. Cette voiture, construite par la Régie Renault depuis moins de deux ans, avait fière allure : elle passait aussi pour être l'une des plus sûres du marché, ce qu'ils recherchaient après l'accident de Gauthier. Ils partirent l'essayer sur la route de Saint-Pierre. Blandine la préféra à la Citroën : elle était plus maniable, confortable, élégante. Depuis qu'elle conduisait, elle avait — à la stupéfaction de tous — des avis tranchés sur les marques et les modèles. Malgré son prix élevé, ils n'hésitèrent pas : Léonard avait promis de les aider.

Le garagiste respecta ses engagements et la livra la veille de la foire d'Aubrac ; il vint à l'approche de midi, sûr de son effet auprès des hommes du domaine. A sa grande surprise, lorsqu'il se rangea près de la fontaine aucun domestique ne sortit des remises ni des étables. Les chiens aboyèrent, tirèrent sur leur chaîne. Un moment plus tard, un torchon entre les mains, Elise apparut sur le seuil de la maison puis devança ses questions :

— Vous vouliez voir les patrons ? Ils sont très occupés ce matin : ils reçoivent des génisses... Les plus belles du pays !

Plutôt que de les attendre dans la cour ou assis dans la voiture, le garagiste les rejoignit à la *devèze* des doublonnes ; il les trouva, autour d'Hector Estagel, en pleine discussion sur les ascendances et la conformation des bêtes qui exploraient leur nouveau territoire après le voyage en camion depuis la Viadène. Blandine, restée à l'écart près de la barrière, les écoutait avec attention ; elle savait le personnel divisé à propos de l'initiative de Gauthier d'améliorer le rendement laitier du troupeau. Les bouviers y étaient opposés en dépit des assurances fournies par leur maître quant à leur avenir ; ils craignaient que le dressage des bœufs ne soit abandonné au profit de la production fromagère. Or ce métier était leur fierté, leur raison d'être. Jules, le maître-valet, affichait une attitude réservée ; il entendait éviter tout conflit avec Gauthier mais ne se priverait pas pour autant de le juger sur ses résultats dans un an lors du marché aux fromages d'Aubrac. Un seul homme se montrait enthousiaste pour cette idée : le *cantalès.* C'était la carte maîtresse de Gauthier. Clément Arnal, né dans une ferme du Cantal, n'était pas figé dans ses habitudes. De son bon vouloir, de ses capacités, dépendaient les chances de réussite. Léonard avait prévenu son gendre à leur retour de Plane :

— Ces cinq génisses m'ont coûté cher... J'espère pour toi que je n'aurai pas à le regretter...

Combien valaient-elles précisément ? Cette question brûlait les lèvres des domestiques en cette fin de matinée d'automne, douce et ensoleillée. « Une fortune ! » prétendaient-ils. Alors que l'année était difficile pour les éleveurs, comment pouvait-on s'offrir des bêtes à ce prix ? « Ou le patron a vraiment de l'argent ! pensaient-ils. Ou il s'est laissé éblouir et il s'en mordra les doigts. » Ils étaient persuadés que Léonard possédait des appartements à Paris, des « affaires ». S'il était aussi riche, pourquoi n'augmentait-il pas leurs salaires au lieu d'acheter des génisses de concours ?

Longtemps après que l'angélus eut tinté au loin, Léonard sortit sa montre et décida de rentrer. Il était presque une heure. Derrière les fourneaux, impatiente de servir, Julienne devait pester après le sans-gêne des hommes. Tout le monde emboîta le pas du maître. Dans la cour, comme le garagiste l'avait prévu, la Frégate attira les regards. Ses chromes brillaient sous le soleil, sa couleur bordeaux tranchait avec le gris des pierres et jetait un bel éclat. Ce qui raviva des ressentiments à l'égard de Gauthier. En épousant une fille de maître, en devenant le gendre d'une famille qui avait de « l'argent vieux », il avait pu échapper à sa condition de prolétaire. L'ancien *cantalès* menait une vie que les domestiques enviaient ; un jour, il deviendrait le maître du Cayla. Eux n'avaient pas eu cette chance et ne l'auraient jamais ; ils étaient condamnés à subir leur sort. De rage, l'un d'entre eux s'éloigna vers la maison en lâchant :

— C'est une voiture de riche ! De parvenu ! De Parisien !

Avant de franchir l'entrée de la maison, il cracha sur les pierres de la cour.

La tension demeura encore forte le soir quand Gauthier sollicita de l'aide chez les bouviers pour distribuer les rations aux génisses de Plane. Quoique débarrassé de son plâtre depuis une semaine, il persistait — par prudence — à porter son bras gauche en écharpe, ce qui le gênait dans ses mouvements. Les dresseurs de bœufs se débinèrent sous de bons prétextes ; ils répondirent sèchement tout en brossant les bêtes. Leurs gestes étaient nerveux et brusques, ce qui ne leur ressemblait guère. A leurs mines renfrognées, Gauthier comprit qu'il était inutile de s'obstiner et s'adressa au maître-valet qui ne put refuser.

Une dizaine de jours plus tard, avec le retour du troupeau et du *cantalès,* l'atmosphère s'alourdit. A peine arrivé, Clément Arnal mit en œuvre des méthodes débattues avec Gauthier au cours de ses visites au buron. Il s'agissait d'améliorer jusqu'aux premiers frimas l'alimentation des vaches qui étaient traites matin et soir à la ferme pour produire un fromage de meilleure qualité. Ce qui déplut aux bouviers : comme les automnes précédents, il ne resterait pour les bœufs qu'un mélange de foin — le meilleur, tout de même — et de paille de seigle. Le soir, lorsque le *cantalès* revenait de l'étable, ils ne se privaient pas de lancer des piques :

— Tu les as bien pomponnées tes bêtes de

concours ? Elles ont la panse pleine ? Les sabots propres ? Le poil luisant ?

Clément ne répondait pas, s'attablait et mangeait en silence.

La grogne des bouviers s'accrut le matin où ils apprirent qu'une partie des surfaces ensemencées en seigle seraient transformées dès l'année prochaine en prairies artificielles. Ils se rassemblèrent à l'étable des vaches, guettèrent la venue de Gauthier. Le meneur de la bande, connu sous le sobriquet de l'Epine en raison de son caractère ombrageux, se montra direct :

— Tu veux encore dresser des bœufs au Cayla ? Ou tu préfères nous mettre à la porte ?

L'Epine roulait des yeux menaçants comme s'il était excédé par les décisions de ses patrons. Son agressivité surprit tant Gauthier qu'il resta sans voix avant d'éclater de rire.

— Vous mettre à la porte ? répéta-t-il. Qui vous a bourré le crâne avec cette idée ? Tant qu'il n'y aura pas de tracteur au Cayla, nous aurons besoin de bouviers et de bœufs...

Désarmé, l'Epine marmonna quelques mots entre ses dents, se gratta les cheveux sous la pointe raide et crasseuse du béret puis sur ses tempes grisonnantes. Quelques minutes plus tard, furieux d'avoir été tourné en ridicule, il remonta l'étable de son pas pesant pour l'attaquer à nouveau.

— De toute façon, ne t'amuse pas à jouer les grands éleveurs ou les monsieur Baduel ! s'exclama-t-il.

Monsieur Baduel ? Avant-guerre, sur le plateau, c'était l'un des propriétaires les plus influents et les plus innovants. Ce diplomate avait abandonné sa carrière au début du siècle pour se consacrer à son domaine d'Oustrac près de Laguiole, à son troupeau et ses trois cents hectares ; il avait drainé et irrigué ses terres, équipé son buron d'une presse et d'une écrémeuse modernes, ses étables de l'eau et de l'électricité. Son esprit d'entreprise et ses idées avaient été couronnés de prix, primes et médailles. Lorsque Gauthier avait commencé à se louer sur les montagnes, les *cantalès* parlaient de monsieur Baduel avec admiration et respect. Le jeune adolescent avait alors rêvé de le rencontrer, de visiter aussi son buron et son élevage d'Oustrac. Comme s'il pressentait son destin...

— Même si tu as trouvé le nid bien garni, tu es né dans la bouse comme nous ! ajouta-t-il. Tu es un bouseux ! Ne l'oublie jamais !

Pourquoi l'Epine le poursuivait-il de sa hargne ? Ses réactions, son attitude étaient d'une bêtise affligeante. Gauthier resta sourd à ses insultes ; l'Epine finit par se lasser et se calmer, quitter l'étable, mais en ruminant déjà ce qu'il pourrait lui jeter au visage dès la prochaine occasion. Le bouvier se sentait en position de force : la main-d'œuvre qualifiée était recherchée sur l'Aubrac alors que les départs à Paris s'accentuaient désormais chez les jeunes habitués d'ordinaire à proposer leurs bras dans les domaines et les burons. Gauthier ne l'ignorait pas. Mais pourrait-il supporter longtemps ces injures, ce regard plein de morgue ? Que faire puisqu'il n'avait pas l'intention de céder du terrain devant les bouviers ni d'abandonner ses projets ? Devait-il requérir l'arbitrage de Léonard ? C'était trop tôt ; les choses s'arrangeraient peut-être dans le courant de l'hiver. Du moins, le souhaitait-il. D'ici là, il n'en soufflerait mot à Blandine. C'était une affaire d'hommes.

L'entrée de Charlotte dans la famille avait permis à Blandine de rompre avec la routine. Les deux jeunes femmes étaient devenues inséparables. La fiancée de Laurent séjournait souvent à Laguiole et aimait retrouver Le Cayla pendant que son futur mari servait les clients de la pharmacie ou terminait quelque préparation. L'arrivée des premières neiges l'incita à entraîner Blandine sur les pistes du Roussillon que l'on devinait, par temps clair, à travers bois, depuis les fenêtres du Cayla. Grâce à la bienveillance de l'administration des Eaux et Forêts, les ski-clubs de Laguiole et de Rodez avaient aménagé des parcours de descente pour débutants et confirmés ; ils organisaient des stages pendant les vacances de Noël sous la houlette d'un moniteur de la Fédération ainsi que des compétitions durant les mois de janvier et de février. Ce qui aiguisait les envies de Charlotte. La jeune femme avait appris à skier dans les Alpes à la fin de la guerre ; elle pratiquait au Lioran et jouait également au tennis. Quoique moins sportive, Blandine se laissa tenter. Grâce à ses conseils, elle progressa rapidement au point d'inviter Gauthier à les rejoindre le dimanche après-midi.

— La forêt est si belle sous la neige ! répétait-elle à son retour, le teint frais et les joues rouges.

Sa route croisait parfois celle d'un renard, d'un écureuil ou d'un lièvre. Comment résister ? La première fois, il l'observa depuis les fenêtres du refuge de La Source qui assurait la location de skis et un service de boissons chaudes. Au bout de deux heures passées dans cette salle enfumée où ses voisins de table ne s'intéressaient qu'aux grands prix et aux résultats des champions français, l'ennui le saisit. Quel dommage de ne pouvoir se promener dans les bois ! De ses lectures d'adolescent, il conservait le souvenir des champs de neige du Grand Nord parcourus à traîneaux ou à raquettes par les trappeurs. Aussi, dès le lendemain, téléphona-t-il à un magasin de sports de Rodez pour commander deux paires de raquettes de montagnard ; il comptait en offrir une paire à Laurent, à l'occasion des fêtes de Noël, pour qu'il l'accompagne dans ses randonnées. Le jeune pharmacien apprécia son cadeau ; il hésitait à se lancer sur des skis malgré les encouragements de sa fiancée. Dès lors, le dimanche, quand le ciel le permettait, tous deux partaient explorer les bois du Roussillon, équipés d'une grosse veste canadienne, de gants à la mousquetaire et de chaussures montantes, coiffés d'une casquette de laine rouge à grande visière dénichée par Charlotte au cours de l'un de ses déplacements à Clermont-Ferrand, grâce à laquelle ils devinrent — pour les familiers du refuge de La Source — les trappeurs à la casquette rouge !

Gauthier ne manqua pas un seul de ces dimanches à la neige ; il en venait même à souhaiter que le vent du Midi ne soufflât pas et que la douceur montât le plus tard possible de la vallée tant il avait besoin de ces heures d'air pur au milieu de la forêt pour oublier le domaine et ses soucis quotidiens. Cet hiver-là paraissait idéal : les tempêtes n'avaient pas bloqué Le Cayla plus de quelques jours et la couche de neige était assez épaisse en haut du Roussillon pour résister jusqu'à la mi-mars ou à Pâques. Quant à Blandine, elle prit l'habitude de skier aussi le samedi. A la nuit, lorsqu'elle rentrait au Cayla, éreintée mais ravie, son visage rayonnant s'attirait aussitôt les compliments de son père et de son mari. Ces soirs-là, Gauthier la trouvait plus belle que d'habitude. C'était ainsi qu'il la préférait : pétillante de vie, détendue, les pommettes cramoisies par le soleil, le regard si tendre...

Le premier dimanche de février, sous un ciel d'azur mais par un froid vif, ils assistèrent aux débuts de Charlotte en compétition. Elle s'était inscrite à la descente dames sur les pressions amicales des moniteurs du club de Laguiole ; elle y affronterait des concurrentes de Montpellier, Clermont-Ferrand, Aurillac, Rodez, Millau, Espalion qui disputaient la plupart des grands prix du Massif central depuis plusieurs saisons. Dix jours auparavant, *Le Rouergue républicain,* qui patronnait l'une des épreuves, annonça même dans ses pages sportives — sur cinq colonnes ! — la participation d'une Suisse.

— Autant reconnaître que je n'ai aucune chance ! ne cessait-elle de dire. Il y a du beau monde !

Malgré tout, au cours de la semaine qui précéda, elle s'entraîna chaque jour. Au milieu de la forêt, dans une clairière, il n'y avait que Blandine pour la stimuler.

Le dimanche tant attendu, Charlotte déjoua tous les pronostics ; elle termina à la première place après la chute de deux favorites sur la neige glacée. Le soir, pour marquer sa victoire, Laurent invita à l'hôtel Auguy ses parents et amis ainsi que les moniteurs du club. La fête s'acheva tard. Blandine et Gauthier dormirent chez l'oncle Numa. Dans la chambre où ils s'étaient aimés après leur repas de mariage, la nuit leur parut trop courte.

9

De Laguiole, Léonard ramena d'inquiétantes rumeurs le jour de la foire des Rameaux : l'épizootie de fièvre aphteuse, qui frappait le nord de la Loire depuis le début de l'année, menacerait à son tour le Massif central. Dès le lendemain, l'oncle Numa confirma que les vétérinaires d'Espalion, de Laguiole et de Sainte-Geneviève venaient d'en localiser les premiers foyers. A la pharmacie, à l'occasion de la foire, certains clients en avaient parlé à demi-mot. Cette maladie effrayait les éleveurs : elle pouvait se propager comme une traînée de poudre à travers le pays, de fermes en champs de foire, infecter les étables et les troupeaux. Peu d'entre eux, y compris les grands propriétaires, acceptaient alors de vacciner leurs bêtes. Beaucoup, à l'instar de Léonard, restaient persuadés qu'une désinfection des bâtiments, renouvelée chaque fin d'hiver, suffisait à immuniser leur bétail. Gauthier ne partageait pas leur opinion. Depuis son arrivée au Cayla, il tentait de convaincre son beau-père de vacciner le cheptel mais Léonard opposait à sa requête insistante la même réponse : « A quoi bon ? Mon bétail est sain ! Jamais de dartres ! Ni de coups de sang ! Ni de mammites !... Pourquoi dépenser inutilement ? »

Un soir, tard, Gauthier surprit Julienne à l'étable. En entrant, il remarqua que les ampoules brillaient mais ne s'en inquiéta pas ; le *cantalès* avait certainement oublié d'éteindre avant de regagner sa chambre. Des chuchotements attirèrent aussitôt son attention. Il reconnut alors une intonation féminine, puis la voix de Julienne. A ce moment-là, il distingua une silhouette près de la mangeoire, qui se glissait sous le cou des vaches pour passer facilement de l'une à l'autre. En quelques enjambées, Gauthier fut auprès d'elle.

— Julienne ? s'exclama-t-il, incrédule.

Un sourire narquois sur les lèvres, elle le fixa avec une lueur de défi dans les yeux et continua à distribuer du sel aux bêtes.

— Du sel bénit le jour de la Saint-Blaise par notre curé, précisa-t-elle. Ma mère était catégorique : il protège des épidémies !

Gauthier haussa les épaules, ce qui déclencha sa colère.

— Tu peux bien te moquer, espèce de mécréant ! lança-t-elle. Si notre troupeau échappe à la fièvre aphteuse, tu le devras à saint Blaise ! Heureusement, j'ai toujours du sel bénit dans l'armoire... Depuis la mort de Pauline, on ne croit en rien dans cette maison... Vous changerez d'avis quand vous aurez eu assez de tuiles... Des bêtes crevées par dizaines dans les pâturages...

Sourd à ses menaces, il commença sa ronde et traîna à l'étable jusqu'à ce qu'elle parte.

Plutôt que de consulter les guérisseurs ou d'anciens *cantalès,* il quémanda des conseils auprès de Numa qui le mit en garde. Déjà circulaient des « recettes » pour prévenir la maladie : badigeonner bœufs, vaches, veaux et génisses avec de l'huile de vidange ; les forcer à ingurgiter de l'eau-de-vie.

— Pas de bêtises ! dit-il. Contente-toi de quelques gouttes d'eau de Javel dans l'abreuvoir...

Matin et soir, Gauthier inspecta l'étable, surveilla les bêtes avec plus d'attention. A la fin du mois d'avril, leur première sortie au pré survint sans qu'il ait relevé aucun signe suspect. Pourtant, autour du

Cayla et ailleurs sur l'Aubrac, l'épizootie gagnait du terrain à tel point que les services vétérinaires interdirent la tenue du concours spécial de la race d'Aubrac prévu comme chaque printemps, sur le foirail de Laguiole, au moment de la montée à l'estive. Une fois les vaches et leurs veaux installés pour l'été à la montagne des Mires, Gauthier ne relâcha pas sa vigilance. Tous les matins, il se rendait au buron. Avant qu'ils ne versent le premier seau de lait dans la *gerle,* les vachers l'aidaient à examiner le pis des mères ainsi que les pieds et la gorge de chaque animal. A l'inverse des bouviers, aucun d'entre eux ne contestait ses méthodes : Gauthier était l'un des leurs. Du *roul* au *cantalès,* ils vivaient de l'espoir que le fléau les épargnerait. Sur des estives proches des Mires, les buronniers passaient leur temps à percer des abcès au milieu d'une nuée de mouches, à désinfecter des sabots, des mamelles et des gorges purulentes.

Au début du mois d'août, lorsque Léonard, Blandine et Gauthier se rendirent à Neuvéglise pour le mariage de Laurent, un triste spectacle les attendait le long de la route : des hommes creusaient des fosses sous le soleil, à la pioche et à la pelle, pour enfouir des cadavres gonflés et noircis qui gisaient au milieu des montagnes. Après Lacalm, ils aperçurent une pelle mécanique qui recouvrait une tranchée. Le vent charriait une odeur de charogne et Blandine demanda à son mari d'accélérer tandis que Léonard, à l'arrière de la voiture, retenait ses larmes.

— Quelle catastrophe ! murmura-t-il, le cœur serré.

Au printemps, déjà, les cours avaient chuté sur les foirails et les prévisions n'étaient guère optimistes pour les premières ventes de fin d'été : il y aurait marasme. Face à cette situation qui risquait de persister durant quelques mois, Blandine avait suggéré à son père de reporter les travaux d'installation du chauffage central qui devaient débuter au Cayla à la mi-août mais il avait rejeté ses objections et maintenu ses engagements.

— Nous nous débrouillerons ! avait-il répondu à sa fille, décidé à honorer sa parole. La maison peut encore...

Il songeait toujours à ses petits-enfants mais s'étonnait que des cris de bébé n'aient pas encore égayé l'étage. Pourquoi ? Il n'osait poser la question, par peur d'être indiscret ; il attendait patiemment que Blandine l'informe de l'heureuse nouvelle ; il savait qu'il serait le premier à l'apprendre. Mais pourquoi cette longue attente alors qu'ils étaient mariés depuis trois ans ? Léonard était devenu père après dix mois de mariage. « Peut-être suis-je vieux jeu ! se disait-il. Avec la guerre, les temps ont changé... Les femmes surtout... » Blandine se comportait différemment de sa mère au même âge. Aussi la trouvait-il souvent insaisissable. Toutefois, à l'image de Pauline, elle était l'âme de la maison.

Cette année-là, comme le pressentait Léonard, les calamités se succédèrent. Outre l'épizootie qui toucha des centaines de fermes à travers le plateau, le ciel se ligua contre les éleveurs qui subirent tour à tour une longue sécheresse, d'interminables pluies puis des gelées et une neige précoces. La grogne sourdait sur les foires ou dans les cafés le dimanche. Beaucoup de jeunes laissaient éclater leur amertume, prêts à baisser les bras si d'autres fléaux devaient encore les frapper. « A ce train-là, seuls les gros tiendront le coup ! répétaient-ils. Les autres... On peut plier... Partir en ville... A l'usine, le salaire tombe chaque mois... C'est le même, qu'il pleuve ou qu'il vente... A Paris, dans les bistrots, les brasseries ou les restaurants, on compte la recette chaque soir... Et le prix de la tasse de café ou du verre de blanc ne change pas d'une semaine à l'autre... »

Dans cette atmosphère morose se déroula le premier concours de fromage de Laguiole. Depuis les lendemains de la guerre, une poignée de propriétaires de montagnes souhaitait l'organiser pour susciter de l'émulation entre les *cantalès* et améliorer la qualité du laguiole face à son concurrent le plus sérieux sur les marchés : le cantal. L'idée n'avait pu aboutir qu'avec la création du syndicat de défense du fromage Laguiole-Aubrac, voici quelques mois, et surtout l'appui financier du ministère de l'Agriculture et du conseil général. Un matin d'août, après avoir découvert dans *La Volonté paysanne* l'appel du Syndicat, Gauthier avait essayé de convaincre Léonard d'y inscrire la montagne des Mires. Son beau-père avait renâclé :

— Nous inscrire ? Pour être ridicules face à Estagel de Plane ou Alazard du Mas ? Ah ! non !

Son jugement à l'emporte-pièce avait surpris Gauthier qui avait répondu du tac au tac :

— Ridicules ? Au contraire ! Nous devons être fiers de Clément... Vous n'avez quand même pas oublié la visite des grossistes ! Tous pensent que nous n'avons pas fabriqué de meilleurs fromages aux Mires depuis dix ans... Onctueux avec une belle couleur de pâte et une belle croûte... Salés et gras à point...

Trois semaines plus tôt, au cours de leur première tournée dans les caves à fromage, les grossistes de Laguiole et de Saint-Geniez avaient retenu les plus belles pièces ; ils reviendraient à la Saint-Michel.

— Si Clément se classe parmi les cinq premiers, avait-il ajouté, les hommes seront motivés la saison prochaine ! Ils se partageront la prime... C'est le règlement... Le ministère a été généreux : deux cent mille francs de dotation !

Huit jours plus tard, Léonard avait fini par se décider.

Le jour du concours, le 3 octobre à Aubrac, Gauthier bâcla son repas de midi et chargea au buron les six pièces destinées à être soumises au jury qui devait se réunir à trois heures dans une salle au

Royal-Hôtel. Avec l'aide du *cantalès,* il les emballa dans du foin puis les logea dans des paniers d'osier et de paille tressés, dénichés au grenier et réparés à la veillée ; ils servaient autrefois à expédier le fromage par train en direction de Paris ou du Midi depuis la gare de Rodez. Ensuite, les six paniers prirent place sur la camionnette prêtée par le fermier du maire. Comme il n'y aurait pas de traite du soir pour respecter la tradition en vigueur le jour de la grande foire d'Aubrac, toute l'équipe du buron les rejoignit à l'arrière. Au volant de la Frégate, Blandine suivit à distance dans un épais brouillard et une pluie glacée qui se transformait par moments en cristaux de neige. Ce soir, elle ramènerait Léonard qui avait quitté le domaine tôt à bord du camion de Choisy. Le mauvais temps ne l'avait point dissuadée de se rendre à Aubrac : ce premier concours aiguisait sa curiosité tout autant que celle des buronniers. On pourrait enfin comparer le buron des Mires aux montagnes les plus réputées. A l'inverse de son père, cette confrontation ne l'inquiétait pas. Dix jours plus tôt, elle avait accompagné Gauthier et deux grossistes à la cave : ils avaient acheté toute la production de la saison sans ergoter. Le manque de fromages en cette année désastreuse pour l'élevage du plateau ne suffisait pas à justifier leur empressement : ces négociants se montraient toujours exigeants. Ne fournissaient-ils pas les restaurants du pays et des brasseries parisiennes ? Ils avaient reconnu les efforts réalisés par le *cantalès* de concert avec Gauthier. Pour la première fois, Léonard n'aurait pas à solliciter les marchands lors de la foire aux fromages du 4 octobre.

A leur arrivée au Royal, les hommes entreposèrent les fourmes dans une grande salle envahie par les propriétaires, les éleveurs, les grossistes et quelques *cantalès* qui se sentaient mal à l'aise au milieu de ces notables en costume noir. Hormis Clément Arnal qui souhaitait patienter à l'hôtel jusqu'à la fin des délibérations du jury, les buronniers des Mires s'égaillèrent dans les restaurants ou les cafés d'Aubrac ; ils n'avaient qu'une hâte : retrouver des *bédéliés* ou des *pastres* autour d'une bouteille de vin ou d'un casse-croûte. A deux heures précises, après l'appel des vingt inscrits, les portes se refermèrent. Invités, éleveurs et vachers montèrent alors au bar pour y poursuivre leurs discussions. La salle se révéla vite exiguë et beaucoup se réfugièrent dans l'ancienne galerie du sanatorium où Blandine réussit à dénicher une table près d'une baie vitrée qui offrait par temps clair une belle vue sur Aubrac. Gauthier accaparé par des jeunes qu'il avait croisés au cours de ses années de loue, elle resta seule une bonne partie de l'après-midi devant une tasse de café puis un bol de chocolat. Indifférente au bruit, elle songea à son voyage à Paris prévu pour le mois de février. Cet été, Florence l'avait invitée à passer une semaine chez eux au moment du salon des Arts ménagers qu'elle rêvait de visiter. Elle en ramènerait des idées pour équiper la maison, terminer son aménagement. Surtout Blandine pourrait flâner dans les rues de Paris, pousser les portes des boutiques de mode et des musées. Sa cousine Patricia, qui se désolait d'être toujours célibataire, préparait déjà le programme de cette semaine de février ; elle avait du temps libre, sortait souvent, l'appelait deux ou trois fois par mois pour les détails du séjour.

— L'année prochaine, tu amèneras ton mari ! répétait-elle.

Blandine ne désespérait pas d'attirer Gauthier à Paris pendant quelques jours. Peut-être à l'occasion de l'Exposition agricole...

La nuit tomba et le brouillard l'empêcha de distinguer, à travers les vitres, les lumières des cafés-hôtels d'Aubrac où les buronniers fêtaient la fin prochaine de la saison. Puis, brusquement, Gauthier la tira de ses réflexions : le jury allait proclamer les résultats. Il était plus de six heures. Le bar se vidait.

On s'agglutina à nouveau dans cette grande salle où flottait une odeur d'ammoniac dégagée par l'épaisse croûte des fourmes. Au fond de la pièce, derrière une table, un homme aux cheveux gris se leva et chaussa ses lunettes. C'était le directeur de l'Ecole d'industrie laitière d'Aurillac. Petit et trapu, il compulsa des papiers avant d'annoncer le palmarès ; il se raclait la gorge lorsque Léonard entra et se faufila près de sa fille.

Le premier prix revint à un *cantalès* de la région de Nasbinals, excellent fromager. La décision n'étonna personne et un murmure d'approbation parcourut l'assistance. En revanche, l'attribution du second prix à Clément suscita la surprise : les Fau n'avaient pas la réputation de produire de grands fromages. Comment y étaient-ils parvenus ? La question brûla les lèvres ; les regards se tournèrent vers Léonard. Pendant que le *cantalès* quittait les derniers rangs pour recevoir le prix des mains du préfet, les félicitations fusèrent. Blandine adressa un sourire à son père puis glissa à son mari :

— Heureusement que tu as tenu bon...

Gauthier sourit à son tour. Cette distinction conforterait sa place au domaine tant vis-à-vis de Léonard que du personnel. Peut-être, chez les domestiques, se risquerait-on moins à contester ses choix et ses méthodes. Les bouviers commençaient à changer d'attitude depuis la fin de l'été, forcés de constater qu'aucune bête du Cayla n'avait été contaminée par la fièvre aphteuse. Désormais, ils ne se butaient plus pour des broutilles et, avant de requérir l'arbitrage de Léonard, préféraient s'expliquer avec son gendre. A la longue, ils finiraient par être conciliants...

Pendant que les garçons d'hôtel servaient du blanc du Fel et de la fouace de Laguiole, l'un des grossistes présenta Gauthier au directeur de l'Ecole laitière qui l'encouragea à se perfectionner.

— Vous devriez suivre nos cours d'hiver ! suggéra-t-il. Même si les routes ne sont pas fameuses, Aurillac n'est pas loin d'Aubrac... Trois jours par mois seulement... Vous y gagneriez...

Gauthier promit.

Malgré l'heure tardive, Léonard offrit sa tournée aux buronniers des Mires ; il les convia à boire l'apéritif chez Germaine. Plutôt que de traîner de café en hôtel une partie de la nuit puis d'errer sur la route dans le brouillard avant de se perdre à travers les pâturages, les hommes préférèrent rentrer avec Gauthier. Dans la Goélette, ils chantèrent à tue-tête jusqu'au buron ce qui n'empêcha pas le *roul* de dormir sur la paille près des paniers à fromages. Grisé par deux ou trois verres de gentiane, fatigué de sa journée, le mousse rêvait au laguiole qu'il s'offrirait chez Calmels lors de la prochaine foire.

Sur le chemin du Cayla, Léonard et Blandine parlèrent peu. Le brouillard obligeait la jeune femme à redoubler d'attention pour ne pas s'écarter de la chaussée. Elle se guidait aux feux arrière de la camionnette qui formaient deux minuscules lueurs rouges dans la nuit pendant que son père essuyait de temps à autre le pare-brise embué à l'aide d'un chiffon trouvé dans la boîte à gants. Retranché derrière ses pensées, Léonard restait partagé entre satisfaction et regret. En cette soirée d'automne, comment ne pas être fier du prix de Clément ? C'était inespéré. Voilà qui mettait du baume au cœur après les soucis de ces derniers mois. Ce prix revenait également à Gauthier qui n'avait pas ménagé ses efforts. Léonard avait douté de lui et s'en voulait de l'avoir mésestimé. Au cours de la réception au Royal Hôtel, il l'avait chaudement complimenté mais son gendre l'avait-il jugé sincère ? Saisi par le doute, il éprouva le besoin de dissiper tout malentendu.

— Blandine...

Un son rauque sortit de sa gorge.

— Maudit tabac ! pesta-t-il avant de chercher dans sa poche une boîte de pastilles à la menthe.

La fumée avait aussi incommodé sa fille qui hocha la tête.

— Blandine... Je voulais te dire...

Léonard ne termina pas sa phrase et lâcha :

— Non... Rien...

Elle n'insista pas.

Au bout d'un moment, il reprit :

— Je suis heureux pour toi... Nous avons de la chance d'avoir Gauthier...

Le dimanche qui suivit le retour du troupeau, le domaine fêta le succès de son *cantalès.* Léonard y tenait. Après un repas de choix, bien arrosé, Gauthier joua à l'harmonica quelques airs de bourrée puis des valses. On dansa entre les tables. Clément invita Elise ; le maître-valet réussit à convaincre sa femme de les rejoindre tandis que Blandine tendait la main à son père.

— Comme au soir de mon mariage ! chuchota-t-elle.

Les bouviers chantèrent avant de se lancer dans une bourrée à quatre. A la fin, ils trinquèrent avec Gauthier. Les animosités d'hier semblaient oubliées...

Cet hiver-là, en dépit de la neige et du brouillard, Gauthier suivit chaque mois les cours de l'Ecole laitière d'Aurillac. A l'instant où il quittait le domaine, Blandine sentait sa gorge se nouer ; elle n'était soulagée qu'en entendant sa voix à son arrivée dans le Cantal. En cette saison, traverser l'Aubrac et le Carladès sur de petites routes dont le revêtement — une assise de pierres — datait d'avant-guerre relevait de l'expédition en montagne. A défaut de l'avoir persuadé de renoncer à ces déplacements, Blandine avait entassé dans son coffre ses chaussures et son bonnet de ski, des vêtements chauds, des gants, des couvertures, une lampe de poche et des conserves. Prudent, il y avait aussi rajouté une pelle et ses raquettes mais, par chance, il n'eut pas à les chausser. Entre Toussaint et Pâques, la tourmente ne le bloqua qu'une fois du côté de Lacalm, un après-midi ; il attendit pendant cinq heures le passage du chasse-neige.

D'Aurillac, il ramenait chaque fois des cahiers bourrés de notes, une foule d'idées et d'observations dont le *cantalès* profitait le soir. La même soif d'apprendre animait Clément qui l'enviait de pouvoir assister aux journées de l'Ecole laitière dont les buronniers étaient exclus en raison des contraintes de leur métier et de leur condition sociale. Jusqu'alors, aucun propriétaire de l'Aubrac n'avait permis à un *cantalès* d'y participer ; ils n'y voyaient que des inconvénients dans l'immédiat. « Trop loin et trop cher ! » affirmaient-ils. Avant de se louer au Cayla, Clément avait eu la chance d'accompagner son patron au concours annuel des fromages de cantal à Aurillac et d'y rencontrer un technicien de laiterie. Désormais, il caressait l'espoir que Gauthier l'y emmènerait un jour...

La semaine où Blandine monta à Paris, le facteur commença à colporter des rumeurs à propos des élections municipales prévues pour la fin du mois d'avril. Au café, chacun prétendait détenir des informations « sûres » ou même inédites. Certains affirmaient que le notaire envisageait de se séparer des anciens et proposerait à trois femmes de siéger au conseil.

— Foutaises ! répétait Léonard en entendant le facteur rapporter ce qu'il avait entendu chez le Père Bugeaud ou glané au cours de sa tournée. Le maire a trop besoin des « vieux » : il est absent une partie de la semaine...

Il ne croyait pas davantage à l'entrée des femmes au conseil de Roquebrune. Au moment de la Libération, lorsque de Gaulle avait accordé le droit de vote aux femmes, maître Delmas l'avait critiqué. « Laissons la politique aux hommes ! estimait-il. C'est trop sérieux pour que les femmes s'en mêlent :

elles se crêperont le chignon ! » Depuis, il n'avait certainement pas changé d'avis.

Ces nouvelles amusèrent Blandine. Après huit jours passés à Paris, elle avait tant de choses à raconter à son mari et à son père qu'elle pouffa de rire en écoutant les récits du facteur.

— J'ai mieux ! s'écria-t-elle, sourire aux lèvres.

Surpris, les hommes roulèrent des yeux curieux. Le front plissé, Léonard se demanda à quelles tentations extravagantes elle avait succombé pendant son séjour dans la capitale.

— La première machine à laver du pays ! révéla-t-elle sur un ton triomphant avant de sortir une brochure de son sac et de la brandir comme un trophée. C'est une Bendix ! Le dernier modèle présenté au Salon... On devrait nous la livrer dans trois semaines... En tout cas avant Pâques... J'y tiens... Nous n'aurons pas besoin de payer des laveuses pour la grande lessive de printemps... Avec Julienne et Elise, nous nous débrouillerons sans les filles du village... S'il le faut, la machine tournera pendant deux jours... Elle lave, elle rince et elle essore automatiquement... L'eau est chauffée à l'électricité ou au gaz... C'est propre... C'est moderne...

Blandine qui voulait en équiper la maison en avait âprement discuté le prix. La satisfaction se lisait sur son visage et Gauthier la partageait. Il ne doutait pas qu'elle ait obtenu un bon rabais afin de pouvoir l'installer dans les plus brefs délais. Cet achat s'imposait ; ils en étaient tous deux convaincus mais avaient préféré repousser la dépense jusqu'à la fin de l'année dans l'espoir d'une hausse du cours du bétail. Blandine devait avoir ses raisons pour avoir cédé aux arguments des vendeurs du Salon. Elle avait bien caché son jeu ! Il l'avait appelée chaque soir mais elle n'en avait soufflé mot.

Passé l'étonnement, Léonard réagit.

— Combien coûte cette folie ? demanda-t-il sèchement.

— Cent trente mille francs !

— Cent trente mille ! siffla-t-il. C'est cher...

— C'est peut-être cher ! rétorqua-t-elle. Mais c'est indispensable dans une maison comme la nôtre où les femmes doivent laver des montagnes de linge tous les mois et par tous les temps ! En hiver, elles rôtissent devant le feu à surveiller les lessiveuses puis elles endurent le froid au lavoir pour frotter et rincer dans l'eau glacée... Elles ont des rhumatismes ; leurs mains sont crevassées... Comme elles ne se plaignent pas, personne ne s'en rend compte...

Les propos et le ton déplurent à Léonard. Quelle mouche l'avait piquée pour se montrer aussi dure ? Les trois laveuses employées chaque mois pour la lessive et le repassage semblaient contentes de leur sort : il les entendait chanter, rire.

— Pourquoi priver ces femmes de travail ? coupa-t-il.

— Nous aurons toujours besoin d'elles ! répondit Blandine. Elles auront autant de draps et de chemises à repasser... Et plus encore après la naissance des enfants...

A ces mots, le visage de Léonard s'éclaira. Pourquoi n'y avait-il pas songé ? Une machine à laver rendrait de précieux services le jour où des cris de bébé animeraient la maison. Pouvait-il faillir à sa promesse ? Soudain, la décision de sa fille le remplit de joie : il s'imagina grand-père avant la fin de l'année...

Ainsi que le prévoyait Blandine, cette nouvelle éclipsa pendant quelque temps la préparation des élections. Le « meuble qui lave tout seul », pour reprendre l'expression de la Mère Meunier, devint un sujet de conversation à l'épicerie et à la sortie de la messe. Les femmes de Roquebrune en étaient ébahies ; elles connaissaient le prix des appareils ménagers grâce aux campagnes de presse des grandes marques. Des questions leur vinrent à l'esprit. Les Fau avaient-ils hérité ? Cherchaient-ils à jeter de la poudre aux yeux des plus riches du plateau ? Après la voiture, le chauffage central, le téléphone et la salle de bains, à quand le poste de télévision afin de rivaliser avec le train de vie des Parisiens les mieux nantis ? En ces années difficiles, comment pouvaient-ils dépenser autant ?

Le jour où il monta au Cayla, le concessionnaire ruthénois de la maison Bendix s'égara sur les chemins noyés dans le brouillard et échoua à Roquebrune, devant le café du Père Bugeaud. L'épouse du notaire, qui traversait la place pour se rendre à l'épicerie, repéra la camionnette. A travers ses vitres sales, elle distingua une caisse sur laquelle elle reconnut le dessin stylisé d'une machine à laver. Aussi pressa-t-elle le pas pour entrer au café où le Père Bugeaud expliquait à un jeune homme vêtu d'une salopette bleue comment rejoindre Le Cayla. Elle proposa de l'accompagner.

— Vous risqueriez de vous perdre ! prétexta-t-elle.

La présence de Noélie Delmas aux côtés du livreur intrigua les gens du Cayla : sa dernière visite remontait au décès de Pauline, dix ans plus tôt. Quel service venait-elle demander ? Avait-elle été chargée d'une mission délicate par son mari ? Le maire tardait à annoncer la composition de sa liste. Qui reprendrait-il parmi les anciens ? Léonard s'interrogeait encore en dépit des assurances qu'il avait reçues.

— J'ai croisé ce garçon sur la place ! dit-elle à Blandine avant de l'embrasser. Dans le brouillard et sans panneaux aux carrefours, il n'est pas très facile de se repérer... J'ai cru bon de... Les machines à laver m'intéressent : je pense que nous allons nous équiper d'ici le courant de l'été... Si j'avais réussi à convaincre mon mari plus tôt, elle tournerait déjà... Mais comme beaucoup d'hommes, il veut un poste de télévision pour suivre la politique... Tant qu'il n'y aura pas de relais, il devra s'en passer...

Blandine essaya de garder son sérieux ; elle tenait sa revanche sur cette femme qui la traitait de haut.

Le notaire devait se mordre les doigts de ne pas avoir cédé à ses demandes réitérées. Tout le pays connaissait la nouvelle depuis que le correspondant du *Rouergue républicain* — le secrétaire de mairie — l'avait signalée dans sa rubrique ; *Le Rouergue amicaliste* avait repris cet entrefilet à l'attention des Aveyronnais de Paris, ce qui avait valu à Blandine des appels de ses tantes et de ses cousines.

Pendant que le jeune homme déballait les pièces et les montait au milieu de la cuisine, Blandine invita la femme du notaire à prendre le café : Noélie Delmas souhaitait assister à la mise en route de la machine. Jusqu'à l'approche de midi, elle se résolut à supporter ses bavardages. Cette bourgeoise l'horripilait avec sa manière de toiser les femmes de la commune lorsqu'elle quittait l'église à la fin de la messe. Quelle prétention ! Depuis que son mari occupait les fonctions de maire, elle adoptait des airs de grande dame comme si elle voulait singer les épouses de présidents du Conseil ou de présidents de la République !

Peu avant une heure, alors que l'installateur terminait le réglage de la pompe de vidange, Gauthier la reconduisit à Roquebrune où maître Delmas devait l'attendre après son passage à la mairie.

En milieu d'après-midi, Julienne sortit le linge de la machine et l'entassa dans des corbeilles. Les femmes purent l'examiner avec soin à la lumière du jour près de la fenêtre.

— Impeccable ! reconnut la cousine de Léonard, pourtant avare de compliments. Nos laveuses ne peuvent mieux faire...

Bouleversée, Elise essuya une larme au coin de ses yeux ; elle songeait à sa mère qui avait souffert d'avoir longtemps lavé dans une ferme où on ne ménageait ni les hommes ni les bêtes. Sa vie allait changer au Cayla ; elle n'aurait plus à redouter les hivers de glace.

10

Aux élections d'avril 1953, Martin présenta pour la première fois une liste de cinq candidats face à celle du notaire. Convaincu de ses chances, il couvrit la place de Roquebrune et les arbres des chemins de grandes affiches imprimées à Espalion sur lesquelles il apparaissait dans son costume noir du dimanche, arrogant, raide comme un militaire à la parade. En dépit des lettres anonymes et des attaques, les électeurs ne se laissèrent pas impressionner. Le soir du premier tour, la sanction tomba : la liste du maire était élue en totalité et largement. Face à cet échec, le Grand Duc perdit de sa superbe. La rage l'envahit ; il grimpa sur une table de la salle de classe où se déroulait le dépouillement pour lancer d'une voix puissante :

— Bande de pourris ! Vous regretterez de m'avoir humilié !

Son regard balaya la pièce pour s'arrêter sur Léonard.

— Toi le premier, cher cousin ! ajouta-t-il d'un air ironique.

Le maître du Cayla demeura impassible ; il n'était pas dans son intention de baisser la garde. Quelques jours plus tard, il apprit par le facteur que Martin — victime d'un malaise dans sa grange — avait été transporté à l'hôpital de Rodez. La nouvelle ne surprit guère. A Roquebrune comme au Cayla, chacun s'accorda à penser que le Grand Duc payait ses excès de boisson et la bonne vie qu'il avait menée avec ses colistiers pendant la campagne.

— C'est le premier avertissement ! estima Julienne. La justice de Dieu est en marche... Rien ne pourra l'entraver !

Elle aimait les déclarations théâtrales, ramener tout à Dieu et à la religion. Elle avait ainsi prétendu que le troupeau du Cayla avait été protégé de la fièvre aphteuse grâce au sel de saint Blaise ! Ce que Gauthier — esprit rationaliste — réfutait. Ce jour-là, une fois de plus, il s'insurgea contre elle.

— La justice de Dieu ? répéta-t-il. Mais elle l'aurait frappé si...

Avant qu'il ne poursuive, Blandine entraîna son mari au dehors où le soleil s'efforçait depuis une semaine de réchauffer la terre.

— Calme-toi ! ordonna-t-elle. Laisse-la débiter ses sornettes... A son retour d'hôpital, Martin changera peut-être...

— Ne t'imagine pas qu'il nous laissera tranquilles ! coupa-t-il d'un ton catégorique. Ses fils prendront la relève...

Prudent, Gauthier les évitait partout où il se trouvait. Romain, dit le Petit Duc, se repérait de loin sur les places ou champs de foire : il portait un chapeau tyrolien, orné d'une plume de paon. Un mois après les élections, le matin du concours spécial de Laguiole, il se permit de tourner autour des bêtes du Cayla que Gauthier achevait de préparer sur le foirail en compagnie du maître-valet. Le camion de Choisy avait emmené les animaux très tôt sur la place du bourg pour qu'ils puissent être prêts au moment où le jury se réunirait au pied du taureau de bronze. Pendant que Jules maniait l'étrille et la brosse, Gauthier coupait les poils disgracieux des croupes. Attiré par le manège du Petit Duc, il cessa soudain de siffloter.

— Décampe ! lança-t-il en joignant le geste à la parole.

Le Petit Duc sourit, gratta son nez crochu. D'un geste, il désigna trois vaches suitées qui se détachaient du lot.

— Elles sont inscrites ? demanda-t-il.

Gauthier referma son couteau avant de répondre :

— Toutes les bêtes présentées en concours cette année doivent être inscrites au herd-book ! Tu devrais le savoir ! C'est le nouveau règlement...

Le Petit Duc flatta l'encolure des vaches.

— Elles sont à vendre ?

— A vendre ? Les meilleures laitières du canton ? Jamais ! Elles auront des prix cette année... Elles monteront certainement à Paris pour l'Exposition agricole, l'hiver prochain...

Romain Fau hocha la tête, plongea ses mains dans les poches de sa blouse noire puis se planta devant Gauthier.

— Certainement ! murmura-t-il avant de se fondre à la foule des curieux qui commençaient à envahir le foirail.

Après son départ, le maître-valet et Gauthier décidèrent de se relayer auprès des bêtes jusqu'à leur retour au domaine à la fin de la journée. A leur vif soulagement, le Petit Duc disparut peu après midi au volant de la Traction de son père.

Pendant quelque temps, on n'entendit plus parler de Romain ni de ses frères : plus de fanfaronnades chez le Père Bugeaud, ni de lettres ordurières ou de menaces. Naïvement, Blandine se prit à rêver que la paix était enfin revenue.

Elle se trompait. Un matin de juillet, une semaine après le début de la fenaison, le *roul* courut au domaine au moment de la traite. Il s'affala dans la cour, appela Gauthier ; il roulait des yeux effarés et parlait par saccades comme après un choc violent. Léonard et son gendre réussirent à comprendre que deux vaches agonisaient sur la montagne. Un instant plus tard, en voiture, tous trois rejoignaient les buronniers au milieu de l'estive. Clément était blanc comme un linge ; il frissonnait dans le petit matin malgré les gouttes de sueur qui perlaient à son front. Sur l'Aubrac, les *cantalès* ressentaient la mort d'une bête comme un drame personnel. Depuis qu'il se louait dans les grandes fermes, c'était le premier qu'il vivait.

— Elles avaient la panse gonflée, expliqua-t-il d'une voix brisée par l'émotion. Comme au printemps dans les *devèzes* quand elles se goinfrent d'herbe fraîche... Pourtant, l'herbe est rare...

Les hommes avaient uni leurs efforts pour les sauver selon une vieille pratique de berger : avec la pointe du laguiole, ils avaient percé une « boutonnière » sur le flanc gauche de l'animal dans laquelle ils avaient glissé une canule de sureau pour permettre aux gaz de s'échapper de la panse. Ils avaient ainsi évité l'étouffement à l'une des vaches mais la chance les avait abandonnés pour la seconde qui gisait maintenant à l'écart du troupeau les quatre pieds en l'air. Cette mort les laissait perplexes. Qu'avaient-elles mangé en fin de nuit ? Auraient-elles été piquées par une vipère qui aurait cherché du lait en cette saison de grande chaleur, se serait faufilée sous la porte du buron pour boire les dernières gouttes contenues dans les seaux après la traite ? Gauthier avança cette idée que le *cantalès* réfuta : il n'avait relevé aucune trace de morsure sur le pis ou les mamelles.

— Alors ? tonna Léonard, les traits soudain durcis. Une nouvelle *pétègue*[1] ? Il faut savoir... Il faut trouver... Le troupeau, c'est notre capital ! Si nous creusons des fosses chaque jour pour enterrer les bêtes, que nous restera-t-il pour les foires d'automne ? Rien ! Pas même les vieilles vaches

1. *Pétègue* : maladie infectieuse.

pour la « mort »... Nous aurons perdu de l'argent... beaucoup d'argent... Et notre réputation !

Que faire ? Gauthier suggéra d'alerter les services vétérinaires, de demander des prélèvements et des analyses ; il songeait à un empoisonnement sans oser l'évoquer auprès de son beau-père ni des buronniers. Les prix remportés au concours de Laguiole et la promesse de retenir Violette parmi les vaches qui participeraient à l'Exposition de Paris en mars prochain suscitaient de la jalousie. Les places étaient convoitées.

— Ça nous coûtera cher ! jugea Léonard. Ça prendra du temps... Attendons... A moins que... Montrez-moi cette bête...

Maintenant, une boule rouge pointait à l'horizon et montait peu à peu dans l'azur. Agglutinées autour du parc à veaux, les vaches meuglaient et s'impatientaient ; l'heure de la traite était passée. A nouveau, les hommes examinèrent le cadavre. Dans le coffre de la Frégate, Gauthier prit une paire de gants de ski usés pour forcer la gueule et une torche électrique pour examiner la gorge ; la langue et le museau étaient gonflés, le palais tapissé de boutons. Le mot « peste », employé fréquemment chez les éleveurs pour désigner toute maladie infectieuse, vint aussitôt à l'esprit mais personne ne souhaita le prononcer.

Derrière le buron, Gauthier arrosa ses gants de pétrole pour les livrer au feu puis retourna au domaine avec son beau-père tandis que les vachers commençaient à traire. A peine descendu de voiture, il téléphona à l'oncle Numa qui s'intéressait à la médecine vétérinaire pour avoir été souvent consulté par les éleveurs. Avant-guerre, au cours d'un hiver, il avait même suivi des cours à l'Ecole d'Alfort. Le pharmacien promit de se plonger dans ses livres et ses notes, d'appeler des confrères à Rodez, Mende, Aurillac et au Puy. Jusqu'à sa visite, en fin de journée, Gauthier vécut d'espoir ; il était persuadé que l'oncle Numa éluciderait cette mort suspecte ou, tout au moins, proposerait des hypothèses. Quelle déception ! En dépit de son savoir et de son expérience, il s'avéra incapable de fournir une explication sérieuse. Cette affaire l'embarrassait à un point tel qu'il insista pour surveiller le troupeau sur la montagne des Mires aux côtés de Gauthier, dès la nuit prochaine.

— Sinon je ne dormirai pas tranquille ! dit-il.

Tous deux veillèrent sous un ciel étoilé au milieu des herbages. En vain. Aucune bête ne manifesta de comportement inquiétant. Ils parlèrent à mi-voix pendant des heures : l'oncle Numa raconta ses gardes dans les fortins du désert algérien au cours de son service militaire ; Gauthier évoqua ses mois de guerre...

Aux premières lueurs du jour, lorsqu'ils distinguèrent au loin les silhouettes des buronniers portant la *gerle*, ils abandonnèrent leur poste. Dans le grenier du buron, sur un lit de foin, ils s'assoupirent jusqu'à la fin de la traite. Un bruit de chaudron les réveilla puis des voix graves. Ils descendirent à la salle commune où pétillait le feu et où flottait une odeur de soupe au lard et de lait chaud.

— Les bêtes sont calmes, se contenta de préciser le *cantalès*.

Gauthier et l'oncle Numa déplièrent leur couteau, partagèrent le repas des buronniers. Sans un mot. Le mystère demeurait entier.

La nuit suivante, ils reprirent leur veille. Blandine n'y tenait pas. Depuis midi, sans répit, son mari avait chargé du foin sous le soleil et dans la poussière ; la fatigue pesait sur ses épaules, cerclait ses yeux de noir. Avant le repas du soir, elle voulut le raisonner :

— Repose-toi ! L'oncle Numa se débrouillera seul...

Gauthier ne l'écouta pas ; il disparut sur la draille des Mires à la tombée de la nuit. La fraîcheur le revigora ; il se sentit mieux. A son arrivée près du troupeau, le pharmacien observait déjà les étoiles aux jumelles. Comment ne pas être fasciné par la beauté du ciel ? Le regard perdu dans l'immensité de la Voie lactée, Gauthier rêva puis s'enroula dans une couverture et s'endormit.

Cette nuit-là, il ne se passa rien. Ni les trois suivantes.

— Nous nous sommes inquiétés pour rien ! estima l'oncle Numa qui avait hâte de retrouver un bon lit.

Blandine le pensait aussi. En revanche, Léonard et Gauthier se montraient moins confiants. Dans leur esprit, l'hypothèse du geste criminel s'imposait avec de plus en plus de force au fil des jours ; c'était la seule qui fût crédible à leurs yeux, ce qui décida le jeune éleveur à s'installer chaque soir aux Mires, muni d'un fusil et d'une paire de jumelles : il camperait devant le buron contre le tronc d'un arbre, à deux cents mètres du parc à veaux.

L'oncle Numa le désapprouva.

— C'est de la paranoïa ! s'emporta-t-il.

— Tu ne peux pas comprendre ! répondit Léonard. Le troupeau, c'est notre seconde famille...

— Mais vous n'êtes pas attaqués ! rétorqua le pharmacien.

— Qui te le prouve ?

Ces soirs-là, après le départ de son mari, Blandine s'enfermait dans sa chambre ; elle lisait fort tard jusqu'à ce que le sommeil l'obligeât à fermer son livre, à éteindre la lumière. Plusieurs fois au cours de la nuit, elle se réveillait en sursaut. Sur la table de chevet où trônait une photo de leur mariage, la lampe brillait encore ; des moucherons s'y étaient brûlé les ailes. A ses côtés, la place était vide. Le lit trop grand.

Une semaine plus tard, bien que Gauthier n'ait pas relâché sa vigilance, les buronniers découvrirent au réveil deux cadavres de vaches dont celui de Violette. De colère, Clément jeta son seau au loin avec violence.

— Encore ! hurla-t-il. Les salauds ! Les salauds !

Le *roul* pleura devant ce triste spectacle tandis que les hommes serraient poings et dents pour contenir leur fureur. Ils avaient envie de crier leur dégoût, certains désormais qu'on s'acharnait sur eux.

Pour Gauthier, tout s'écroula en quelques secondes : des années d'efforts, le voyage à Paris, le défilé devant le jury. Plus grave, il se reprochait le peu de repos qu'il s'était accordé à deux ou trois reprises en cours de nuit puis avant l'aube. « C'est de ma faute ! se disait-il. Rien ne serait arrivé si j'étais resté éveillé... J'aurais tiré en l'air... Ils se seraient enfuis... Les vaches seraient encore vivantes... » En était-il aussi sûr ? Pour éviter les meuglements du troupeau, la réaction des deux taureaux qui grattaient le sol lorsqu'un promeneur s'aventurait sur la draille avant de s'enfoncer dans la forêt à la saison des myrtilles, il fallait être un familier du domaine. Hormis les domestiques, qui pourrait les approcher de nuit sans risquer un coup de corne, une ruade ou une charge mortelle ? Cette question le tourmentait.

Léonard accepta la visite du vétérinaire, des prélèvements pour des laboratoires de Montpellier. Après le repas de midi, en pleine chaleur, les buronniers enfouirent les deux cadavres en lisière de la forêt à l'intérieur d'un carré couvert d'herbes folles que Brise-Fer avait clôturé d'un muret de pierres et qu'il appelait le cimetière des vaches. La terre était sèche. Ils peinèrent jusqu'au soir.

Regrettant ce qu'il avait pu dire, l'oncle Numa revint au buron le soir même. Gauthier l'accueillit fraîchement :

— Croyez-vous encore que ce soit de la paranoïa ?

Le pharmacien refusa de répondre ; il l'excusa

d'être agressif. Il savait que le jeune éleveur était à bout. Pour cette nouvelle nuit de garde, ils changèrent de tactique. Comme le temps clair persistait, ils se postèrent derrière les hêtres qui bordaient la montagne puis braquèrent leurs jumelles sur le troupeau. La lune éclairait le parc et les bêtes comme en plein jour.

— Ces salauds ne pourront pas nous échapper s'ils reviennent ! gronda Gauthier en vérifiant sa lampe de poche.

Après des nuits infructueuses qui les laissèrent dubitatifs quant à la réussite de leur nouveau plan, leur persévérance paya enfin. Un soir, alors que minuit approchait, une silhouette sortit de la forêt et traversa les pâturages. L'oncle Numa la repéra le premier.

— C'est sûrement une femme ! glissa-t-il à Gauthier. Elle marche d'un pas léger... On croirait qu'elle danse...

Gauthier s'élança à sa poursuite. Chaussé d'espadrilles afin de se déplacer plus vite sur l'herbe, il choisit un chemin opposé au sien dans l'espoir de la prendre à revers. Au bout d'un moment, il marqua un arrêt derrière une butte pour reprendre son souffle. A cet instant, la silhouette avait disparu du paysage : il pensa qu'elle avait dû se fondre à l'ombre des bêtes. Alors, il respira longuement avant de poursuivre sa course. A vingt mètres du parc, il ralentit et entendit une voix de femme. Elle était douce, presque chantante ; elle parlait aux vaches. Cette voix, il l'aurait reconnue entre mille.

— La Louve ! murmura-t-il.

Au pays, personne ne connaissait son nom ni son prénom. On l'appelait la Louve parce qu'elle vivait dans une vieille maison de la forêt près d'une ancienne fosse à loups, bien au-delà de la cabane de braconniers qui avait abrité les amours de Gauthier et de Blandine. Cette jeune femme était venue des hautes terres de la Margeride au temps des maquis ;

elle avait suivi un bûcheron savoyard qui l'avait abandonnée un an plus tard avec son bébé âgé d'un mois. La Louve n'avait pas voulu quitter la forêt ; elle avait lavé le linge dans les fermes, aidé aux foins et aux moissons, prêté main-forte aux femmes au moment du sacrifice du cochon. Puis elle avait eu une fille d'un homme de passage, un braconnier qui traquait renards, fouines et putois dont il vendait les peaux. Depuis, pour survivre, elle volait dans les poulaillers et les jardins. On racontait même qu'elle monnayait ses charmes aux buronniers en mal d'amour pendant l'estive. Tout le monde fermait les yeux. Par compassion. Par peur. On l'accusait de jeter des sorts aux hommes et aux bêtes. Elle utilisait les plantes pour guérir certaines maladies, soulager le feu des brûlures.

— La Louve ! répéta-t-il. Bien sûr que c'est elle ! Les vaches sont habituées à la voir traverser la montagne ; elles n'ont pas bronché. Elle les a empoisonnées avec ses herbes...

Elles ne bronchaient pas davantage cette nuit-là. La Louve leur parlait à l'oreille, caressait leur museau, les cajolait. Elle savait s'y prendre aussi bien qu'un homme. Mince et agile, elle se déplaçait de l'une à l'autre avec la souplesse d'une anguille ; elle se coulait presque sous le ventre des bêtes. Occupée à les gâter avec du sel qu'elle avait dû trouver dans le coffre de la salle commune en l'absence des buronniers, elle ne l'entendit pas arriver. Il était trop tard pour fuir lorsqu'il l'emprisonna entre ses bras puissants.

— Ne bouge pas ! ordonna-t-il.

Se débattre présentait trop de risques. Elle obéit.

Lorsqu'il l'entraîna à l'écart du troupeau pour fouiller son sac de toile, elle le suivit docilement.

— Tu as mis du temps à me coincer, Chassan ! lança-t-elle.

Gauthier l'emmena au buron, rejoint par l'oncle Numa. Une fois la lampe à pétrole allumée, il arracha son sac des mains et le vida sur la table. Par poignées, s'en échappa de l'herbe humide tandis que les buronniers, réveillés par les éclats de voix qui résonnaient dans la salle commune, descendaient un à un du grenier.

— N'y touchez pas ! s'écria-t-elle. C'est l'herbe à salamandre... Les vaches en meurent !

— Et les hommes ? demanda Gauthier.

— Les hommes ? ricana-t-elle.

— Ils peuvent en mourir ! répondit le pharmacien. S'ils mangent des framboises, des mûres, des myrtilles souillées par le venin de la salamandre, leurs lèvres, leurs joues et leur langue s'enflent... Ou se couvrent de boutons...

Le *roul* frissonna.

— Pourquoi t'attaques-tu au troupeau ? insista Gauthier. Tu n'as pourtant pas à te plaindre de nous...

La jeune femme rougit et baissa la tête. Il s'aperçut alors qu'elle marchait pieds nus, portait une robe déchirée au genou.

— J'avais besoin d'argent, reconnut-elle. Pour nourrir et habiller mes loupiots... L'année est longue... Personne ne veut m'employer maintenant... Les femmes ont peur que je débauche leurs maris... L'hiver est dur dans la forêt...

Ses explications le désarmèrent. Que pouvait-il contre elle ? La dénoncer ? Elle serait arrêtée, conduite en prison à Rodez, privée de ses enfants puis jugée alors que le principal coupable ne serait nullement inquiété. Une injustice de plus !

La Louve le supplia de ne rien dire :

— Ne prévenez pas les gendarmes ni le maire ! On m'enlèverait mes loupiots et on les placerait dans un couvent de bonnes sœurs ou à l'Assistance...

Les hommes se taisaient. Même s'ils éprouvaient des rancœurs à son égard, l'envie de se venger, ils ne fanfaronnaient pas. A quoi bon ! Cette femme ne méritait pas d'être rabaissée.

— Qu'est-ce que vous allez faire de moi ? dit-elle soudain, saisie par l'angoisse.

De la cave à fromage, Gauthier revint avec un morceau de fourme. Du râtelier à pain, il tira la miche et trancha un chanteau d'une bonne épaisseur. Puis, au pied du buffet, dans un sac de jute, il chercha quelques pommes de terre.

— Pour toi et tes enfants, dit-il. Quoi qu'il arrive, même en hiver, tu trouveras chez nous quelque chose à manger...

Le mystère enfin levé, une atmosphère pesante persista encore jusqu'à la fin de la fenaison. Les nerfs étaient à fleur de peau. Les hommes s'emportaient pour des broutilles aux étables ou dans les prairies, surtout lorsqu'ils lâchaient les *bourrets*[1] dans la grange pour tasser le foin : les bêtes, rétives, tentaient de s'échapper pour rejoindre leur *devèze*. Le piétinement du troupeau sur le plancher, les meuglements et les jurons parvenaient jusqu'à la cuisine ou la salle à manger. Le domaine était toujours sur le qui-vive. Malgré la chaleur, on fermait toutes les portes le soir. Comme au cours des années de guerre, à l'époque des faux maquisards.

— Quelle vie ! soupirait Julienne.

La cousine de Léonard ne quittait plus l'enceinte du Cayla, pas même le dimanche pour se rendre à la première messe au village. Elle prétextait la fatigue, le travail pour se claquemurer. A l'inverse, Blandine sortait beaucoup. Certains jours, elle disparaissait dès le début de la matinée pour ne revenir au domaine qu'au coucher du soleil ou parfois à la nuit juste avant que Gauthier ne cadenasse le portail d'entrée. Elle voulait profiter de la présence au pays de ses cousins et de ses oncles, permettre aussi à Charlotte de mieux les connaître. Promenades en forêt, pique-niques, balades en voiture se

1. *Bourrets* : mâles de quatorze à vingt mois.

succédaient dans une joyeuse ambiance. Une fin d'après-midi, alors qu'elles rentraient du Cantal, Charlotte proposa à sa cousine de les accompagner à la mer après le 15 août.

— Une semaine seulement ! dit-elle. Mon beau-père remplacera Laurent à la pharmacie... Vous avez besoin de changer d'air...

Blandine en convenait. Au printemps, elle avait suggéré à son mari de partir quelques jours en vacances entre les foins et les moissons. L'idée avait enthousiasmé Gauthier : ils retourneraient à Biarritz et à Saint-Jean-de-Luz puis visiteraient Bayonne. Blandine se préoccupait de réserver les chambres d'hôtel lorsque l'herbe à salamandre avait tué pour la première fois sur la montagne. Après les nouvelles pertes subies par le troupeau, ils avaient renoncé au voyage en Pays basque.

— Une semaine seulement ! répéta Charlotte.

Pouvaient-ils s'offrir des vacances alors que les cours du bétail s'effondraient sur les foires ? La situation empirait depuis la fin de l'hiver et les éleveurs ne croyaient plus à la reprise tant annoncée. Rien n'enrayait la baisse qui touchait aussi les bœufs de travail.

Tandis qu'elles traversaient Lacalm, Charlotte insista :

— Une semaine en camping !

Habituée aux sorties en montagne, de bivouacs en refuges, elle avait convaincu Laurent — attaché à son confort — de s'installer au camping de Valras, d'emporter table pliante et réchaud. En secret, elle avait commandé au *Vieux Campeur* un grand modèle de tente équipé de deux pièces séparées et de fenêtres, où les occupants pouvaient tenir debout tandis qu'un auvent isolait les chambres de la cuisine. Elle était fière de cette découverte. Une camionnette de messagerie l'avait livrée à la pharmacie quelques jours plus tôt et Laurent l'avait aidée, le soir même, à la monter dans le jardin avec les conseils de Numa, sous l'œil curieux des voisins. A l'inverse de son mari, nostalgique de ses nuits dans le désert, Clothilde jugeait l'idée de sa belle-fille saugrenue.

— Coucher sous la tente ? s'était-elle écriée. C'est bon pour des étudiants ou des « congés payés » ! Pas pour des pharmaciens...

Charlotte se moquait des avis de sa belle-mère.

— On s'amusera aussi bien qu'à l'hôtel ! dit-elle à sa cousine. Tu peux me croire...

Blandine accepta sans hésiter. Elle n'avait jamais dormi sous la tente, ne connaissait pas les plages méditerranéennes. Gauthier se laissa séduire à son tour et Léonard leur ôta tout scrupule :

— Vous l'avez bien mérité !

Le climat social faillit ajourner ces vacances à Valras. Depuis le début du mois d'août, des grèves en cascades perturbaient partout à travers la France le fonctionnement des services publics. Après les PTT, elles avaient gagné les transports, les Charbonnages, les banques et EDF tandis que les viticulteurs du Midi dressaient des barricades sur les routes pour protester contre la baisse des cours du vin. Aussi, jusqu'à la veille de leur départ, suivirent-ils à la radio l'évolution de la situation. Avec quatre millions de grévistes, c'était le mouvement le plus important depuis 1936 et le Front populaire. Pourraient-ils descendre dans le Midi sans être bloqués en plein soleil dans un barrage ? Trouveraient-ils de l'essence en chemin ? Les magasins de la côte seraient-ils approvisionnés ? Clothilde et Julienne voulurent les dissuader de prendre la route.

— Vous aurez les pires ennuis ! prédirent-elles, effrayées par ce qu'elles lisaient dans le journal — circulation paralysée sur certains axes, violentes manifestations, appel à la troupe.

Les événements incitèrent les Parisiens à remonter plus tôt que prévu ; ils craignaient que les vitrines de leurs brasseries ne volent en éclats : on annonçait l'arrivée prochaine des chars aux portes de la capitale. Pour la première fois depuis la Libération, il n'y eut pas de réunion de famille chez les Fau.

— Quelle débandade ! constata Léonard en voyant ses frères et ses neveux quitter le pays précipitamment. C'est pire qu'en 1940 !

Cette panique et les sombres prévisions auxquelles se livrait la presse pour la semaine à venir n'entamèrent pas la détermination des deux jeunes couples. Le repas du 15 août annulé, plus rien ne les retenait désormais sur l'Aubrac. Au soir du 13 août, Laurent et Gauthier chargèrent les voitures. A l'aube, ils roulaient en direction du Midi. Devant des plages désertes, un ciel pur, l'insouciance les gagna. Pour ne pas gâcher leur séjour, ils vécurent sans journaux ni radio — indifférents à ce qui se passait à Paris, dans les grandes villes ou à Montpellier. Aussi, rien ne troubla ces vacances. Ils ne s'éloignèrent pas du camping ni du bord de mer sauf pour céder à la tentation d'une promenade au large, en bateau.

Les valises à peine rangées, la saison ne leur accorda que peu de répit avant la moisson du seigle. Une journée entière, Gauthier s'activa autour de la moissonneuse-lieuse qu'il sortit de la remise ; il graissa les engrenages, vérifia les mécanismes, dut changer une pièce défectueuse. Un matin de la fin du mois d'août, après que le soleil eut séché la rosée, la machine entraînée par les bœufs entra en scène dans les champs. Durant trois jours, hommes et bêtes se relayèrent sans relâche pour profiter du temps sec qui s'annonçait. Bientôt, un gerbier de belle taille s'éleva derrière l'étable sur l'aire à battre où des équipes de journaliers maniaient autrefois le fléau. La dernière gerbe hissée tout en haut, il fallut songer à préparer le battage : nettoyer le grenier à grain, rapiécer certains sacs de jute, prévenir les hommes qui aidaient tous les ans. A la mi-septembre, dans une poussière étouffante et un vacarme d'usine, la batteuse croqua les gerbes. Gauthier devait avoir l'œil partout pour éviter que les cadences ne faiblissent.

Quand le silence retomba sur l'aire à battre, deux des bouviers attelèrent aussitôt leurs bœufs pour emmener la machine chez les Fau, à la ferme de La Bruyère, prochains clients de l'entrepreneur. A contrecœur, Gauthier les y accompagna. En chemin, tandis qu'il les suivait en voiture, il se demanda comment le recevrait la famille de Martin, notamment Romain qu'il rendait responsable — sans en avoir la preuve — de l'empoisonnement des plus belles vaches de leur troupeau. Le Grand Duc était gravement malade. A la mi-août, un accident cérébral l'avait privé de l'usage des jambes, en partie de celui de la parole. Martin ne sortait plus et passait ses journées devant la cheminée de la cuisine, assis dans un fauteuil. Il occupait cette place lorsque Gauthier entra à l'invitation de Romain, une fois la batteuse installée à proximité du gerbier. Il ne bougeait pas, comme terrassé par plus fort. « Il a trouvé son maître ! » répétaient sans pitié ses adversaires. Martin ne pouvait s'exprimer qu'à l'aide d'une ardoise et d'une craie. Avec ses épaules tassées, ses joues flasques et son air abattu, il n'avait plus rien d'intimidant.

Les hommes avaient soif. Emilienne, la femme de Martin, servit de la frênette fraîche. Ils parlèrent des cours du bétail, de la récolte de seigle et d'avoine. Quand les bouviers retournèrent auprès des bœufs qui mangeaient à l'ombre, Emilienne entraîna Gauthier vers le gerbier. C'était une femme aux cheveux gris, toute en rondeur et au regard terne, dont les rides trahissaient ce qu'elle avait enduré.

— On ne peut pas continuer à vivre dans ces conditions ! dit-elle. Ni nous, ni vous... C'est un enfer... J'en ai trop souffert...

A ces mots, elle fondit en larmes pour se reprendre aussitôt :

— Maintenant, il paie...

Elle s'abrita sous un hêtre, fixa Gauthier d'un regard plus doux :

— J'ai parlé à mes enfants pour qu'ils n'attisent plus les haines... La conduite de leur père n'est pas un exemple ! Je crois qu'ils l'ont compris... Ils m'ont promis...

L'espoir la força à sourire.

11

Léonard accueillit avec soulagement cette trêve qui survenait à point nommé. Aurait-il toléré plus longtemps d'encaisser les coups sans riposter ? Pour autant, les paroles apaisantes d'Emilienne ne le rassuraient qu'à moitié. Romain et ses deux frères résisteraient-ils à la tentation de marcher sur les pas de leur père ? Après s'être assagis pendant quelques mois, ils risquaient de ne plus dominer leurs instincts.

— On ne tire pas aussi facilement un trait sur le passé ! expliqua-t-il à Blandine. Depuis deux générations, les enfants de La Bruyère nous maudissent : ils ont été élevés dans un esprit de revanche... Comme autrefois quand les maîtres nous bourraient le crâne avec l'idée de la reconquête de l'Alsace et de la Lorraine... Au mois d'août 14, le jour de la déclaration de guerre, nous étions prêts à bouffer du Prussien... Tu comprends ?

Elle comprenait sans pour autant partager son scepticisme.

— Depuis la maladie de leur père, ils ont commencé à changer ! rétorqua-t-elle. Ils donnent l'impression d'écouter leur mère...

La jeune femme se prenait à rêver d'une réconciliation et d'un rassemblement des Fau au Cayla, qui permettrait de se connaître enfin et de dissiper les malentendus. Elle regrettait d'avoir grandi dans l'ignorance de ses cousins de La Bruyère alors que les deux fermes étaient distantes de six kilomètres seulement. Bien que les trois fils et la fille de Martin fussent plus jeunes qu'eux, ils auraient pu se côtoyer au lieu de se regarder en chiens de faïence. Fillette, Blandine s'était imaginé qu'ils avaient la scarlatine pour qu'il leur soit interdit d'échanger un mot avec eux ou de les embrasser. La jeune femme considérait aujourd'hui que ces querelles d'un autre siècle n'avaient que trop duré, qu'il appartenait à sa génération de les combattre puis de les oublier.

— C'est trop tôt ! estimait Léonard. On gâcherait tout... Peut-être, avec le temps...

Le temps ? Des années ! Peut-être faudrait-il attendre jusqu'à la disparition de Martin ou celle de son père. « Du temps perdu ! » se disait Blandine, impatiente de s'affranchir de ces tabous, de bouter ces vieilles histoires hors des mémoires.

Comme une embellie après une interminable journée de pluie, cet automne 1953 procura enfin quelques satisfactions à Léonard. Au concours de Laguiole qui se déroula le matin de la foire de la Saint-Michel, Clément Arnal conserva sa deuxième place en dépit d'une participation plus relevée que l'année précédente à Aubrac ; son patron, fier de ce résultat, rajouta une prime de dix mille francs à son prix. Par ailleurs, sur les champs de foire, une tendance à la reprise des cours se manifesta à la fin du mois de septembre alors que les propriétaires déchargeaient leurs montagnes depuis plus d'un mois. C'était un signe encourageant. Sans pour autant céder à un optimisme irraisonné, on pouvait penser que le marché allait devenir plus actif, enregistrer des hausses puis se stabiliser...

Pour couronner le tout, le maître du Cayla savoura la joie d'être bientôt grand-père pour la troisième fois. Cette heureuse nouvelle, Blandine la partagea d'abord avec Gauthier un soir d'automne. La pluie martelait les volets et le vent s'engouffrait sous les portes. La jeune femme écourta la veillée alors qu'elle aimait parler avec son mari pendant que Léonard effectuait sa tournée à l'étable ; elle se sentait lasse. Sur le moment, Gauthier ne s'en inquiéta pas. Certes il avait remarqué ses cernes et son teint plus pâle qu'à l'habitude mais il s'était expliqué cette fatigue par l'arrivée de la mauvaise saison.

— Tu aurais besoin de grand air ! glissa-t-il.

Il promit de l'emmener dans la forêt ou sur la montagne dès la première journée de soleil. Elle sourit puis monta se coucher.

Plus tard, lorsqu'il la rejoignit, elle lisait encore et il la gronda :

— Tu devrais déjà dormir !

Dans le lit, il se coula à ses côtés et elle se blottit dans ses bras pour lui annoncer qu'elle attendait un enfant.

— Tu en es sûre ? dit-il, n'osant y croire tant il guettait cet instant depuis le début de leur mariage.

Elle n'avait plus aucun doute. La naissance était prévue pour le mois de mai ainsi que le médecin de Laguiole le lui avait confirmé en début d'après-midi.

— Au mois de mai ? répéta-t-il. C'est la plus belle saison !

Baignant dans le bonheur, Gauthier murmura des mots d'amour à l'oreille de sa femme puis l'embrassa avant d'écouter battre son cœur. Il était enfin libéré de la peur d'être déçu par la vie. Souvent, une foule de questions l'assaillait la nuit au point d'en perdre le sommeil.

Longtemps, ce soir-là, ils ne pensèrent qu'à l'enfant à naître. La chambre était prête à l'accueillir, badigeonnée de frais au mois de juin dernier. Blandine avait à nouveau ciré le berceau de son frère, lavé le rideau de mousseline et cherché son hochet dans l'armoire de ses parents. Sans trop le laisser paraître, elle vivait aussi de cet espoir depuis des mois. Le moment était enfin venu...

Bien après minuit, gagnée par le sommeil, elle s'endormit mais Gauthier veilla. Bouleversé. Cet enfant changerait leur vie, celle du domaine. Dès demain, il écrirait à ses parents pour qu'ils puissent partager leur bonheur ; il imaginait sa mère chaussant ses lunettes et lisant la lettre à haute voix dans la cuisine, pleurer en apprenant la nouvelle, prendre des aiguilles et des pelotes de laine dans des cartons logés sur l'armoire de sa chambre, hésiter entre le rose et le bleu. Au retour de leur voyage de noces, n'avait-elle pas promis de tricoter de la layette pour ses petits-enfants ? Sans le connaître, Aurélie aimait déjà cet enfant. Elle en parlait souvent, échafaudant des projets pour le jour où il pourrait marcher, la suivre au jardin et partir dans les bois des Palanges aux côtés de Victorien...

Blandine en informa son père dès le lendemain, après le repas de midi. L'émotion noua la gorge de Léonard tandis que ses yeux s'embuaient et que ses lèvres tremblaient. Il serra sa fille dans ses bras, incapable d'articuler le moindre mot. Il songeait à ce qui allait changer dans la maison avec la venue au monde de ce bébé : des pleurs, des rires, des chansons. Comme lorsqu'il était jeune marié. C'était l'éternel recommencement de la vie.

— La chance a enfin tourné cet automne, dit-il à mi-voix.

Un rayon de soleil éclairait la pièce. En fin de matinée, un vent froid avait chassé les nuages noirs. Aussi Blandine se rendit-elle à Laguiole chez ses cousins ; elle avait hâte de les prévenir. A peine avait-elle déposé son chapeau sur l'un des fauteuils du salon que Charlotte devina ce qui la rendait aussi joyeuse.

— Félicitations ! lança-t-elle.

Blandine resta sans voix. Savait-elle déjà ? Comment ?

— Une intuition ! répondit sa cousine. Je t'ai entendue fredonner une chanson dans l'escalier...

Puis, dès que tu as poussé la porte, je m'en suis douté... On voit bien que tu es heureuse...

Elle éclata de rire : Charlotte l'étonnerait toujours avec son sens de l'observation, son aptitude à comprendre les êtres et à prévoir.

— Et moi ? glissa-t-elle soudain. Comment me trouves-tu ?

— Toi aussi ? lâcha Blandine, incrédule.

Un large sourire illumina le visage de Charlotte.

— Moi aussi ! avoua-t-elle fièrement.

— Nos enfants grandiront ensemble ! s'exclama Blandine.

— Comme des frères... Ou des sœurs... Ou frère et sœur...

La nouvelle combla Blandine. Pas un instant depuis l'entrée de Charlotte dans la famille, elle n'avait imaginé qu'elles puissent un jour être mères en même temps.

Au cours des semaines qui suivirent, leur complicité se renforça encore. De concert, elles prirent rendez-vous chez la sage-femme d'Espalion qui assistait les futures mères de la vallée du Lot et de l'Aubrac au moment de l'accouchement, en toute saison, de nuit comme de jour. Avant que les routes ne deviennent verglacées ou enneigées, que le docteur Mazars ne leur interdise de conduire ou de se déplacer en voiture, elles effectuèrent leurs derniers achats dans les magasins de Rodez.

Cet hiver-là, leur état les priva de ski. Charlotte renonça à regret aux compétitions ; elle participait désormais aux grands prix du Massif central et des Cévennes. Les dimanches de beau temps, elle entraîna malgré tout Blandine au bord des pistes du Roussillon ou au chalet de La Source pendant que leurs maris filaient à raquettes dans la forêt.

Un froid vif sévit sur l'Aubrac à partir des derniers jours du mois de janvier, persista suffisamment pour désorganiser la vie dans les fermes et les hameaux. Des températures de moins vingt à moins vingt-cinq degrés isolèrent Le Cayla pendant plus d'une semaine. La pellicule de glace qui recouvrait le chemin menant à la route de Roquebrune empêcha tout contact avec le village. Même avec ses brodequins ferrés et sa canne, le facteur ne se risqua pas jusqu'au domaine ; il prévint Léonard dès le premier matin depuis le bureau de poste. Durant l'une de ces nuits quasiment polaires mourut Elie Aubagne dans sa ferme du Cézallier, prise également en tenailles par l'hiver. Deux mois plus tôt, le grand-père de Gauthier avait fêté ses quatre-vingt-cinq ans ; il semblait encore solide et reprochait à son petit-fils, dans chacune de ses lettres, de ne pas avoir tenu ses promesses. Il l'avait aidé à acheter sa première voiture et Gauthier n'était toujours pas retourné sur les hautes terres du Cézallier. Le jeune éleveur apprit son décès subit en début d'après-midi par un appel de son fils aîné — l'oncle Isidore — qui s'occupait de la ferme. Il s'en voulut d'avoir été aussi négligent.

— Nous aurions dû y monter l'été dernier, confia-t-il à sa femme. J'aurais tant aimé le revoir... Te présenter à cette grande famille du Cézallier où j'ai été si heureux dans mon enfance...

Blandine le regrettait aussi. Les deux seules fois où ils s'étaient rencontrés, le dimanche de ses fiançailles puis à l'occasion de son mariage, elle avait sympathisé avec le vieil homme. Tous les ans à l'approche du Nouvel An, ils échangeaient des vœux. La première semaine de janvier, fidèlement, Elie Aubagne avait répondu à leur carte en quelques phrases ; ils avaient compris qu'il se réjouissait, par avance, d'être arrière-grand-père.

Le verglas dissuada Gauthier de se rendre aux obsèques, près d'Allanche. « Heureusement, tu ne t'es pas aventuré sur les routes avec un temps pareil ! écrivit sa mère quelques jours plus tard. J'ai failli ne pas arriver à temps à Pradiers pour l'enterrement alors que j'avais pris le train à Bertholène l'avant-veille ! Entre Saint-Flour et Allanche, l'autobus a été bloqué par la tourmente. Le soir, on nous a logés à l'hôtel en attendant que les routes soient dégagées. Ton père ne tenait pas à ce que je parte seule : il n'avait pas tort... Mais comprends-moi, Gauthier : je n'étais pas remontée au pays depuis la mort de ta grand-mère... C'était avant la guerre... Les années ont passé et j'y suis toujours attachée. J'aimerais que tu m'y emmènes pendant l'été : je sais que tu reverras avec plaisir la famille et notre pays... Nous sommes, toi et moi, des hautes terres... »

Aurélie et son fils évoquèrent ce projet de voyage en Cézallier le lundi de Pâques autour d'une bonne table dans la cuisine de la maisonnette de Bertholène. Gauthier était descendu seul. L'après-midi, entre le passage des trains, ils purent bavarder à loisir tandis que Victorien préparait la terre au jardin en vue des plantations de printemps. Aurélie avait entrepris de broder, au point de plumetis, une parure de lit en fil pour bébé. A temps perdu, depuis les fêtes de Noël, elle n'avait cessé de travailler pour leur enfant. Une petite valise contenait son travail de l'hiver — deux draps de dessus en fil, brodés et ajourés ; deux taies ; des bavoirs ; des bonnets en laine. Auprès d'un mercier ambulant, elle s'était procuré des chemises, des brassières, des couvre-langes. Une vieille poupée de chiffons se cachait au fond de la valise.

— Ma poupée d'enfant, dit-elle avec nostalgie. C'était un cadeau de Noël d'une tante qui tenait un café à Paris avec son mari... Elle me plaisait... Je l'ai toujours gardée... Elle est à peine abîmée... Un peu défraîchie... Si vous avez une fille, ce sera pour elle...

Sur ces entrefaites, Victorien rentra du jardin. Après avoir quitté ses sabots devant la porte de la cuisine, il lava ses mains à grande eau sous le robinet de l'évier. Sans un mot, il prit tout en haut du buffet une locomotive qu'il avait construite pendant l'hiver à partir de photos publiées dans *La Vie du rail.* Il l'avait finement sculptée dans le bois avec ses roues motrices accouplées par les bielles et ses essieux porteurs.

— C'est une Pacific du PLM ! précisa-t-il. Si c'est un garçon, il sera content de s'en amuser...

En l'accompagnant à la voiture, Aurélie glissa à Gauthier :

— Ton père m'a surpris... Il a beaucoup changé depuis quelques mois... Quand je pense qu'il a eu deux garçons mais qu'il ne leur a jamais fabriqué de jouets... C'est curieux comme il a rajeuni...

Catherine poussa son premier cri le 31 mai 1954 à l'heure de la sieste ! C'était le jour du concours spécial de Laguiole et son père participait au banquet officiel que présidait le préfet à l'hôtel Régis. Comme la délivrance était proche, la sage-femme d'Espalion était montée la veille et avait prié Gauthier de les laisser seules pour la nuit. Couché tout habillé dans la pièce voisine, guettant le moindre signe — une parole, un cri — qui pourrait l'amener à se précipiter au chevet de sa femme, il n'avait pas fermé l'œil. A l'aube, juste avant que la bétaillère de Choisy ne vienne charger taureaux, vaches et veaux pour les emmener à Laguiole, il avait poussé la porte de la chambre. La pièce baignait dans un parfum de violette. Blandine dormait, allongée sur les draps en chemise légère. Quant à la sage-femme qui somnolait dans un fauteuil, elle s'était réveillée en entendant les craquements du parquet.

— C'est encore trop tôt ! avait-elle marmonné, tout en se frottant les yeux. Pas avant quelques heures... Enfin je crois... Mais partez tranquille : tout ira bien...

Gauthier avait déposé un baiser sur le front moite de sa femme, résisté à la tentation de caresser son visage. Julienne avait promis d'appeler Clothilde à la pharmacie dès que l'enfant serait né. Pendant toute la matinée, indifférent aux commentaires du jury et des éleveurs, il avait attendu la nouvelle avec anxiété. L'oncle Numa s'était efforcé de le rassurer :

— Tu peux avoir confiance ! Tout se passera bien... Comme pour Charlotte... Cette sage-femme a de l'expérience...

Quelques jours plus tôt, en pleine nuit, sa belle-fille avait donné naissance à un petit Silvère.

Après la proclamation des résultats et l'apéritif servi à la mairie, Gauthier avait rejoint son beau-père à l'hôtel Régis à deux heures de l'après-midi. Il était maintenant quatre heures et le préfet sortait des feuillets de la poche de sa veste pour entamer son discours. A ce moment-là, une serveuse déposa un billet près de l'assiette de Gauthier qui le déplia aussitôt. Avec sa plus belle plume, Charlotte avait écrit : « C'est une fille ! Bravo ! Champagne ! »

Sans se soucier du préfet, des officiels, de la fin du banquet ni de la remise des prix, il fonça au domaine. Dans le grand lit de leur chambre, Blandine était épuisée.

— Déçu ? demanda-t-elle à son mari avec humour.

— Pourquoi ? s'étonna-t-il.

— Tu aurais préféré un garçon...

Pour toute réponse, il la couvrit de baisers.

— C'est un beau bébé ! estima la sage-femme.

Penché sur son berceau, il n'osa prendre sa fille dans ses bras, par peur de commettre quelque maladresse. Pendant un moment, il la regarda dormir puis se décida à prévenir la famille.

En fin d'après-midi, lorsqu'il rentra au Cayla, Léonard monta au premier de son pas lourd et lent. La porte était restée entrouverte. Assise sur le lit, d'un geste tendre, Blandine serrait sa fille contre la poitrine. La même scène revint à la mémoire du vieil homme. C'était trente-deux ans plus tôt dans sa chambre. Pauline avait accouché quelques heures auparavant ; elle berçait la petite Blandine... Son chapeau à la main alors qu'il l'enlevait rarement, il finit par entrer.

— Comme ta mère serait contente ! glissa-t-il avant de poser son doigt le plus fin sur la peau fripée de sa petite-fille.

Puis d'un air enjoué :

— Maintenant, il faut penser à la fête !

On baptisa Catherine et Silvère en l'église de Laguiole après la messe du 15 août. Les deux familles se retrouvèrent autour d'une longue table à la grange des bœufs. C'était une idée de Blandine.

Les parents de Gauthier étaient montés pour cinq jours. Aurélie avait pu arracher Victorien à son jardin et aux berges de sa rivière. C'était exceptionnel. Le lendemain, leur fils les emmena en voiture à travers l'Aubrac ; ils visitèrent ainsi le pays et poussèrent même jusqu'en Carladès. Les pâturages, les forêts, les grandes fermes et les troupeaux rappelèrent à Aurélie les paysages du Cézallier. Un matin, elle accompagna Gauthier au buron. Ils marchèrent sans se presser sur la draille, attentifs à la couleur du ciel, aux gouttelettes de rosée qui se déposaient sur l'herbe et scintillaient au soleil, à la brume qui masquait l'horizon d'un voile bleuté. Aurélie observa les gestes des hommes près du parc ; elle s'attabla à leurs côtés pour manger la soupe au lard, du jambon et de la fourme, les écouter. A leur retour, elle confia à son fils :

— C'est beau... Je comprends que tu sois heureux ! Tu as de la chance de vivre ici...

L'arrivée de cette petite fille transforma le quotidien du domaine et chacun, sans exception, manifesta des attentions à son égard. A l'heure des repas, lorsqu'ils rentraient des champs ou des étables, les hommes s'efforçaient de respecter son sommeil et d'être moins bruyants. Le matin, au réveil, Léonard n'ouvrait plus ses volets par peur de la réveiller : la crémone grinçait. Maintes fois en cours de journée, il s'inquiétait de savoir si elle avait pleuré. Chaque jour au moment de sa toilette, il montait au premier et la levait haut pour le plaisir de l'entendre rire. Gauthier l'amusait avec une vieille boîte à musique ; il relayait sa femme, la nuit, lorsqu'elle geignait dans son berceau. Quant au comportement de Julienne, il les étonna. Blandine avait craint qu'elle ne devienne plus acariâtre au contact de cet enfant. Supporterait-elle ses pleurnichements et ses caprices ? Un rien l'agaçait : une porte mal fermée, un plat mal rangé. A la surprise de la maisonnée, Julienne choya Catherine. Après le repas de midi, quand le soleil illuminait la campagne, elle proposait à Blandine de la surveiller pendant sa sieste.

— Sors ! insistait-elle. Profite du beau temps avant l'hiver !

La jeune femme acceptait, heureuse de pouvoir marcher dans la forêt ou sur la draille, rendre visite à Charlotte.

Elise montrait aussi beaucoup de sollicitude à l'égard de cette petite fille. Elle la couvait d'un air tendre lorsque sa mère la berçait ou la changeait. Ce qui n'échappa guère à Blandine.

— Tu devrais penser à te marier et à avoir des enfants ! glissa-t-elle un jour alors que la bonne la regardait langer Catherine sur le lit de sa chambre. C'est de ton âge !

Elise rougit, baissa les yeux, essuya machinalement ses mains à son tablier qu'elle n'avait pas enlevé ; elle fêterait ses trente ans à Pâques. Après un moment de silence, presque gênée d'aborder ce sujet avec sa patronne, elle se risqua à dire :

— Justement, madame ! Depuis l'été, je voulais... C'est délicat...

Blandine ferma la porte, la mit en confiance. Elise avoua alors :

— Avec Clément...

— Tu aimes Clément ?

La jeune bonne devint cramoisie des joues aux oreilles.

— Formidable ! poursuivit Blandine. C'est un homme sérieux...

— Nous nous fréquentons depuis quelque temps ! raconta-t-elle. Nous avons décidé de nous fiancer... l'année prochaine... avant le début de l'estive...

Blandine recoucha sa fille avant de regarder fixement Elise. Les quitteraient-ils ? Et quand ?

— Clément cherche une ferme à louer dans le Cantal, répondit-elle. Il sait ce qu'il veut : une grande exploitation et une montagne, un troupeau de salers ou d'aubracs... Il est exigeant sur les bêtes... Vous le savez bien, madame ! Ses anciens voisins l'ont averti qu'il ne trouverait pas facilement... Mais nous ne sommes pas pressés... Ça vous laisse du temps pour vous retourner...

— Nous vous regretterons ! Nous avons vécu tant de choses ensemble...

Elle l'embrassa, émue à l'idée qu'Elise pourrait enfin apprécier sa liberté, mener à sa guise sa vie de femme, avoir sa maison et la peupler d'enfants. C'était un rêve légitime que sa condition sociale au domaine n'aurait pas permis de réaliser.

Le soir même, Blandine confia cette nouvelle à Gauthier qui, en ce début d'automne, cherchait un *bédélié* pour compléter l'équipe de la prochaine saison d'estive. La semaine précédente, à la foire de la loue d'Aubrac, il avait passé une partie de la journée au café en compagnie des buronniers qui souhaitaient changer de place à la Saint-Urbain. Aucun d'entre eux n'avait voulu s'engager si tôt et tous repoussaient leur décision aux loues du printemps. En fait, ils espéraient obtenir de meilleures conditions de vie au buron et des salaires plus élevés. Cette situation préoccupait Gauthier.

— Dans quelques années, on ne trouvera plus un buronnier sur l'Aubrac ! répétait-il à son beau-père.

Les hommes se sentaient forts désormais : la loi de l'offre et de la demande jouait pour la première fois en leur faveur. Depuis trois ans, ils en profitaient largement. Les exploitants de montagnes les payaient davantage au point que l'équilibre financier d'une saison devenait précaire lorsque le prix des fourmes stagnait ou baissait. Gauthier s'était livré à quelques rapides calculs, peu avant la loue d'Aubrac, pour avoir des arguments à opposer aux prétentions des buronniers. Sur une montagne qui employait quatre hommes pour traire quatre-vingts vaches, la vente de neuf cents kilos de fromage couvrait les frais de personnel en 1950. En cet automne 1954, il en fallait deux tonnes, soit près de 40 % de la production du buron. Ce qui n'alarmait pas Léonard.

— Tranquillise-toi ! répétait-il à son gendre. Nous tiendrons ! Les marchands sont satisfaits... Nos fourmes sont de qualité...

Blandine s'évertuait aussi à dissiper ses craintes.

— Mon père a toujours bien dirigé le domaine ! affirmait-elle.

Ce soir-là, à l'annonce du prochain départ de Clément et Elise, Gauthier poussa un long soupir.

— Nous avons du temps ! rétorqua-t-elle. Au moins un an... Peut-être même davantage... Alors pourquoi t'inquiéter ?

Le menton calé au creux de ses mains, il se retrancha derrière ses pensées. Ni sa femme ni son beau-père n'avaient conscience de la réalité. Dans les campagnes de l'Aubrac, la main-d'œuvre se raréfiait. Plutôt que de se louer à l'année dans les fermes, les jeunes préféraient tenter leur chance dans les cafés de Paris comme avant-guerre ou devenir fonctionnaires après avoir préparé les concours d'entrée aux Postes, aux Impôts, à la SNCF. La terre n'attirait plus. Elle manquerait bientôt de bras.

— Garçons ou filles, personne ne veut rester ! martela Gauthier.

— Doucement ! coupa Blandine. La petite dort...
— Les choses ont changé très vite ! poursuivit-il à mi-voix. On ne trouve plus aussi facilement des gens de confiance : ils s'en vont à la ville ou ils ont envie de voler de leurs propres ailes comme Elise et Clément... Ils sont rares... Tu t'en apercevras d'ici quelque temps lorsqu'il te faudra remplacer Elise... Et ils sont chers ! Pire ! Un jour, nous n'aurons peut-être plus les moyens de payer le salaire d'une bonne... Ce jour-là, tu devras t'occuper de la cuisine, de la lessive, du ménage, des enfants...

Pas une seule fois, cette perspective peu réjouissante pour une jeune femme habituée à distribuer des ordres au personnel n'avait effleuré l'esprit de Blandine. Elle marqua l'étonnement, ce qui força Gauthier à minimiser la portée de ses propos.

— Pas avant dix ans ! rectifia-t-il. Et encore...

Alors, elle retrouva son sourire. Pourquoi s'était-il montré aussi pessimiste ? Ne se laissait-il pas abuser par ses lectures ? Gauthier ne fréquentait pas les réunions syndicales ; Léonard les ignorait aussi mais pour des raisons différentes, qui remontaient à la guerre : les compromissions politiques auxquelles s'était livrée la Corporation paysanne au profit du régime de Vichy avaient joué sur lui un effet de repoussoir. Absent des manifestations et des barrages routiers, Gauthier dévorait en revanche livres et revues, achetait parfois des journaux parisiens s'il se rendait à Laguiole ou à Espalion. Sur les conseils de son ancien instituteur, passionné par ces questions, il s'était abonné à *Economie rurale*, publié par la Société française d'économie rurale, qui initiait des débats sur le monde de demain. Après l'avoir lu, Gauthier échangeait des lettres avec son mentor. L'hiver dernier, également sur ses recommandations, il s'était offert l'ouvrage de René Dumont, *Voyages en France d'un agronome* ; il l'avait lu une plume à la main comme en témoignaient les marges qu'il avait noircies de notes alors qu'il était si soigneux. Blandine l'avait aussi feuilleté, ne partageant pas toujours le point de vue de l'agronome ni les commentaires de son mari.

— Le domaine devra se moderniser ! ajouta-t-il encore. Plus vite que tu ne le crois ! Partout, le progrès avance à grands pas ! Sauf sur l'Aubrac... Nous sommes en retard, loin de tout... Trop attachés aux traditions, à la routine... Nous risquons d'en souffrir...

Soudain il lâcha :

— J'ai bien réfléchi... C'est le moment de s'équiper ! Nous avons besoin d'un tracteur pour les labours, les foins et les moissons... A terme, même s'il coûte cher, les comptes s'en porteront mieux... Il y aura deux paires de bœufs de moins à nourrir à l'étable... Dans un premier temps en tout cas... Après nous verrons... Plus de chevaux à l'écurie : ils ne nous serviraient à rien. Nous pourrons aussi nous passer d'un bouvier... Peut-être de deux, quelques mois plus tard... Nous embaucherons moins de journaliers au moment des foins... Avec un tracteur et une botteleuse, la récolte sera rentrée en deux semaines... Nous serons gagnants...

Depuis des mois, Gauthier étudiait ce projet et se renseignait à l'occasion auprès des concessionnaires de machines agricoles ou de ses anciens patrons qui possédaient déjà un tracteur. A la foire d'Aubrac, Hector Estagel l'avait encouragé :

— Laisse tomber les bœufs ! Ne te contente pas d'un Pony de 18 ou 20 chevaux ! Achète un Ferguson ou un Massey-Harris de 35 à 40 chevaux ! Dans deux ans, tu en commanderas un second et tu n'auras pas à le regretter... C'est l'avenir ! Même chez nous...

Désormais, Gauthier le pensait aussi.

— Nous n'avons pas le choix ! dit-il à sa femme.

Blandine l'avait écouté sans l'interrompre, saisie de vertige face aux changements qui se profilaient, essayant d'imaginer Le Cayla sans ses bouviers, ses bœufs, ses chevaux, ses poulains dans les prés au printemps, ses attelages qui cheminaient d'un pas lent sur les chemins à la saison des foins ou qui s'engageaient sur la route du moulin lourdement chargés, dans un grincement d'essieux. Un jour aussi, au nom de cette même rentabilité, les champs de seigle disparaîtraient du paysage. Plus de moisson ! Ni de battage ! Ni de repas de fête... Les gens du Cayla devraient se résoudre à acheter leur pain à un boulanger. Comme les habitants des villes ! Les Fau n'avaient jamais mangé d'autre pain que les miches cuites dans le four du domaine avec la farine de leur seigle. Pourtant... Gauthier avait raison : ils n'avaient pas d'autre choix que celui de s'adapter ou de disparaître.

S'adapter ? Mais personne n'y était préparé ! Ni Léonard ni le personnel. Chacun se comportait au domaine comme si rien ne devait bouger pendant des années encore, comme si Le Cayla devait être épargné par cette « révolution » qui se propageait dans les plaines, entraînait le monde paysan dans l'ère moderne — le plus souvent en marche forcée — imposant d'autres modes de vie et de pensée. Face au progrès, quelle attitude adopteraient son père et les domestiques ? Auraient-ils la tentation de s'enferrer dans un combat d'arrière-garde pour sauver — selon les cas — leur fierté ou leur honneur au risque d'hypothéquer l'avenir ? Ou accepteraient-ils de changer d'habitudes ? Comment les convaincre ? Blandine appréhendait surtout les réactions de son père. Elle avait promis à Gauthier d'user de toute son influence pour l'amener à la raison.

12

A l'approche de Noël, la grippe empêcha Léonard de quitter sa chambre pendant deux semaines ; il se releva affaibli, le teint pâle. Sa toux perdura une partie de l'hiver mais il refusa de consulter le médecin au grand dam de sa fille, de suivre les conseils de Numa qui l'incitait à prendre des fortifiants. Même s'il ne se plaignait pas, ses crises de goutte le rendaient souvent de mauvaise humeur au moment des changements de temps, ce qui incita Gauthier à éviter tout sujet de conversation susceptible de déclencher sa colère. La discussion épineuse sur la modernisation du domaine attendrait le printemps. Pourquoi se précipiter ? Il suffisait de décider de l'achat du tracteur et de ses équipements avant la fin du mois de mai pour pouvoir les utiliser au moment des foins.

Dès le début de l'hiver, Blandine et sa cousine purent chausser à nouveau leurs skis ; il leur tardait d'essayer le remonte-pente qui avait été installé quelques mois plus tôt par la station de Laguiole. En semaine, Charlotte s'entraînait souvent les après-midi de beau temps pour retrouver au plus vite son niveau et renouer ainsi avec la compétition. Lorsqu'elle se déplaçait au Lioran, en Lozère, dans les Cévennes, elle confiait volontiers son fils Silvère à Blandine, ce qui comblait d'aise Léonard, ravi de la présence d'un deuxième enfant à la maison — un garçon de surcroît !

A la fin du mois de février, les deux jeunes femmes montèrent à Paris visiter le salon des Arts ménagers. Clothilde Auriac s'occupa des enfants, ce qui souleva l'indignation de Julienne.

— Vous les abandonnez une semaine pour jouer les dames sur les Champs-Elysées ? s'écria-t-elle.

Puis, à l'adresse de Blandine :

— Lorsque vous étiez petits, ta mère ne s'était permis de partir à Paris qu'une seule fois ! C'était pour remplacer ta grand-mère à la réception de l'hôtel pendant ses trois semaines d'hospitalisation... Elle avait de vraies raisons...

Blandine n'éprouva pas la nécessité de se justifier. La vie des femmes changeait. Julienne pouvait-elle le comprendre ?

Le dernier week-end, Gauthier devait les rejoindre à l'occasion de l'ouverture de l'Exposition nationale agricole. Il y renonça à son grand regret, retenu au Cayla par une forte fièvre.

Le retour du printemps les pressa d'agir. Le samedi de Pâques, Gauthier assista sur le causse de Bozouls à une démonstration de labour organisée par le concessionnaire Ferguson-Massey-Harris qu'il avait déjà rencontré, le jour de la foire de la mi-carême, dans son garage de la place du Palais à Rodez où il présentait ses modèles. Ces engins l'impressionnèrent ; il pilota l'un d'eux, traça quelques sillons dans une parcelle de cinq hectares. Combien coûtait-il ? Le représentant annonça le chiffre d'un million trois cent mille francs.

— Quatre paires de bons bœufs de cinq ans ? s'étonna Gauthier qui gardait en mémoire les cours des dernières foires de Lacalm et de Laguiole. C'est trop cher pour s'en servir un mois par an...

Cet homme en complet veston et cravate qui pataugeait dans la boue du chemin insista malgré la pluie fine.

— C'est le prix d'un quarante chevaux sur le marché ! dit-il.

Puis avec un sourire aux lèvres :

— Trop cher ? Tôt ou tard, vous l'achèterez ! Les grosses fermes ne travaillent plus avec des bœufs...

Sur la route du retour, dans le brouillard et le crachin, Gauthier se persuada qu'il pouvait trouver de bons tracteurs à des prix plus abordables. Huit jours plus tard, au hasard d'un entrefilet publié au bas d'une page, il découvrit en lisant *Le Rouergue républicain* que Baraqueville organisait pour la première fois en Aveyron une foire au matériel agricole d'occasion le 1er mai. Sur une carte routière, il calcula rapidement la distance — quatre-vingts kilomètres — qui les séparait de cette bourgade du Ségala. Pourquoi ne s'y rendraient-ils pas en promenade ? Ils partiraient pour la journée, confieraient leur fille à Elise et Julienne, musarderaient sur le chemin du retour si le ciel se montrait clément.

L'idée séduisit Blandine.

Ce dimanche-là, ils quittèrent le domaine à la pointe du jour. A leur arrivée à Baraqueville, une foule de curieux envahissait déjà la rue principale encombrée de charrues d'avant-guerre, de rouleaux et de herses rouillés, de faucheuses, faneuses et râteleuses pour attelages de chevaux ou de bœufs. Quelle déception ! Après s'être modernisés, les paysans du Ségala vidaient leurs étables et leurs remises de tout ce qui ne servait plus : colliers, harnais, râteaux de bois, crochets à foin, tarares pour vanner les grains, étuis de pierre à aiguiser. Les tracteurs se cachaient au fond du foirail derrière ce bric-à-brac : deux Pony à essence de dix-huit chevaux, proposés à des prix excessifs. Aussi, à l'approche de midi, quittèrent-ils la foire déçus. Des dizaines de voitures encombraient les bas-côtés de la route nationale, venues de la Haute-Loire, de la Lozère, du Cantal.

— Ils sont tous descendus des pays de montagnes

et de bœufs ! observa Gauthier. Pour acheter des rossignols !

Il parlait à sa femme au milieu des badauds sans se soucier de leurs réactions. Certains souriaient au passage.

— Quand je te disais, Blandine... Nous sommes en retard...

Elle hocha la tête, saisissant mieux le sens de leurs discussions de l'automne précédent.

Ils déjeunèrent à Rodez, flânèrent sur les berges de l'Aveyron à Layoule, remontèrent sur l'Aubrac sans se presser lorsque le soleil commença à décliner puis la fraîcheur à envahir la vallée. Dans sa tête, Gauthier remâchait ses arguments ; il ne pouvait plus reculer et n'avait que trop attendu. Lorsqu'ils rentrèrent au Cayla, leur fille dormait à poings fermés dans son lit. Après le repas, ils écoutèrent le « journal de Paris » qui accorda, ce soir-là, une large place aux événements d'Algérie. L'état d'urgence, proclamé depuis le 3 avril, s'accompagnait du rappel de certains réservistes pour renforcer le contingent armé, le porter à deux cent mille hommes à la fin de 1955.

— Deux cent mille hommes ? s'étonna Gauthier. Mais c'est une guerre !

A ces mots, le cœur de Blandine battit plus fort. Partirait-il ? Il se montra rassurant ; il s'était déjà renseigné, la semaine précédente, auprès de la gendarmerie.

— Et Clément ? demanda Léonard.

— Nous pourrons le garder, confirma Gauthier. Sauf si...

La tragédie indochinoise, la déroute de Diên Biên Phu restaient gravées dans les mémoires ; l'opération de « maintien de l'ordre » en Algérie pourrait se transformer aussi en débâcle.

— Et nos journaliers ? poursuivit Léonard.

Il paraissait évident que leur absence compliquerait la fenaison. Qu'y faire ? Combien d'entre eux prendraient-ils le bateau avant la fin du mois de juin ? Tout dépendrait de la situation à Alger et dans les Aurès où les tensions s'accentuaient. Cette incertitude justifiait l'achat d'un tracteur d'ici l'été, pour pallier le manque prévisible de main-d'œuvre lors des travaux de juillet.

— Un tracteur ? s'écria Léonard. Jamais !

La paume de sa main s'abattit sur la table de la salle à manger ; ses yeux brillaient de colère.

— Le tracteur ? répéta-t-il. C'est un ennemi ! Il finira par tuer tous les éleveurs... C'est bon pour les plaines... Sur l'Aubrac, personne ne s'amuse à vendre les bœufs ou les chevaux pour les remplacer par ces engins qui n'aiment pas le froid, coûtent une fortune ! Sauf quelques illuminés qui gaspillent bêtement leur argent...

Le canton de Laguiole, fief des dresseurs de bœufs, renâclait à changer ses habitudes. « Le tracteur ? C'est cher ! entendait-on au café ou sur le champ de foire. Trop lourd ! Il fait vallonner les terres légères... C'est un outil de riche ! Rien ne vaut des bêtes de quatre ou cinq ans sous le joug : elles obéissent à l'aiguillon et à la voix... C'est plus sûr que la mécanique... Elles nous connaissent et on s'y attache... On les soigne, on les aime... » Léonard le pensait aussi. Dans le canton, trois propriétaires seulement s'étaient équipés. On ne se privait pas de les critiquer : ils avaient gardé des chevaux ou des bœufs pour charrier le fumier des étables jusqu'aux champs à la saison des grands froids, préparer la terre des jardins, biner les carottes et les pommes de terre, sortir leur tracteur embourbé dans les prés ou les ornières des chemins après de fortes pluies.

— A quoi nous servira-t-il si nous avons toujours besoin de nos chevaux et de nos bœufs ? lança ironiquement Léonard. A montrer que nous sommes riches ?

— Nous peinerons moins ! rétorqua Gauthier sans se démonter. Nous travaillerons plus vite...

— Plus vite ? s'étonna-t-il faussement. Mais pourquoi ?

— Comment nous débrouillerons-nous au moment des foins si nous avons moins de journaliers ?

— Nous avons toujours fauché et fané à temps ! rétorqua-t-il. En 14 comme en 40... Même quand les hommes étaient au front... Les femmes et les vieux ont du ressort...

— Un tracteur et une botteleuse...

— Le tracteur écrasera l'herbe comme un rouleau compresseur : elle ne repoussera pas ! Une botteleuse pour mâcher l'herbe et la briser ? Les vaches ne mangeront pas de ce foin...

Sans se soucier de ses sarcasmes, Gauthier s'acharna à battre en brèche son scepticisme. La même force de conviction, la même flamme l'animaient. Mais son beau-père ne l'écouta pas, décidé à camper sur ses positions. Son entêtement finit par irriter Blandine. Pourquoi ne prenait-il pas cette discussion au sérieux et tournait-il en ridicule chaque argument de son mari ? Pourquoi considérait-il son gendre comme un enfant envieux devant une vitrine de jouets à Noël ? Gauthier ne cédait pas à un caprice. Aussi ne pouvait-elle accepter cette attitude. Soudain sa réplique fusa sèchement :

— Ça suffit maintenant !

La jeune femme s'était levée et se tenait face à son père. Mains sur les hanches. Prête à en découdre.

— Comment ? s'écria-t-il.

— Ça suffit ! reprit-elle à nouveau mais d'une voix plus calme.

Léonard n'avait pas bougé de sa chaise, suspendu à ce qu'elle allait dire ; il ne s'attendait pas à une réaction aussi vive de sa fille. Pourquoi se piquait-elle à propos d'une affaire qui ne la concernait pas ? Depuis quand les femmes avaient-elles un avis tranché sur les tracteurs et les bœufs ? Pauline ne s'était jamais mêlée de ces conversations d'hommes ; elle avait confiance en son mari. Durant leurs vingt-cinq ans de mariage, l'avait-elle une fois regretté ?

— Chaque jour, Gauthier se bat pour le domaine ! expliqua-t-elle sans le quitter des yeux. Pour nos enfants... Il a de bonnes idées et tu n'as pas eu à t'en plaindre jusqu'à présent... Au lieu de vivre de souvenirs et de t'enfermer dans le passé, regarde devant toi...

Léonard manqua éclater de rire. Que s'imaginait-elle soudain ? L'obliger à prendre des décisions contre son gré ? Au risque de la contrarier, il ne céderait pas.

— Alors ? insista-t-elle. Peux-tu me promettre ?

— Promettre ? s'étonna-t-il. Non... Que les choses soient claires, Blandine ! Personne ne m'a jamais rien imposé dans la vie...

Cette réponse excéda sa fille qui, les joues en feu, éclata :

— Prétentieux ! Egoïste !

Telles des flèches, les mots atteignirent Léonard en plein cœur. C'était la première fois qu'elle se rebellait. Il se raidit sous le coup. Son visage pâlit, ses lèvres tremblèrent, ses mains s'accrochèrent aux accoudoirs du fauteuil, ses ongles s'enfoncèrent dans le bois. Il ne comprenait plus ; elle l'avait toujours respecté.

Blandine monta aussitôt et se coucha ; elle avait éteint la lampe quand son mari la rejoignit après sa visite à l'étable. Incapables de trouver le sommeil, ils restèrent longtemps éveillés. Gauthier tenta de relancer la discussion mais elle l'en empêcha.

— Demain ! chuchota-t-elle. Dors maintenant... Il est tard...

La jeune femme s'endormit la première et Gauthier se contenta de somnoler, écoutant la pendule égrener consciencieusement les heures tout en ressassant ce qui les avait opposés à Léonard. A la pointe du jour, chaussures à la main, il descendit à pas de loup. Le parquet grinça ; Blandine entrouvrit les yeux, le vit franchir la porte et disparaître dans le couloir. Gauthier aimait partir en forêt pour se retrouver seul ; il ne reviendrait qu'à la nuit. Inutile de s'élancer sur ses traces : il détestait qu'on le suive. C'était un homme de grands espaces qui se ressourçait au milieu des bois.

Gauthier coupa du pain, fouilla dans le buffet de la cuisine pour remplir de provisions un sac à dos. Coiffé d'un bonnet de ski, vêtu d'une grosse veste d'hiver, il disparut dans la fraîcheur et la brume du matin. Après avoir allumé un feu dans la cheminée du buron et déballé son casse-croûte devant l'âtre, il marcha jusqu'au cœur de la forêt. En dépit des tempêtes de l'hiver, la cabane des bûcherons se dressait encore dans la clairière ; il se démena une partie de la matinée pour ramasser des brassées de genêts et de branchages, réparer la toiture.

Le soir le ramena au domaine. Jules, qui guettait son arrivée sur le seuil de l'étable, se précipita à sa rencontre.

— Qu'est-ce qui se passe dans cette maison ? demanda-t-il d'un air inquiet. Aujourd'hui, le patron n'a pas ouvert la bouche à table ! Il est d'une humeur massacrante comme les jours de ses crises de goutte ! Ta femme a mangé avec Elise... Toi, tu...

— Et alors ? coupa Gauthier.

Sans obtenir d'autre réponse, le maître-valet retourna près des bêtes. Déconcerté. Perplexe aussi.

A la cuisine, Gauthier tomba sur son beau-père à qui il tendit sa main ; ils ne s'étaient pas croisés le matin. Léonard la refusa, mine renfrognée, puis s'éloigna comme s'il n'avait rien vu dans la semi-pénombre. Gauthier continua également son chemin, changea de chaussures et monta l'escalier quatre à quatre pour embrasser Catherine que sa mère venait de coucher. Dans son sillage flottait une odeur mêlée de fougère, de genêt, de sauvagine, de cendres, d'humus. Lorsqu'il entra dans la chambre, Blandine sourit. Heureuse de le retrouver, elle cessa de ranger les jouets de sa fille pour se blottir contre sa poitrine.

— Enfin tu es là ! murmura-t-elle. Cette journée n'en finissait pas.

En son absence, elle avait supporté à grand-peine les tensions qui régnaient au domaine, le regard suspicieux de Julienne et ses remarques acerbes, l'incompréhension du personnel, l'attitude de son père qui l'avait évitée et s'était montré exécrable à l'égard des domestiques — ses colères avaient résonné dans la cour, à l'étable et sous les remises. Pour échapper à cette atmosphère étouffante, Blandine avait confié sa fille à Elise pendant sa sieste et avait filé à Laguiole chez Charlotte ; elles avaient longuement parlé dans les allées du jardin.

— J'espère que ton père finira par comprendre ! glissa Gauthier. C'est une question de survie pour nous... Pour Le Cayla...

— Oui... Mais, à son âge, il a besoin de temps...

Ce soir-là, Léonard persista à les ignorer tous deux ; il exigea d'être servi à la salle à manger, interdit à quiconque de le déranger à l'heure du « journal de Paris ». Aussi, après le repas, Blandine et son mari se réfugièrent-ils dans leur chambre.

Le lendemain et les jours qui suivirent, Léonard ne leur adressa pas la parole ; il persista à occuper seul la salle à manger, à priver son gendre et sa fille de radio, à vivre comme s'ils n'existaient pas. Surpris par sa conduite, ils finirent par s'en accommoder alors que Julienne pressait sa petite-nièce de se réconcilier avec son père.

— Vos bêtises nous rendent la vie impossible ! gronda-t-elle.

Léonard se lassa le premier. Un matin, il frappa à nouveau à la porte de la chambre de Catherine qui chantait dans son lit pendant que sa mère cherchait une robe dans l'armoire. Blandine l'entendit entrer sur la pointe des pieds, continua à ranger son linge. Comme figé par sa présence, il n'osa pas bouger

— se dandinant de droite à gauche, scrutant le ciel à travers la fenêtre, détaillant les dessins du parquet de chêne. Au bout d'un moment, il s'approcha du petit lit qui occupait un angle de la pièce pour regarder Catherine jouer avec son hochet tandis qu'un sourire éclairait son visage. L'instant d'après, une latte grinça et Léonard quitta la chambre sans un mot. Ce jour-là, à midi, il reprit sa place à la table de la cuisine près de Blandine....

A l'égard de Gauthier, il garda ses distances jusqu'au concours spécial de Laguiole à la fin du mois de mai. Les bons classements, les trophées et les plaques décrochés ce matin-là par les meilleurs spécimens du Cayla l'amenèrent à être plus affable avec son gendre mais le mot « tracteur » resta tabou...

Cet été-là, le domaine ne manqua pas de bras pour la fenaison au grand soulagement de tous. Rien n'entrava le bon déroulement des travaux, ce qui permit à Gauthier de réaliser l'un de ses rêves : assister au passage du Tour de France. Le 20 juillet, les coureurs et la caravane publicitaire devaient traverser les rues d'Espalion lors de l'étape Millau-Albi par Sévérac, la vallée du Lot, Rodez et Réquista. C'était l'occasion d'approcher enfin Geminiani, Rolland, Bobet et les géants de la route dont il suivait les exploits à la radio et dans les pages sportives du journal depuis la reprise du Tour en 1947. Son attente était comblée. Gauthier n'entendait pas manquer ce rendez-vous. Même si l'étape était prévue un mardi, il pouvait s'offrir une demi-journée de détente : le maître-valet aurait l'œil sur les équipes en son absence. Blandine, toujours disposée à organiser une sortie, proposa un pique-nique à La Quille dans la vallée du Lot près de Sainte-Eulalie où la foule serait moins dense qu'à Espalion pour applaudir les champions. Laurent et sa femme se joindraient à eux. Le jeune pharmacien était animé de la même passion que Gauthier ; il avait assisté à plusieurs arrivées du Tour au Parc des Princes, au cours de ses années d'étudiant à Paris, et aux duels Robic-Vietto — désormais légendaires.

Le Tour suscita de l'engouement à travers le pays. On en parlait au café ; on se livrait à des pronostics. Louison Bobet réussirait-il à inscrire une troisième victoire consécutive à son palmarès ? Dès la première étape, Gauthier installa le poste de radio sur le buffet de la cuisine pour que toute la maisonnée puisse écouter chaque soir les commentaires et classements de la course. Entraîné dans cette ambiance, Léonard y prêta une oreille attentive à la surprise de sa fille et de son gendre. Au matin du 14 juillet, il leur annonça même qu'il descendrait à Espalion pour tenter d'apercevoir Bobet.

— Tu ne verras rien ! objecta Blandine.

— Au contraire : j'aurai la meilleure place ! affirma-t-il.

L'un de ses vieux amis qui habitait non loin du pont Neuf l'avait invité. Les fenêtres de sa salle à manger, située au premier étage, offraient une belle vue sur le parcours.

Son enthousiasme les sidéra. En dehors de son troupeau et de ses terres, Léonard s'intéressait à peu de choses.

— Il finira par accepter le tracteur ! glissa Blandine à son mari.

Dans ses conversations avec son beau-père, il évitait toujours ce sujet. Dans quelques mois peut-être...

Le passage du Tour de France devait être pour Gauthier l'un des rares moments de repos de l'été. Ils ne partiraient pas en vacances après le 15 août : Florence et François avaient souhaité que leurs deux filles puissent rester au domaine jusqu'à la rentrée scolaire. Blandine avait accepté de les accueillir pendant un mois ; elle aurait fort à faire pour s'occuper de Catherine ainsi que de ses nièces âgées de huit et neuf ans. Aussi préparèrent-ils cette étape comme une fête. Les femmes soignèrent le pique-nique tandis que les hommes repérèrent les lieux le dimanche précédent, réservant un coin de prairie ombragé auprès de son propriétaire.

Hélas ! ce jour-là, la course ne tint pas ses promesses. Gauthier avait imaginé, dès le coup de pistolet, une lutte serrée entre Bobet et Geminiani. Ni l'un ni l'autre ne sortirent du peloton ; ils laissèrent un inconnu, le Hollandais De Groot, s'échapper et prendre près de vingt minutes d'avance. Les coureurs restèrent groupés à tel point qu'à leur passage Gauthier ne put même pas distinguer le maillot du double champion de France. C'était rageant. Laurent le regretta aussi ; il aurait voulu du « grand cirque » comme à Paris.

Ils ne rentrèrent qu'à la fraîche, une fois le calme revenu sur les routes. Le soir, après le repas, Blandine sentit ses jambes vaciller pendant qu'elle traversait la cuisine pour monter au premier où sa fille dormait déjà. Elle faillit perdre l'équilibre et s'appuya à la table des domestiques pour ne pas tomber. Elise se débarrassa aussitôt de sa pile d'assiettes, l'obligea à s'asseoir puis à boire.

— Vous êtes pâle ! s'inquiéta-t-elle.

— Ce n'est rien ! protesta Blandine qui se força à sourire, passa une main sur son front moite. J'ai eu chaud cet après-midi... C'était étouffant dans la vallée... Il y a aussi la fatigue, l'énervement... Les enfants étaient grognons...

Le lendemain, au réveil, ses jambes flageolaient encore et elle avait des nausées, une mine de papier mâché. Avant de partir aux champs rejoindre les équipes de faucheurs et de faneurs, Gauthier téléphona au médecin, obtint un rendez-vous pour Blandine en fin de matinée. Comme elle était sa dernière patiente avant l'heure du déjeuner, le docteur Mazars s'accorda plus de temps pour parler avec elle. Lorsqu'elle rentra au domaine, Léonard lisait le journal ; il l'attendait pour passer à table tandis qu'Elise s'affairait devant la cuisinière après s'être occupée de Catherine. Un calme inhabituel régnait dans la cuisine : tous les bras disponibles du Cayla avaient été réquisitionnés pour les foins, et Julienne avait été les ravitailler à l'approche de midi.

A peine entrée, Blandine abandonna son sac sur une chaise et déposa un baiser sur le front de son père pour demander aussitôt :

— Où sont-ils aujourd'hui ?

— Au pré du Prieur ! répondit-il. Ils fanent depuis ce matin...

A ces mots, elle disparut sans que le vieil homme ait pu prendre de ses nouvelles — à son regret.

Un instant plus tard, la voiture quittait la cour pour s'engager sur le chemin cahoteux qui conduit jusqu'aux prairies. Dans un nuage de poussière, Blandine l'arrêta en plein soleil près de la barrière et plaça les mains en porte-voix pour appeler son mari qui partageait le repas froid des journaliers à l'ombre des hêtres. A peine l'avait-il entendue puis aperçue qu'il se précipita à sa rencontre — tête nue. Elle ouvrit grand ses bras. En nage, la chemise parsemée de brins d'herbes et de pollen, il hésita avant de la serrer contre lui.

— Je suis tellement sale ! s'excusa-t-il, gêné.

— Sale ? répéta-t-elle. Du foin ?

Blandine posa alors une main sur son ventre comme si l'enfant bougeait déjà. Gauthier comprit et s'empressa de l'embrasser avant de l'emprisonner dans ses bras.

Oubliant leurs soucis, repoussant leurs projets pour le domaine, ils ne songèrent pendant des mois qu'à la prochaine naissance de cet enfant. A l'automne, des événements heureux confortèrent leur bonheur. Tout d'abord, Clément Arnal s'adjugea le premier prix du concours de fromages. Après avoir été félicité par le préfet, il posa pour le photographe du *Rouergue républicain* en compagnie des notables, de Léonard et de Gauthier devant les fourmes des Mires. A la mi-novembre, Patricia annonça ses fiançailles pour Pâques et son mariage au pays le jour du 15 août ; elle demanda à Blandine d'être son témoin. Enfin, au moment des fêtes de Noël, Florence et François achetèrent une maison à Roquebrune. La douceur de ce début d'hiver les décida à fermer la brasserie pour quelques jours. Léonard s'en réjouit ; la grippe, la neige ou les affaires les avaient toujours empêchés de descendre à Noël. Ils arrivèrent en gare de Rodez le 22 décembre en fin de journée, chargés de bagages. Le coffre de la Frégate eut peine à les contenir ! Il y avait même une chatte tigrée dans un panier en osier, emmenée par Bénédicte — la cadette — qui avait refusé de la confier à leurs voisins de palier. La pluie les accompagna jusqu'à Bozouls puis le brouillard à partir du Cayrol. Dès le premier soir, la fête présida leurs retrouvailles.

Le lendemain, François ménagea une surprise à la maisonnée. Chez un pépiniériste d'Espalion, il acheta un épicéa qu'il installa dans la salle à manger où les filles passèrent une partie de l'après-midi à le décorer d'étoiles et de guirlandes sous le regard ébahi de leur jeune cousine. A Paris, la famille sacrifiait à la tradition scandinave du sapin de Noël encore inconnue sur l'Aubrac où les décorations intérieures restaient sobres dans les maisons. Chacun jugea l'idée excellente. La pièce plutôt austère avec ses meubles massifs, ses trophées et ses murs blancs, devint soudain plus gaie.

— Vous le planterez au bord du chemin ! suggéra Florence à sa belle-sœur. Après le Nouvel An...

Puis, désignant d'un doigt son ventre rebondi, elle ajouta :

— Ce sera son arbre !

Un soleil timide, jouant à cache-cache avec les nuages, baigna ces journées trop courtes qui permirent malgré tout à François et à son beau-frère de mieux se connaître. En cette période de l'année,

Gauthier était plus disponible qu'au mois d'août. Ils partirent sur la draille, arpentèrent la montagne, poussèrent la porte du buron et François égrena des souvenirs d'enfance devant un bon feu avant d'entraîner Gauthier au bord du lac où, adolescent, il taquinait les truites. Exceptionnellement, l'eau n'était pas gelée. On distinguait même les pierres qui tapissaient le fond.

— C'est l'une des meilleures sources ! précisa-t-il.

Gauthier hocha la tête : elle n'avait pas tari pendant l'été 1949.

Embrassant le paysage du regard, François avoua :

— J'aime ce pays ! Ce dépouillement... Cette nudité... C'est rude mais reposant... Certains jours, je ne supporte plus Paris...

Depuis cinq ans, ils souhaitaient acheter une maison autour de Roquebrune mais Florence se montrait exigeante : elle rêvait d'un porche d'entrée en pierre de taille et d'une cour fermée. A la fin du mois de novembre, le notaire leur avait signalé une affaire à saisir au centre du village près de l'église : une maison dont la porte s'ornait au fronton du visage heureux d'un fumeur de pipe sculpté dans la pierre. Cette vieille demeure les attirait depuis longtemps. Avant de l'avoir visitée, leur choix était arrêté.

Comme ils l'avaient prévu, tout s'enchaîna très vite. Au matin du 24 décembre, le notaire leur montra les lieux et ils signèrent dès le lendemain de Noël. Deux heures plus tard, ils y emmenaient toute la famille — excepté Blandine à qui le médecin avait recommandé d'éviter tout déplacement en voiture. Dans un salon poussiéreux et glacé, ils savourèrent une coupe de champagne. Si Léonard avait consenti à quitter les pièces douillettes du Cayla, c'était avant tout par curiosité à l'égard de cette maison où il n'était jamais entré.

— Vous pouvez vous retrousser les manches ! dit-il à François et à sa femme en constatant son état. Tout est à revoir...

— Sûrement ! glissa Florence, songeuse. Mais avec le temps...

— Et surtout de l'argent ! compléta son mari.

— Vous descendrez plus souvent ! reprit Léonard.

François sourit et le vieil homme posa une main sur son épaule, fier de sa réussite.

13

Après les fêtes, la clémence inhabituelle de l'hiver commença à inquiéter : le temps doux et pluvieux qui persistait déjà depuis trois semaines n'était pas de saison sur l'Aubrac. Le thermomètre placé dans l'embrasure de la porte de l'étable n'enregistrait en cours de nuit que peu de températures négatives. C'était surprenant à mille mètres d'altitude au mois de janvier alors que certains matins d'été sur la montagne des Mires — deux cents mètres plus haut —, l'herbe scintillait de gelée blanche sous les premiers rayons du soleil.

— Nous le paierons au printemps ! prédit Julienne qui attendait, en vain, le moment favorable pour sacrifier le deuxième cochon de l'année. Comme d'habitude !

Léonard le craignait aussi : le troupeau souffrirait des gelées de mai qui roussissent l'herbe tendre dans les prairies avant le départ pour l'estive ou des neiges de Pentecôte sur les hauteurs. Quant à Gauthier, il redoutait une prolifération de parasites ou de maladies dans les étables, de taupes et de rats des champs que seul le froid parvient à neutraliser.

Le mois de janvier n'apporta que grippes et rhumes, réveilla les douleurs chroniques de Léonard, ce qui le rendit grincheux. Bientôt chacun souhaita de la neige et du gel. Avec les attentats sanglants en Algérie, c'était devenu le principal sujet de conversation mais il laissait Blandine indifférente. Au domaine, elle était l'une des rares à ne pas se plaindre des caprices du ciel.

— C'est autant de pris sur l'hiver ! répétait-elle à son mari.

Déjà Gauthier avait cueilli pour elle des perce-neige, en avance d'un mois sur leur période de floraison. Un joli bouquet trônait sur la cheminée. Certains jours, elle s'imaginait au printemps. Son corps s'était encore alourdi. Elle ne se risquait plus dans la cour pour profiter du soleil l'après-midi, par peur de glisser sur les pierres. Ses journées, elle les passait derrière la fenêtre de la salle à manger — à lire — ou allongée sur son lit pendant qu'Elise s'occupait de sa fille. Chaque semaine ou presque, en tournée sur l'Aubrac, la sage-femme d'Espalion s'arrêtait au domaine à l'heure du café. Léonard la saluait puis se retirait, son journal sous le bras, pour qu'elles puissent parler librement.

Quant à Charlotte, désolée de ne pouvoir fréquenter la station du Roussillon, toujours fermée, elle retrouvait sa cousine au Cayla trois fois par semaine.

— L'hiver est fini ! se lamentait-elle. Je peux ranger mes skis...

Elle se trompait. A la fin du mois de janvier, les prévisionnistes de la météorologie nationale annoncèrent pour les prochains jours des températures polaires et des chutes de neige mais beaucoup n'y crurent guère en lisant le journal ou en écoutant la radio.

— Des balivernes ! grommela l'Epine, l'un des bouviers. Nous sommes presque en février... Bientôt le carnaval...

Des balivernes ? A son réveil, le 30 janvier, Gauthier remarqua que la cour avait blanchi pendant la nuit. Des flocons continuaient à tourbillonner dans le ciel. Le soir, dix centimètres de poudreuse recouvraient le sol tandis qu'un vent fort commençait à chasser les nuages, promettant de l'air glacial. Quelques heures suffirent pour rétablir brutalement l'hiver dans son droit. Le lendemain, le facteur n'atteignit Le Cayla qu'à deux heures de l'après-midi. Malgré ses chaussures fourrées de paille, ses vêtements chauds, ses gants et sa casquette aux oreillettes doublées, il claquait des dents. Tandis qu'il séchait ses pieds humides devant le feu, Julienne lui prépara un bol de vin chaud aux pommes.

Après son départ, la neige recouvrit ses traces dans la cour, sur le chemin. A cinq heures, Gauthier referma les portails d'entrée. La tourmente se déclencha au début de la soirée puis se déchaîna à partir de minuit. Un vent violent siffla sous les lauzes de la toiture, menaça d'emporter les volets, hurla dans la cheminée ; il réveilla Catherine qui se mit à pleurer. Gauthier la prit dans ses bras, la consola de son mieux à la lueur d'une bougie car il n'y avait plus d'électricité ; elle se rendormit. Blandine garda son calme : c'était sûrement une tempête comme celles des hivers précédents, qui les isolerait une fois de plus de Roquebrune.

En effet, au petit matin, la cour ressemblait à un camp retranché avec des murailles de neige, hautes de 2 m à 2,50 m, bloquant les accès aux étables et l'entrée du domaine, ainsi que les fenêtres du rez-de-chaussée et la porte de la maison — pourtant exposées au midi — devant lesquelles elles avaient pu se former sous l'effet des tourbillons. Après le soin du bétail et leur repas de neuf heures, les hommes s'attaquèrent à ces blocs de neige glacée à la pioche ou au pic ; ils s'y acharnèrent une bonne partie de la journée mais ne réussirent pas à tout dégager.

Pas de courrier ; pas de visites. Blandine téléphona à Charlotte qu'elle rassura, puis au docteur Mazars qui devait passer au Cayla avant la fin de la semaine. En cas d'urgence, par temps de neige, le médecin se rendait au chevet des malades grâce au chasse-neige des Ponts et Chaussées ou utilisait sa propre chenillette qui datait d'avant-guerre et ressemblait aux voitures à chenilles souples de la Croisière jaune. Elle le dissuada de s'aventurer sur les routes.

— Venez plutôt la semaine prochaine ! suggéra-t-elle. La météo prévoit un radoucissement...

Malgré de nouvelles chutes de neige, la chenillette put se frayer un chemin jusqu'au domaine le lundi suivant à l'approche de midi. Le docteur en descendit, vêtu d'une canadienne et d'une toque de fourrure. Charlotte l'accompagnait, méconnaissable dans sa tenue polaire, le visage protégé du froid par une écharpe de laine : on ne distinguait que ses yeux ! Au bureau de poste du village, elle avait retiré les lettres et journaux qui s'entassaient sur une table depuis une semaine. D'une épicerie de Laguiole, elle avait ramené des dattes et du chocolat.

Pendant que le médecin auscultait Léonard, dont les bronches sifflaient comme un soufflet de forge, Charlotte raconta en détail sa victoire de la veille au grand prix du Roussillon, obtenue dans des conditions difficiles sur des pistes glacées. Le docteur Mazars interrompit leur conversation ; des patients l'attendaient à Laguiole en cours d'après-midi. Blandine le précéda dans l'escalier puis dans sa chambre. Il l'examina longuement et un sourire éclaira son visage.

— Tout me semble normal ! conclut-il.

Elle devait accoucher pendant la première quinzaine de mars.

— Rien à craindre : tout se passera bien ! dit-il d'une voix douce. Comme la première fois, vous serez bien entourée...

A l'instar du médecin, d'aucuns pensaient que le vent tournerait au midi à l'occasion d'un changement de lune, que le manteau de glace disparaîtrait, que le plateau sortirait de son engourdissement et que cette vie de marmotte cesserait enfin. Espoir déçu ! Loin de capituler, l'hiver redoubla de force et paralysa totalement l'Aubrac. C'était un vendredi. Le 10 février 1956. Le thermomètre de l'étable affichait moins vingt-cinq degrés au Cayla. Le jour à peine levé, la neige tomba sans faiblir ; elle était fine et tourbillonnait sous l'effet d'un vent de nord-est qui se renforça. A nouveau, des congères se formèrent dans la cour du domaine. C'était le jour du pain. Fidèle à ses habitudes, les manches retroussées jusqu'au coude, Julienne avait pétri la pâte la veille au soir dans la maie de la cuisine. Avant de se coucher, elle l'avait versée dans des paillasses garnies d'un linge blanc, recouvertes ensuite d'édredons de plumes et placées près de la cuisinière qui ne s'éteignait jamais en cette saison. Elle aimait « mettre le levain ». C'était un travail de femme.

Ce matin-là, après avoir donné des ordres à Elise pour le repas de midi, Julienne entreprit de nettoyer le four à l'aide d'un balai de genêts ; pointilleuse, attachée à ses petites manies, elle ne confiait cette tâche à personne. Les briques devaient être aussi nettes que le parquet de la salle à manger ! Après seulement, elle demandait au maître-valet de le garnir de fagots et de bois. Le four à pain était logé sous le grenier à grains contre l'étable des bœufs ; on pouvait y accéder depuis le rez-de-chaussée grâce à un couloir obscur qui longeait la salle à manger par le nord, évitant d'avoir à affronter les bourrasques dans la cour. En édifiant le domaine au milieu de terres inhospitalières, les abbés de Bonneval avaient songé au confort de ses habitants.

Quand Blandine descendit à la cuisine, peu avant onze heures, elle croisa sa petite-cousine au bas de l'escalier. Vêtue d'un manteau, coiffée d'un fichu qu'elle avait noué sous le menton, Julienne s'apprêtait à chauffer le four ; elle avait oublié de prendre une boîte d'allumettes sur le manteau de la cheminée. En dépit de la pénombre, elle remarqua le teint pâle de Blandine, la gronda de s'être levée aussi tôt. Depuis deux jours, la jeune femme ne quittait plus sa chambre sauf au moment des repas ; elle s'efforçait encore de rejoindre son mari et son père à leur table bien qu'elle eût la sensation d'avoir les jambes lourdes, comme lestées de plomb, et qu'elle fût gênée dans le moindre de ses mouvements par son corps distendu qui avait créé de nouvelles frontières avec le monde. Des heures durant, elle restait allongée, lisant des romans à la lumière de la lampe de chevet ou se reposant dans la semi-obscurité.

— Tu aurais pu attendre midi ! lui reprocha Julienne.

Elle n'osa avouer que les fureurs du ciel l'effrayaient alors que sa petite-cousine se vantait de n'avoir jamais peur. Au fur et à mesure que l'heure de la délivrance approchait — elle comptait les jours en se fiant aux prévisions de la sage-femme et du médecin —, l'angoisse s'emparait d'elle à certains moments de l'après-midi ou de la nuit Les mauvaises nouvelles — des accidents de montagne, des morts dans le Jura — que la radio annonçait souvent depuis le début du mois de février accentuaient le malaise qu'elle ressentait. A l'idée d'être prisonnière des neiges aux premières douleurs, les battements de son cœur s'accéléraient et sa gorge se nouait. Alors elle se bouchait les oreilles avec les mains puis fermait les yeux pour n'entendre que son enfant bouger. « Il vit ! se disait-elle. Il vivra ! » Les paroles du médecin demeuraient gravées dans sa mémoire : « Tout se passera bien ! » Gauthier le pensait aussi. Dans ce pays, combien de femmes avaient-elles accouché seules aux champs, à l'étable ou à la maison ?

Comme chaque vendredi de carême, pour respecter la tradition du jeûne, Elise avait préparé de l'aligot ; elle savait le tourner sous les vivats des hommes avant de le servir filant. Toute la maisonnée s'en délectait, à commencer par Blandine. Pourtant, ce jour-là, elle y toucha à peine. Son peu d'appétit, elle le plaça sur le compte de l'odeur — quelque peu repoussante — de lard fondu qui flottait dans la cuisine. Elle croqua une pomme puis monta après avoir pris une tasse de thé d'Aubrac qui remplaçait désormais le café à la fin des repas. En cours d'après-midi, par trois coups frappés à la porte de sa chambre, Elise la réveilla. Lorsqu'elle pénétra dans la pièce, se répandit un parfum de pain chaud.

— Votre goûter ! dit-elle d'une voix joyeuse avant de déposer sur la table de nuit une assiette sur laquelle trônait une tartine de gelée de groseilles. Aujourd'hui, le four était à point ! La fournée est réussie et les miches sont croustillantes...

Blandine la remercia, mordit à pleines dents dans le pain tiède. C'était un régal. Elise promit de monter du thé d'Aubrac dès que la deuxième fournée refroidirait sur les bancs de pierre contre le mur du fournil. Une heure plus tard, lorsqu'elle revint avec une théière, Blandine tenait ses mains accrochées à son ventre ; elle gémissait de douleur. Les premières contractions venaient de commencer.

— Déjà, madame ! s'exclama la bonne qui, surprise, faillit lâcher son plateau. Vous m'aviez dit... C'était prévu dans trois semaines...

Elle dévala l'escalier pour téléphoner au docteur Mazars mais il n'y avait plus de tonalité. En se brisant sous l'effet de la tempête, des branches avaient cassé les fils. Aussitôt Elise se précipita au fournil où Julienne glissait des gâteaux et des tartes aux prunes sur les briques encore chaudes.

— Surveille-les ! ordonna la petite-cousine de Léonard avant de disparaître dans le couloir sombre. Je m'occupe d'elle...

Julienne partit à la recherche de Gauthier qu'elle trouva près du parc à veaux en train de bavarder avec Clément. D'un ton sec, elle le chargea de mettre de l'eau à chauffer sur la cuisinière.

— Nous aurons besoin de beaucoup d'eau chaude ! expliqua-t-elle. Avec ce temps, elle tiédit vite... Blandine prendra des bains de siège... Elle s'en portera mieux... Et son enfant aussi ! Ils souffriront moins... Ça facilite le passage...

Gauthier s'exécuta pendant que Julienne cherchait ses plantes dans une armoire de sa chambre pour préparer le premier bain ; il multiplia les allées et venues entre la cuisine et l'étage jusqu'à dix heures. Bien que le jour de la cuisson du pain soit d'ordinaire jour de fête, les hommes mangèrent en silence. Depuis la chambre, les cris de la jeune femme leur parvenaient à intervalles réguliers tout comme la voix douce d'Elise que couvraient parfois les paroles de Julienne à l'intonation grave. Du chevet de son épouse, Gauthier avait été chassé sans ménagement.

— C'est une affaire de femmes ! avait décrété Julienne.

Une fois n'est pas coutume, Léonard l'approuva.

— Sois tranquille ! dit-il à son gendre. Elle a assisté la femme du maître-valet deux fois en plein hiver... Et des servantes aussi avant la guerre... Sois tranquille !

Nerveux, Gauthier rongeait son frein devant leur chambre, dans le couloir ou près de la cuisinière. La cuisine se vida peu à peu et les hommes partirent se coucher sur un lit de paille près des bêtes où régnait une température plus clémente que dans les chambres du grenier, tandis que Léonard s'assoupissait dans son fauteuil. Au dehors, le vent ne faiblissait pas et rabattait la neige contre la porte d'entrée, les volets. Après minuit, une coupure d'électricité obligea Gauthier à allumer les lampes que Julienne avait alignées sur le manteau de la cheminée en prévision d'une panne. Il en monta deux dans leur chambre où, en plein effort, Blandine broyait du gros sel entre ses mains pour contenir la douleur. Enfin, à une heure du matin, un cri d'enfant retentit. Gauthier se précipita près de sa femme qui gisait dans des draps tachés de sang. Exténuée. Le corps en nage. Les tempes bourdonnantes.

— C'est un garçon ! claironna Julienne.

Gauthier s'agenouilla à même le parquet près de l'oreiller. D'un doigt, il caressa la joue de Blandine puis ses cheveux mouillés de sueur jusqu'aux racines, chuchota des mots d'amour à son oreille, la couvrit de baisers. Elle sourit.

— Tu dois être heureux ! murmura-t-elle.

Heureux ? Il était fou de joie.

La voix de Julienne rompit le charme. Elle terminait la toilette du petit garçon et la chambre exhalait maintenant un parfum d'eau de rose. Elle tendit Antoine à son père qui l'embrassa sur le front puis joua avec ses menottes. Pourquoi était-il aussi frêle ? De sa fille à sa naissance, il gardait le souvenir d'un bébé potelé. Peut-être son impression était-elle faussée par la faible lumière de la lampe... Ou se laissait-il abuser par sa mémoire... Des nuits durant, il avait rêvé d'un beau garçon, joufflu, solide sur ses jambes.

Gauthier le confia à sa femme au moment où Julienne enferma le placenta dans un tissu blanc dont elle noua les coins.

— Au moment du dégel, tu l'enfouiras au pied du sapin que tu as planté après l'Epiphanie en bordure du chemin ! dit-elle. Cet arbre sera le frère jumeau de ton fils... Ils grandiront ensemble...

Il le rangea avec le cordon ombilical, dans une armoire.

Tout comme son gendre, Léonard s'attendrit devant ce bébé ; il le trouva, aussi, bien fragile mais n'en souffla mot. Il était heureux d'avoir enfin un petit-fils !

Julienne et Elise se retirèrent à trois heures du

matin, éreintées par cette nuit de veille ; la jeune bonne rejoignit la chambre de La Tourelle où Blandine l'avait installée au premier grand froid, contre l'avis de sa petite-cousine. Gauthier éteignit l'une des lampes mais ne se coucha pas. Assis dans un fauteuil, il se laissa gagner par le sommeil malgré la fureur du ciel. Peu après cinq heures, lorsqu'il se réveilla, un grand silence régnait au dehors ainsi que dans la pièce. Il n'entendait plus la respiration du bébé et s'en inquiéta. A pas de loup, il s'approcha de son berceau. Antoine s'était-il réveillé ? Dans la pénombre, il caressa sa joue et son front. Le corps était froid ; son cœur ne battait plus...

Saisi de stupeur, il frissonna jusqu'à la racine des cheveux puis ferma les yeux, serra les poings pour refouler ses larmes, contenir sa douleur. Incapable de parler ni de bouger, il se demanda s'il se débattait dans un cauchemar ou si son fils était vraiment mort. Figé au milieu de la chambre, il se mit à pleurer à chaudes larmes. Peu à peu, il sentit que ses jambes flageolaient. L'instant d'après, sans avoir pu réagir, il tombait sur le parquet,

Le bruit sourd réveilla Blandine.

— Gauthier ! Gauthier ! appela-t-elle.

A la lueur de la lampe, elle découvrit son mari en pleurs au pied du berceau. Pourquoi pleurait-il ? En posant ses pieds sur le tapis, elle manqua glisser. La tête lourde, vidée de ses forces.

Lorsque sa main frôla à son tour les menottes glacées du bébé, elle hurla de douleur :

— Antoine ! Antoine !

Puis s'évanouit.

Ce drame marqua toute la maisonnée. Léonard se réfugia dans sa chambre, évita la cuisine aux heures des repas ; il s'enferma dans son chagrin. Comment consoler sa fille et son gendre ? Il cherchait les mots, ne les trouvait pas. Maintes fois au cours de la journée, il montait embrasser Blandine et s'asseyait près d'elle pour serrer sa main. Les larmes garrottaient sa gorge ; il redescendait sans l'avoir réconfortée. Seul, il dénonçait l'impuissance humaine à contrer les caprices du ciel.

— Quand même ! disait-il entre ses dents. A notre siècle...

Le vieil homme restait persuadé que son petit-fils vivrait encore si le médecin avait pu être prévenu. Ou la sage-femme. Le chasse-neige les aurait emmenés jusqu'au domaine malgré la tourmente. Les Ponts et Chaussées en possédaient deux à Laguiole, équipés de quatre roues motrices et assez puissants pour dégager 2 500 à 2 800 mètres cubes de neige à l'heure ! Léonard les avait admirés dans leur garage à l'automne précédent lors de la visite du préfet ; il avait suivi les explications des chauffeurs. Impressionné. Alors ? On aurait pu sauver Antoine. Sa mort le révoltait ; elle était scandaleuse.

Julienne transforma en chapelle ardente l'une des chambres, la priva de chauffage pour que le corps puisse se conserver jusqu'au redoux. Un crucifix en bois et en bronze, hérité d'un lointain cousin missionnaire en Amérique du Sud, prit place sur la table de toilette près d'un oratoire en plâtre devant lequel — un demi-siècle plus tôt — la famille priait le soir dans le huis clos de la salle à manger. En revoyant cette statue de facture naïve, aux encoignures ébréchées, Léonard se souvint de la mort de sa grand-mère pendant un hiver rude. Les hommes avaient hissé le cercueil sur la toiture après des manœuvres périlleuses en attendant de pouvoir l'acheminer sur le break jusqu'à Roquebrune ; ils l'avaient arrimé à la cheminée avec des cordes de char. Léonard avait alors dix ans ; jusqu'à Pâques, des rêves macabres avaient hanté ses nuits. Il espérait que Dieu leur épargnerait cette épreuve.

En début d'après-midi, ils transportèrent le petit Antoine sur le lit de cette chambre. Des cierges brûlaient déjà sur la table de nuit, à côté de la coupelle d'eau bénite et du rameau de buis. Tandis que les gens de la maison — tête nue, visage grave — le « signaient » et marmottaient des prières, Gauthier resta au chevet de Blandine. Ils se tenaient la main sans oser parler mais tous deux cherchaient à comprendre pourquoi leur fils était mort. S'était-il étouffé ? Le cœur avait-il lâché ? Etait-il trop faible pour vivre ? Ou avait-il été victime d'une maladie foudroyante ? Comment savoir ? Seul, un médecin pourrait répondre à leurs questions.

Des remords tenaillaient Gauthier qui se reprochait maintenant de ne pas l'avoir veillé. Blandine se refusait de l'accabler. Aurait-il discerné ses râles, ses gémissements parmi le bruit de la tempête auquel se mêlait aussi la sarabande des chats au grenier ? Elle en doutait. Combien de nouveau-nés avaient subi ce sort dans le pays avant la guerre pendant les hivers de glace ? Les femmes en causaient à demi-mot après un décès survenu dans une famille. A la Toussaint, Pauline avait coutume de glisser à sa fille lorsqu'elles fleurissaient la tombe des Fau : « Nos cimetières sont peuplés de petits anges... Ne l'oublie pas... Jusqu'à présent, nous avons eu de la chance dans la famille mais... » Pourquoi Dieu les avait-il abandonnés en pleine tempête, leur imposait-il cette épreuve ? se demandait Blandine.

Comment l'accepter ? Ils ployaient tous deux sous le poids d'un fardeau trop lourd à porter. La douleur était si forte et vive qu'ils ne parvenaient pas à se confier l'un à l'autre, ni à traduire ce qui les torturait, ni à se soutenir mutuellement ; ils se retranchaient dans le silence.

Le cauchemar se prolongea jusqu'aux premiers jours du mois de mars. Pour Blandine et Gauthier, les nuits d'insomnie succédèrent aux moments de désespoir. Comment vivre à nouveau alors que le petit corps d'Antoine reposait à l'étage, dans la robe de baptême de François ? La première semaine, Blandine ne quitta pas sa chambre ; elle voulait être seule. Ses journées, ponctuées de recueillement et de repos, ressemblaient à celles d'une moniale. La jeune femme n'avait goût à rien. Des heures durant, elle demeurait prostrée dans son lit ou dans un fauteuil. Comme absente. Le regard perdu dans le ciel à travers la fenêtre. Le visage enfoui au creux de ses mains. Les yeux bouffis. Elise, attentionnée depuis le début de sa grossesse, déployait des trésors d'imagination et préparait ses plats préférés pour l'amener à manger mais n'y parvenait pas.

— Forcez-vous, madame ! insistait-elle.

Se forcer ? Elle n'avait pas faim. Une boule tordait son estomac qui tolérait seulement du thé d'Aubrac et du bouillon de légumes.

— Le temps ! répétait Léonard à Gauthier qui s'inquiétait de voir ses pommettes saillir, ses joues se creuser. Laisse faire le temps... Ta femme est plus forte que tu ne le penses... Elle a déjà eu d'autres épreuves... Elle saura réagir le moment venu...

Pour l'heure, le corps à la peau distendue, les chairs meurtries, elle ressentait un vide et une absence au plus profond de son être. Comment les combler ? La présence de sa fille agissait comme un baume sur une plaie. Quand elle ne jouait pas avec les enfants du maître-valet, Catherine s'accrochait à sa mère. C'était son portrait, enfant : cheveux châtains et bouclés, prunelles bleues. Après avoir monté l'escalier dans les bras de son père puis trottiné dans le couloir, elle poussait la porte de la chambre et sautait sur ses genoux en riant. Tantôt ses menottes s'accrochaient à ses vêtements, tantôt elles caressaient sa joue ou son cou. Un faible sourire se dessinait alors sur les lèvres de Blandine qui l'étouffait de baisers. « Gauthier a raison ! se disait-elle. Catherine a besoin de nous, de notre amour pour grandir chaque jour ! » Cette idée l'aida à retenir ses larmes devant sa fille, à retrouver peu à peu le sommeil et l'appétit.

La mort d'Antoine marqua différemment Gauthier qui, quelques jours après le drame, éprouva le besoin d'exprimer sa souffrance. Il fouilla le grenier à la recherche des planches de hêtre que Léonard gardait en réserve pour la réfection de trois marches de l'escalier menant aux combles. Il finit par les découvrir sous des piles de voliges de peuplier. Avec l'aide de Clément, il les transporta à l'étable des bœufs où on rangeait les outils du domaine et entreprit de fabriquer le cercueil de son fils. Les après-midi, pendant que sa femme se reposait, il scia, rabota et cloua. Refusant le concours du maître-valet et de Clément, habiles l'un et l'autre à travailler le bois, Gauthier se jeta à corps perdu dans cette tâche. Avec rage comme s'il entendait user ses forces jusqu'au bout pour ne penser à rien d'autre. Avec amour parce que rien ne serait trop beau pour accompagner son fils vers l'au-delà. Parfois, il s'effondrait sur la paille près de l'établi et pleurait jusqu'à ce que les larmes ne coulent plus sur son visage amaigri et triste, que ses yeux rougis deviennent secs. Une fois le cercueil achevé et orné d'une croix, il le capitonna avec du crin de cheval et de la paille qu'il recouvrit d'une étoffe blanche. Puis, comme le mauvais temps persistait et le privait de sorties en forêt, il voulut travailler un billot de hêtre choisi parmi des souches entreposées sous une remise et qui n'avaient pas encore été refendues pour alimenter le feu. Chaque jour, son ciseau mordit dans le bois. Avec maladresse tout d'abord puis plus d'assurance. Peu à peu, se dessinèrent les contours d'un visage. C'était un visage d'enfant...

Quand survint le redoux, à partir du 28 février, Blandine sombra à nouveau dans la torpeur : la séparation d'avec Antoine approchait et elle redoutait cet instant. La circulation rétablie, ils ne pourraient plus garder son corps. Le cercueil était prêt ;

il ne restait plus qu'à fixer l'heure et le jour des obsèques. Dès que l'eau commença à s'écouler des toits, Gauthier se rendit à Roquebrune. C'était le 2 mars au milieu de la matinée. Il préféra partir à pied. L'air était plus doux ; la nature respirait enfin librement. En chemin, Gauthier croisa un renard qui poursuivait un lapin à la lisière d'un bois et il songea à tous les projets qu'il avait échafaudés pour les premières années d'Antoine : l'emmener sur la montagne et dans la forêt dès qu'il aurait su marcher ; lui apprendre à connaître les oiseaux à leur chant, à leur plumage ou à l'élégance de leur vol, à les respecter aussi... Et tant de choses encore. Tandis qu'il cheminait dans la neige, une larme perla au coin de ses yeux puis coula jusqu'au menton avant de tomber sur sa canadienne.

Au lendemain de l'enterrement de son petit-fils, Léonard Fau ne décoléra pas. Pourquoi abandonnait-on des dizaines de fermes et de hameaux de l'Aubrac à un triste sort pendant les tourmentes au risque de mettre des vies en péril ? Il écrivit sur-le-champ au maire, à l'agent voyer des Ponts et Chaussées qui décidait des missions des chasse-neige à travers la Montagne, au conseiller général, au député, au préfet ; il ne cacha ni son chagrin ni sa révolte. Certains restèrent sourds à son appel de détresse, d'autres manifestèrent de la compassion en découvrant le drame. Quant à l'agent voyer, il envoya une réponse technique qui ne pouvait le satisfaire.

— C'est un jean-foutre ! s'emporta-t-il en chiffonnant sa lettre. Je paie mes impôts comme tout le monde... J'ai le droit d'être déneigé et dépanné quand je n'ai plus d'électricité ou de téléphone...

La douleur le rendait fou furieux.

Lorsque le conseil municipal se réunit pour examiner et voter le budget, il demanda au maire d'inscrire le déneigement à l'ordre du jour de la séance.

La discussion dura deux heures. Chacun trouva des griefs à formuler à l'égard des services publics tant le mois de février avait été rude sur le plateau. Le maire prêcha la modération mais rien n'y fit : les conseillers souhaitaient envoyer une motion à la préfecture pour protester contre l'isolement dont la commune de Roquebrune avait souffert pendant un mois.

— Deux chasse-neige à Laguiole ? C'est insuffisant les jours de tourmente ! tonna Léonard. L'Etat doit nous équiper...

— Et s'il refuse ? coupa Zéphirin, le premier adjoint.

— Nous lancerons une souscription ! rétorqua-t-il.

— Ces engins coûtent une fortune ! voulut dire le maire.

— Et alors ? répliqua Léonard. Une vie n'a pas de prix...

A ces mots, le silence retomba dans la petite salle de la mairie où les volutes de tabac se mêlaient à la fumée du poêle à bois.

— N'empêche que ces machines sont chères ! reprit Zéphirin au bout d'un moment. Sophistiquées... Il y a de la mécanique... Je me demande si les gens de la commune voudront payer...

— L'amicale nous aidera ! affirma alors Léonard. C'est l'une de ses missions. Les Parisiens n'ont jamais hésité à mettre la main au portefeuille pour le village... Souvenez-vous ! L'horloge de l'église en 1904... Le télégraphe en 1910 ou 1911... Le poilu de bronze au monument aux morts après la guerre... Chaque fois, ils étaient fiers de participer... Nous organiserons une première collecte cet été au *banquetou* du mois d'août et une deuxième au banquet d'hiver à Paris... Tant pis s'il nous faut deux ou trois ans pour réunir les fonds mais nous y arriverons...

Tous l'approuvèrent. Si l'Etat rechignait à la dépense comme ils le pressentaient déjà, ils se débrouilleraient seuls pour acquérir un chasse-neige. Le notaire, réticent au premier abord car il détestait être en porte-à-faux avec le préfet, se rallia à l'avis de la majorité de ses conseillers. La séance s'acheva chez le Père Bugeaud où les clients saluèrent l'initiative par des acclamations. Léonard proposa d'appeler François le soir même pour qu'il appuie leur requête auprès du président puis lors de la prochaine réunion du bureau ; il était convaincu que l'amicale s'empresserait de répondre à leur appel. En effet, à Paris, personne n'ignorait les circonstances tragiques de la mort d'Antoine. A peine connue chez les Fau de la capitale, la nouvelle s'était répandue en moins d'une semaine parmi les familles qui avaient des attaches à Roquebrune ou dans les communes voisines. Lorsque les poteaux brisés par la tempête avaient été remplacés et les lignes réparées, le téléphone n'avait cessé de sonner au domaine pendant quelques soirs. Alors que les Parisiens écrivaient si peu, les gens du Cayla avaient reçu des cartes ou des lettres par dizaines.

Au sein de la « tribu », Patricia s'était montrée la plus attentive à la douleur de ses cousins ; elle avait repoussé ses fiançailles au mois de mai pour que Blandine puisse y assister.

— Tu monteras avec Gauthier et Catherine ! avait-elle insisté. On sortira dans Paris... On vous emmènera sur les bords de la Marne : c'est si agréable à la belle saison...

Blandine avait longtemps hésité avant d'accepter sur le conseil de Charlotte qui l'incitait à ne pas se replier sur sa peine ni à céder à la tentation de se retirer du monde derrière les murs du domaine. Même si sa blessure devait mettre du temps à se refermer, la vie continuait. Chaque jour — chaque instant — se chargeait d'en apporter les preuves : un sourire de sa fille, un geste tendre de son mari, un mot de son père...

Comme le printemps effectuait de timides apparitions au fur et à mesure que le soleil brillait d'une lumière plus éclatante, Charlotte l'entraînait hors de l'enceinte du Cayla. Elle ne la lâchait pas dans les moments difficiles. Toutes deux marchaient dans la campagne, s'arrêtaient au bord d'une route pour parler lorsqu'elles circulaient en voiture sur l'Aubrac, rentraient d'Espalion ou de Saint-Flour. En dépit des efforts de Charlotte, cette nuit terrible de février revenait sans cesse dans les conversations. Blandine ne pouvait effacer de sa mémoire l'image d'Antoine à l'instant de sa naissance, gigotant entre les bras de Julienne. Comment aurait-elle pu ? Elle y pensait chaque fois qu'elle se garait devant le portail d'entrée du cimetière pour changer les fleurs sur sa tombe.

Des doutes l'habitaient désormais. Pourrait-elle avoir encore des enfants ? Devrait-elle accoucher à Espalion pour qu'ils naissent dans de meilleures conditions qu'Antoine, qu'ils aient des chances de vivre ? Ces questions la minaient.

— Garde confiance ! répétait Charlotte avec force. Tu as joué de malchance... Cet hiver était exceptionnel...

Auprès de sa belle-fille, Aurélie tenait le même discours et avec autant de conviction : elle voulait empêcher Blandine de céder au découragement. Depuis ce drame, les deux femmes s'écrivaient souvent. Plus qu'auparavant, elles éprouvaient le besoin de se confier, de se sentir aussi proches qu'une mère et sa fille. Après les obsèques d'Antoine, la longue lettre d'Aurélie avait bouleversé Blandine tout autant que son mari. La jeune femme l'avait lue et relue jusqu'à en retenir des phrases entières, la mouiller de larmes.

Aurélie occupait peu à peu la place toujours refusée à Julienne depuis la maladie de Pauline. Comme pour renforcer ces liens, les visites à Bertholène devenaient plus fréquentes. Le dimanche, ils y descendaient en famille. En semaine, Blandine y retournait parfois avec Catherine sous prétexte de demander un conseil de broderie à Aurélie, de commander des corbeilles ou des paniers en osier à Victorien, d'acheter des plants de jardinage à Gages. Elle n'arrivait jamais les mains vides, déposant discrètement sur la table ou sur le buffet de la cuisine un gâteau, de la fourme, une volaille prête à rôtir. Sa belle-mère, gênée, rougissait de ces attentions.

— C'est trop ! disait-elle. Vous ne devriez pas... J'ai tellement de plaisir à vous avoir...

Un après-midi, pendant que Catherine dormait dans l'ancienne chambre de Gauthier, elle ne put s'empêcher de sortir de l'armoire ses broderies de l'hiver. A peine les avait-elle dépliées sur la table que Blandine reconnut les parures de lit d'enfant, les brassières et les chemises dc bébé. Elle se mordit les lèvres, retint ses pleurs.

— C'était pour Antoine, confirma Aurélie.

14

La disparition d'Antoine avait rapproché Gauthier et son beau-père. Sous le prétexte d'acheter de la réglisse à l'épicerie du Père Meunier, de prendre rendez-vous chez le forgeron du village pour ferrer chevaux ou bœufs, le maître du Cayla demandait souvent à son gendre de l'emmener à Roquebrune. Sortant de la forge ou de la boutique des Meunier, ils ne manquaient jamais de pousser le portail du cimetière pour se recueillir sur sa tombe...

Gauthier continuait à manier le ciseau et le maillet dans l'étable des bœufs lorsque la pluie ou le vent l'empêchaient de rejoindre la forêt et de s'épuiser à marcher pendant des heures pour calmer sa douleur ; c'était vital pour lui. Un après-midi, Léonard l'avait surpris en plein travail.

— C'est beau ! avait-il murmuré avant de caresser le bois poli.

Chaque début de soirée, ils se retrouvaient aussi à l'étable des vaches. C'était une idée de son beau-père.

— Tu as l'œil ! affirmait-il. Maintenant, tu connais chaque souche aussi bien que moi... J'aime t'entendre parler des bêtes...

Ces paroles réconfortaient Gauthier. Ils passaient ainsi des heures à échanger leurs points de vue et à les argumenter sous le regard curieux du *cantalès* mais Léonard ne s'entêtait plus comme avant à imposer ses opinions. Mieux ! il admettait souvent qu'il se sentait dépassé. Gauthier l'invitait à l'accompagner lorsqu'il allait à Espalion, à Laguiole, à Chaudes-Aigues ou sur les foirails du pays pour s'informer des cours du bétail.

— Volontiers, fiston ! répondait-il d'un air enjoué, prêt à changer de chapeau et de veste pour le suivre.

Léonard avait envie de reprendre leurs discussions inachevées sans que nul ne s'en mêlât, d'égrener des souvenirs de jeunesse, de retrouver des amis dans les cafés et de trinquer avec eux ; il se lassait de lire les journaux et d'écouter la radio où, chaque jour, on annonçait des morts en Algérie. A bord de la Frégate, ou même au domaine après le « journal de Paris », il se gardait d'amorcer toute conversation sur ces événements par peur de se fâcher avec son gendre. Les leçons d'histoire de l'école primaire avaient entretenu dans son imaginaire l'idée du rayonnement de la France à travers le monde grâce à ses colonies. Capable de rivaliser avec les plus grandes puissances avant-guerre, l'empire se réduisait comme peau de chagrin sous les coups de boutoir des peuples qui se soulevaient pour obtenir leur indépendance. Après l'Indochine et les comptoirs de l'Inde, la France venait de se retirer au mois de mars du Maroc et de la Tunisie, ce qui laissait Léonard amer. A ce train-là, l'Empire n'existerait plus dans quelques années. « La France ne sera plus la France ! se disait-il. Elle aura tout perdu... » A l'inverse, partisan de l'autonomie des pays placés sous le contrôle français, Gauthier s'en félicitait. En Afrique du Nord, en Afrique noire, à Madagascar, les peuples devaient disposer du droit de se gérer eux-mêmes ; ils étaient majeurs. « La France se grandira si elle prend l'initiative de les libérer ! affirmait-il. Elle conservera ainsi son prestige ! » Leurs divergences d'opinion étaient profondes. Aussi, entre eux, le sujet n'était-il jamais abordé. La bonne avait étonné sa fille. A l'inverse de deux magnifiques traits bretons tirant un break, les engins à moteur ne soulevaient pas son enthousiasme. La mort d'Antoine n'était pas étrangère à ce revirement.

— Patiente encore ! insista-t-elle.

Il rongea son frein jusqu'aux premiers jours du mois de mai. De Paris, ils ramenèrent de beaux souvenirs. Sous le soleil, avenues et jardins publics se donnaient des airs de fête. Voilà dix ans qu'il n'avait pas revu les bords de Seine ! En amoureux, il avait entraîné Blandine dans les quartiers où il avait charrié les sacs d'anthracite après la guerre. Rue Polonceau, dans le XVIIIe arrondissement, le chantier de charbon occupait toujours la même place avec son encombrement de charretons sur le trottoir ; le patron fumait une cigarette devant l'entrée. Rien n'avait changé depuis l'hiver 1946-1947, sa dernière saison. Pour fêter leurs retrouvailles, les deux hommes avaient bu du picon-bière dans un bougnat... Il y avait eu aussi les soirées à Montmartre, les fiançailles de Patricia, les sorties sur les berges de la Marne, les balades en bateau-mouche sur la Seine...

— C'était trop court ! confessa Gauthier à sa femme dans le train.

— Nous reviendrons ! promit-elle.

Lorsqu'ils rentrèrent au domaine, dans la matinée du mercredi, Léonard affichait une mine radieuse. Après le repas, il prit sa fille et son gendre par le bras. Dans la salle à manger, il ferma la porte à clef par peur que Julienne ne survienne à l'improviste.

— Cette fois-ci, je suis décidé ! annonça-t-il avec le sourire, sans s'accorder le temps de s'asseoir.

Incrédules, Gauthier et Blandine se regardèrent.

— Décidé ? s'exclamèrent-ils de concert.

— Oui, mes enfants ! Je suis décidé à acheter un acteur !

Tous deux poussèrent un soupir de soulagement is Gauthier décocha un clin d'œil complice à entente qui régnait au sein de la famille paraissait plus importante qu'un débat sans issue.

En ce mois d'avril 1956, Gauthier avait acquis la certitude de ne pas avoir à endosser à nouveau l'uniforme et il en éprouvait du soulagement ; il aurait répugné à armer son fusil. Pour autant, il ne se désintéressait pas de ce qui se passait de l'autre côté de la mer — à quelques heures de bateau seulement du port de Marseille. Le gouvernement de Guy Mollet avait décidé de rappeler les classes disponibles et de porter la durée du service militaire de dix-huit à vingt-sept mois. Cette mesure n'augurait rien de bon. Cette situation le renvoyait à la discussion qui l'avait opposé à Léonard, le printemps précédent : les jeunes devraient partir d'ici l'été et il manquerait de bras pour les foins. Equiper le domaine d'un tracteur devenait urgent. Maintes fois, encouragé par leurs relations plus cordiales, Gauthier faillit en glisser un mot à son beau-père. Craignait-il sa réaction ? Il se ravisa chaque fois. Les semaines s'écoulaient et le mois de mai approchait. Comment s'y prendre pour ne pas le braquer ? Blandine préféra attendre leur retour des fiançailles de Patricia. Elle souhaitait que ce voyage — leurs premières vacances avec Catherine — soit réussi. En compagnie de Patricia, elle avait mis au point le programme de leurs quatre jours dans la capitale. S
cousine qui voulait gâter la fillette avait prévu
l'emmener à la fête foraine ainsi qu'au bois de B
logne où sa filleule pourrait se hisser sur le dos
poney ou grimper à bord d'une calèche pour
promenade à travers les allées.

— Je pense que mon père nous écoutera !
Blandine, confiante.

Elle avait des raisons de le croire. De
hiver, le vieil homme se montrait moins
progrès. Qu'il ait pris l'initiative
conseillers municipaux et le maire de
souscription pour l'acquisition d'un

Blandine : elle avait deviné juste à propos de son père. En leur absence, Léonard avait téléphoné à l'agent Ferguson-Massey-Harris que Gauthier avait déjà rencontré place du Palais à Rodez puis sur le causse de Bozouls ; ils avaient rendez-vous samedi pour choisir le modèle et signer le contrat. Au cours de l'après-midi, ouvrant les valises et rangeant le linge dans les armoires, Blandine se surprit à chantonner.

Un matin de la mi-juin, un camion chargé d'un tracteur rouge et de matériel agricole s'arrêta sur la place de Roquebrune devant le café du Père Bugeaud. Le chauffeur en descendit prestement pour demander son chemin et boire un verre de bière ; il avait eu chaud en route. Combien de temps resta-t-il au comptoir ? Dix minutes ou un quart d'heure, tout au plus. Sur une feuille ornée de l'en-tête de la maison Suze, le patron dessina un plan pour parvenir au Cayla.

— Vous ne pouvez pas vous tromper ! dit-il.

L'homme paya sa bière et le remercia avant d'enfoncer sur ses rares cheveux une casquette aux couleurs de Massey-Harris. A sa sortie du café, une ribambelle de gamins entourait le camion. Tous disparurent en courant dès qu'il s'en approcha pour se masser au fond de la place près du travail à ferrer. C'était jeudi ; ils n'avaient pas classe. De loin, ils déversèrent des bordées d'injures.

— Bande de chenapans ! gronda le chauffeur entre ses dents.

Puis, découvrant qu'ils avaient réussi à dégonfler deux pneus, il s'insurgea :

— Vauriens ! Petits salauds !

Les ennuis commencèrent. Il quémanda un gonfleur à travers le village mais n'en trouva pas ; on le reçut fraîchement. De la poste, il téléphona à un mécanicien de Laguiole qui promit de le dépanner en début d'après-midi. Entre-temps, averti par le fermier du maire, Gauthier l'emmena au domaine pour le repas de midi.

— Pourquoi m'en veulent-ils ? demanda le chauffeur.

— C'est simple ! répondit-il. Vous livrez le premier tracteur alors que tout le monde, ici, travaille encore avec des bœufs... Même les grandes fermes... Cette région est un pays de dresseurs de bœufs, dont la réputation s'étend jusqu'en Ardèche et en Haute-Loire... Plus qu'un concurrent, vous êtes un ennemi...

— C'est une plaisanterie ! lança-t-il en riant.

Comme Gauthier réitérait ses affirmations, il s'étrangla presque.

— C'est grave à ce point ? fit-il.

A table, les domestiques l'ignorèrent. L'Epine, le nez dans son assiette, le lorgna du coin de l'œil ; il serrait le poing gauche pour résister à la tentation de démolir son discours sur les tracteurs et le progrès. Il se considérait comme la première victime de Ferguson-Massey-Harris : il perdrait sa place de bouvier à la Saint-Michel. Gauthier l'avait prévenu : sa paire de bœufs serait vendue après les moissons. « Notre métier est fichu ! » ne cessait-il de répéter à ses compagnons de charrue.

La nouvelle causa grand-bruit, raviva les passions, suscita des jalousies. Chez le Père Bugeaud, les plus acharnés à défendre les bœufs se montrèrent odieux à l'égard de la famille Fau :

— Des traîtres !

— Des collabos !

Quant à maître Delmas, contrarié d'avoir été coiffé sur le poteau par Léonard, il commanda dans les jours suivants un tracteur plus puissant pour son fermier. Il envisageait de s'équiper depuis deux ans mais redoutait la réaction de ses administrés : il ne voulait pas les contrarier au risque d'avoir à abandonner l'écharpe de maire à l'occasion des prochaines élections. Comme Léonard avait acheté un

« quarante chevaux », le notaire s'offrit un « soixante chevaux » tout aussi neuf. Finaud en diable, il trouva une parade pour ne pas s'attirer de mécontents : son tracteur pourrait servir, durant l'hiver, au déneigement des routes lorsque la commune aurait rassemblé assez d'argent pour payer une étrave. Le concessionnaire certifiait que sa cylindrée permettrait d'y adapter un éperon d'acier. A cette annonce, le tracteur effraya moins. D'ennemi, il devenait allié face aux rigueurs du ciel sauf pour une poignée d'esprits chagrins.

— Le tracteur du notaire pour dégager les chemins ? s'écriaient-ils. Une couillonnade ! Si le thermomètre descend aussi bas qu'en février, il ne démarrera jamais au bon moment ! Le gasoil et l'huile gèleront... C'est arrivé cet hiver au chasse-neige de Saint-Chély...

On en parla jusqu'au début des foins puis chacun commença à faucher ses prairies. Les bouviers du Cayla attendaient cet instant avec impatience. Le matin de juillet où Gauthier pénétra au volant de son tracteur dans le pré des Bessades, la maisonnée se massa le long du chemin pour l'observer au travail. La curiosité s'empara même d'Elise qui obtint de Julienne la permission de déserter ses fourneaux. Se moquant des ornières et des cailloux, elle courut en espadrilles pour rejoindre le groupe.

— J'avais tellement peur de manquer les premiers tours ! confia-t-elle, essoufflée, à Blandine. C'est un événement dans le pays...

Léonard se tenait à l'ombre d'un frêne, les mains appuyées sur sa canne, mâchonnant une tige d'herbe. Après les démonstrations de fauche à Pentecôte près de Rodez, c'était maintenant l'épreuve de vérité : il avait hâte de découvrir à l'œuvre la « bête » d'acier au moteur rugissant. Il resta imperturbable lorsque l'herbe du premier andain tomba dans une fine poussière de pollen. Les foins étaient mûrs. Indifférent aux commentaires des bouviers qui s'exprimaient d'une voix presque criarde, il ne quitta pas des yeux la faucheuse. Au bout d'un moment, satisfait, il se tourna vers le maître-valet. Un hochement de tête mit un terme à la récréation ; Jules frappa dans ses mains. A l'ombre des arbres, placés sous la garde des enfants qui s'efforçaient de chasser les taons, une paire de bœufs et deux des juments poulinières guettaient un signal pour franchir l'entrée de la prairie voisine. Un fouet claqua dans l'air tandis qu'une voix appelait les bêtes. L'instant suivant, les faucheuses cliquetaient.

A midi, le bruit cessa et on put comparer le travail. Les hommes avaient imposé, toute la matinée, un train d'enfer aux bœufs et aux chevaux pour prouver qu'ils avaient du « sang » selon les mots de l'Epine. Ruisselantes de sueur, harassées de fatigue au point de ne plus avancer en dépit des jurons, des coups de fouet et d'aiguillon qui pleuvaient sur leur échine, les bêtes imploraient grâce.

— Mais vous êtes fous ! tonnèrent Gauthier et le maître-valet, en les voyant dans cet état. Vous allez les crever !

Pointant son doigt sur l'Epine, Gauthier ajouta :

— C'est toi qui leur a collé cette idée dans le crâne ? Espèce de *falourd*[1] ! Même avec la meilleure paire de bœufs du pays ou les chevaux les plus vaillants, on ne peut pas lutter contre un tracteur ! C'est impossible... Tu ne te lèveras jamais assez tôt !

Cet été-là, pendant la fenaison, les journées s'écoulèrent à une cadence soutenue. Habitués au pas des bêtes, les hommes durent changer de rythme. Le tracteur ronronnait du début de la matinée jusqu'au coucher du soleil, avec un repos d'une heure au moment du repas de midi, ce qui permit de rentrer la dernière charretée de foin avec une dizaine de jours d'avance sur les étés précédents et moins de saisonniers. Léonard ne pouvait qu'être

1. *Falourd* : idio, fou.

satisfait puisque les équipes des fermes voisines s'activaient encore dans les prés. Conquis, il envisageait d'acheter l'année prochaine une deuxième remorque qui remplacerait les chars à « cage » tirés par les bœufs, conçus avant-guerre pour récolter du foin en vrac et peu pratiques pour charrier des bottes. A nouveau, il fourmillait de projets.

A son arrivée de Paris, la première semaine d'août, François le trouva souriant, presque rajeuni. C'était surprenant.

— Je m'occupe et je sors ! répondit Léonard.

Depuis le début de l'aménagement de la maison du Fumeur de Pipe, à la mi-mai, il accompagnait Blandine chaque jour au village. François avait confié à sa sœur le soin de surveiller le chantier afin que tout soit prêt au cœur de l'été. Elle s'était exécutée avec talent. Le résultat enchanta son frère et sa belle-sœur :

— Bravo ! Sans toi, nous serions encore dans les gravats !

Ils reconnaissaient aussi que Blandine avait du goût ; elle avait proposé des idées pertinentes quant à la décoration.

Au fil des semaines, Léonard et sa fille s'étaient attachés à cette maison qui s'était métamorphosée sous leurs yeux, ainsi qu'à son jardin. Ils s'y sentaient bien. Aussi continuèrent-ils de s'y rendre en milieu de matinée lorsque François et sa famille s'y installèrent. Ce qui devint un rituel. La Frégate avait-elle une demi-heure de retard que les filles s'en alarmaient. Sous les arbres, Florence servait thé d'Aubrac et café ; ils parlaient de Paris, des affaires, des dernières nouvelles du village que le correspondant du *Rouergue amicaliste* n'avait pas encore signalées, des retrouvailles traditionnelles des Fau que la maison du Fumeur de Pipe accueillerait cet été pour la pendaison de crémaillère, du menu que l'hôtel Berthier d'Espalion préparerait le soir du mariage de Patricia. En dépit du deuil qui les avait frappés mais qui avait renforcé les liens au sein de la grande famille, la joie de vivre les habitait à nouveau.

La veille de la foire de Nasbinals, Gauthier et Léonard reçurent la visite d'un négociant italien ; ils l'avaient rencontré à Laguiole le 8 août au pied du taureau de bronze à l'invitation de son rabatteur, jeune éleveur d'Huparlac. Giuseppe Forlani recherchait des mâles de quinze à vingt-quatre mois pour les ateliers d'engraissement de l'Italie du Nord. Leur première entrevue s'était achevée au café de l'Amicale. Bien qu'il détestât les beaux parleurs, Léonard avait accepté de discuter avec cet homme fort en gueule et ventripotent, sur l'insistance de son gendre.

— Dans le pays, personne ne s'en plaint ! avait glissé Gauthier à son beau-père. Tout au moins jusqu'à présent...

L'été dernier, confrontés à une baisse continue de la valeur des bœufs de travail — ce qui les dissuadait désormais de castrer des mâles puis de les dresser au joug —, quelques éleveurs du plateau avaient permis au Sicilien de former en gare de Rodez huit ou dix wagons de bétail. Pendant une semaine, de l'Aveyron à l'Italie du Nord, ces taureaux d'Aubrac avaient résisté à la chaleur et à des conditions de voyage difficiles ; ils avaient repris du poids en un temps record dans les prairies d'embouche, ce qui avait séduit Forlani.

Ce jour-là, ils se rendirent à la *devèze* des doublons. C'était en plein après-midi. Le soleil tapait ; l'Italien épongeait son front avec un mouchoir blanc. Les bêtes, assaillies par les mouches, s'étaient massées à l'ombre des arbres. Giuseppe Forlani les jaugea dès le premier coup d'œil : encolure courte, poitrail large, culotte épaisse qui descendait sur le jarret, croupe bien musclée.

— Parfait ! dit-il dans un français excellent. C'est rustique, solide. Ce qu'il nous faut pour les expéditions en train... Aucune surprise à l'arrivée... Les bêtes tiennent le coup... On croirait qu'elles ont un estomac en accordéon !

Léonard le confirma avec humour :

— Comme des chameaux ! L'Aubrac peut être un désert lorsque l'herbe grille au mois d'août...

Giuseppe essaya de les compter. Comme les taureaux ne cessaient de bouger, énervés par les taons, ce qui les incitait à se battre entre eux, il s'adressa à Gauthier.

— Dix ou douze ? demanda-t-il.

— Douze, répondit Gauthier.

— Seulement ? ajouta-t-il, déçu.

— Mais tous ne sont pas à vendre ! précisa Léonard.

Le marchand sicilien manqua s'étrangler : Julien, son rabatteur, l'avait mal renseigné. Il brandit le poing : il n'aimait pas perdre son temps dans les fermes les veilles de foire.

— A qui sont-ils promis ? lança-t-il avec rage. *Quanto*[1] ?

D'un ton qui tranchait avec son emportement, Léonard lança :

— Apprenez, monsieur, que nous sommes dresseurs de bœufs ! Ces taureaux seront castrés à l'automne, mis sous le joug dès les premières semaines de l'hiver...

— *Perchè*[2] ? rétorqua-t-il en joignant le geste à la parole. Il est fini le temps des bœufs, *nono*[3] ... Même chez vous puisque vous avez maintenant un tracteur ! Alors ?

Le vieil homme tergiversa ; il hésitait à se séparer de son lot de doublons, partagé entre la tentation de n'en sacrifier qu'une partie pour ne pas rompre brutalement avec les traditions du domaine

1. *Quanto ?* : combien ?
2. *Perchè ?* : pourquoi ?
3. *Nono* : grand-père.

et la nécessité d'équilibrer les comptes. Parfois, en hiver, il observait les jeunes bœufs dans la cour lorsque les hommes commençaient à les lier au joug. C'était un spectacle dont il ne se lassait pas. Les premiers jours, renâclant à se soumettre, les bêtes se cabraient et couraient pour échapper à l'aiguillon des bouviers. Un mois plus tard, elles obéissaient à la voix. Devrait-il se priver de ces scènes auxquelles il avait toujours assisté depuis l'enfance ?

L'heure tournait. Giuseppe songeait à ses rendez-vous de la fin de journée du côté de Saint-Chély-d'Aubrac et de Saint-Urcize.

— Décidez-vous maintenant ! insista-t-il.

L'embarras se lisait sur le visage de Léonard.

— Tant pis ! lança-t-il, exaspéré.

Il les abandonna au milieu du chemin pour revenir à sa voiture, garée près de l'abreuvoir de la cour ; il marchait à grands pas en dépit de sa corpulence.

En quelques foulées, Gauthier le rattrapa.

— Vous pourriez au moins proposer un prix ! dit-il.

Giuseppe passa une main dans ses cheveux puis jeta un chiffre qu'il refusa de discuter, même au frais devant un verre.

— Trop tard ! rétorqua-t-il.

— Trop tard ? protesta Gauthier en riant. Non ! Jamais !

Décontenancé, l'Italien le regarda. Déjà, le jeune éleveur avait repris son sérieux.

— L'Aubrac est un petit pays ! glissa-t-il d'une voix calme. On se retrouvera demain sur le foirail de Nasbinals...

Comme un couperet, la réponse tomba. Sèche.

— Non ! Chez Bastide. A midi.

La portière claqua. Un instant plus tard, la Fiat disparaissait sur le chemin dans un nuage de poussière tandis que Léonard arrivait dans la cour, s'appuyant sur sa canne.

— Trop pressé ! soupira-t-il.

Le soir, après le repas, Gauthier et son beau-père retournèrent à la *devèze* des doublons. Ils revinrent silencieux et graves. Assise devant la maison, Blandine brodait un napperon tout en surveillant Catherine qui jouait avec ses cousines près des arbres. Léonard les embrassa au passage et caressa les cheveux de la plus jeune, souhaita une bonne nuit à sa fille puis se réfugia dans sa chambre sans se rendre à l'étable des bœufs. Par la porte entrebâillée, son pas lourd résonna dans l'escalier.

— C'est bien la première fois ! constata Blandine, intriguée.

La lumière du jour faiblissait ; la brise se chargeait de fraîcheur. La jeune femme n'y voyait plus pour crocheter. Aussi rangea-t-elle son ouvrage avant d'appeler les filles.

— On rentre ! dit-elle en frappant dans ses mains.

Les gamines s'engouffrèrent dans la maison en chahutant.

Pendant ce temps, Gauthier ferma le portail, vérifia le niveau de l'huile et de l'eau dans le moteur de la Frégate, s'attarda à la salle à manger pour feuilleter à nouveau le journal. Blandine ne dormait pas lorsqu'il monta ; elle posa son livre, s'inquiéta de son père.

— Vous vous êtes fâchés ? demanda-t-elle.

— Pourquoi ? s'étonna-t-il.

— Tout à l'heure, vous étiez...

— C'est dur de changer ses habitudes, coupa-t-il.

D'un froncement de sourcils, elle accusa le coup. Alors qu'il ne s'y attendait pas, cette année s'avérait éprouvante pour son père : la mort de son petit-fils, le renvoi de l'Epine, le départ d'Elise et de Clément — prévu à l'automne — bousculaient la vie du Cayla.

Pour la rassurer, il s'empressa d'ajouter :

— Heureusement ! ton père sait être raisonnable...

— Ménage-le ! insista-t-elle.

Gauthier l'avait ménagé. Alors qu'il souhaitait céder à l'Italien le lot entier de doublons, il avait accepté d'en garder quatre pour que le domaine puisse dresser de jeunes bêtes durant l'hiver prochain. Comme par le passé. Ce geste avait touché Léonard. « Il m'a évité le coup de grâce ! pensait-il. Mais ce n'est sûrement qu'un sursis... D'ici cinq ans, peut-être même avant, nous n'aurons plus de bœufs à proposer sur les champs de foire. » Malgré ce répit, c'en était fini d'une réputation chèrement acquise de père en fils, qui classait Le Cayla parmi les meilleurs élevages. Il faudrait s'y résigner...

La vente se régla dans la journée. A l'aube, la Frégate emmena Gauthier et Léonard à Nasbinals. Après s'être restaurés au café, les deux hommes traînèrent près des bêtes puis des étals des forains. A midi, ils entamèrent une discussion serrée avec l'Italien ; elle s'acheva à quatre heures de l'après-midi dans la salle enfumée du restaurant. Un camion loué par Giuseppe Forlani à un transporteur du Cantal les suivit jusqu'au Cayla pour embarquer les doublons ; dix wagons complets de bétail devaient quitter la gare de Rodez à huit heures du matin. Lorsque les rabatteurs franchirent la barrière d'un pas décidé — un bâton à la main —, les mâles se séparèrent et s'enfuirent à travers la *devèze*. Jusqu'au crépuscule, malgré l'aide des bouviers, les hommes coururent, s'égosillèrent, s'épuisèrent à les rassembler dans un parc en forme d'entonnoir bâti en hâte par les domestiques avec des piquets de clôture et trois rangées de fil de fer barbelé, qui débouchait dans le camion. Les bêtes sentaient la mort rôder autour d'elles : elles ruaient, grattaient le sol avec les sabots — les naseaux blancs d'écume.

— Comme les taureaux qui refusent de sortir du toril et d'entrer dans l'arène à l'heure de la corrida ! murmura Léonard, songeur.

Enfin regroupés dans ce parc, la robe ruisselante

de sueur, les doublons montèrent dans la bétaillère : ils n'avaient pas d'autre choix sauf, en guise de baroud d'honneur, celui de foncer dans les fils barbelés au risque de se blesser. Au passage, les rabatteurs s'acharnèrent à les pousser à coups de bâton sur l'échine.

— Doucement ! bande de sauvages ! hurlèrent alors, de concert, l'Epine et les bouviers.

Cette violence choqua Léonard ; il n'avait jamais admis que les domestiques se permettent de traiter rudement les bêtes, même au début du dressage des bœufs. A son tour, il faillit s'en mêler puis y renonça. A quoi bon ? Ces hommes ne valaient pas mieux que les tueurs des abattoirs pressés de liquider leurs victimes en série — à coups de masse sur le crâne. De dépit, il s'éloigna sans attendre le départ du camion pour ne pas avoir à s'attendrir sur le sort des taurillons. C'était toujours un crève-cœur pour lui de mener ses vieux bœufs sur le champ de foire, de devoir les vendre pour « la mort » — l'abattoir. Sourd aux meuglements qui se mêlaient aux jurons, il regagna la maison d'un pas pesant. Le dos voûté. Le cœur gros.

15

Pendant quelques jours, aux champs ou à l'étable, le personnel commenta la décision de Léonard. L'Epine ne trouvait pas de mots assez durs pour accabler son patron.

— Comment veux-tu défendre la race d'Aubrac avec des zigotos de son espèce ? lançait-il à la cantonade. Ils plastronnent dans les concours avec les meilleurs spécimens du pays et ils préfèrent les tracteurs aux bœufs ! Ils décrochent des premiers prix au concours de fromages Laguiole-Aubrac et ils achèteront bientôt des suisses[1] pour fabriquer plus de fourmes !

Tous l'applaudissaient, excepté un jeune bouvier surnommé le Merle — il chantait au travail et imitait les oiseaux pendant que ses compagnons de charrue déversaient des tombereaux de jurons.

Il se taisait dans son coin. Au soir de l'embarquement des doublons, Gauthier l'avait entraîné à l'écurie près des juments qui finissaient leur ration d'avoine : il avait besoin d'un homme de confiance aux côtés du maître-valet pour s'occuper du troupeau après le départ de Clément et d'Elise. A la Saint-Géraud, le domaine n'aurait plus de *cantalès* d'hiver. Pour la première fois.

— Je préfère que ce soit toi ! avait-il expliqué au

1. Suisse : brune des Alpes.

Merle. Tu aimes les bêtes... Surtout, tu les respectes... J'y tiens...

— C'est un autre métier ! avait-il répondu, hésitant.

Gauthier avait balayé ses réticences :

— Tu es jeune et tu apprendras vite...

Même s'il avait accepté, le Merle préservait le secret jusqu'au départ de l'Epine ; il se méfiait de cet homme coléreux qui, le soir, sombrait dans la boisson au point de brailler comme un forcené à l'étable des bœufs durant des heures avant de ronfler sur la paille. Ses craintes se confirmèrent : l'Epine chercha des chicanes à ses patrons jusqu'au bout, rouscailla à chaque repas, se permit même des privautés avec Elise pour le plaisir de provoquer son fiancé, ce qui faillit déclencher une bagarre dans la cuisine. Il quitta Le Cayla au matin de la Saint-Michel après le casse-croûte de neuf heures au cours duquel il avait bu une bouteille de vin que Julienne avait, par précaution, coupé avec de l'eau ! Après avoir chargé sa malle, Gauthier le déposa devant l'hôtel Régis de Laguiole : l'autobus de Saint-Flour le conduirait ensuite jusqu'aux Ternes, dans le Cantal, où une ferme devait l'employer jusqu'au printemps.

D'un geste nerveux, l'Epine referma la portière de la voiture ; il hissa la malle sur ses épaules et s'en débarrassa à l'entrée d'un café de l'autre côté de la chaussée.

— Il finira mal ! laissa tomber Gauthier.

A peine les battages terminés, la Saint-Géraud survint à grands pas. Par un après-midi ensoleillé, le troupeau gagna le chemin de l'étable. Charlotte photographia le chapelet de vaches et de veaux qui s'étirait le long de la draille pendant que Silvère — juché sur les épaules de son oncle — battait des mains. Comme chaque année, le *cantalès* remit la bannière au maître devant la maison. Léonard avait peine à masquer son émotion...

Deux jours plus tard, Clément et Elise partaient

dans une ferme de la Châtaigneraie ; leur installation précéderait leurs noces de quelques semaines puisqu'ils se marieraient le samedi avant la Noël. Leurs patrons les récompensèrent à la fin d'un repas de fête dont profita la maisonnée : la fiancée reçut de Blandine un service à découper de chez Calmels ainsi qu'un service de table avec ses serviettes et sa nappe damassées à motifs de muguet ; le *cantalès* emporta du Cayla des cloches de transhumance au collier orné de ses initiales et — cadeau plus insolite ! — une velle de l'année issue de l'une des meilleures souches du domaine.

— Je te souhaite beaucoup de bonheur ! glissa Blandine à Elise en l'embrassant. Tu le mérites... Vous êtes sérieux tous les deux... Je suis sûre que vous réussirez...

Sa remplaçante, Amandine, arriva le soir même. Cette jeune fille de vingt ans était recommandée par Clothilde qui connaissait son père — couvreur à La Vitarelle. La première fois, à table, elle se montra familière avec les hommes ; elle servait dans les cafés-restaurants de son village les jours de foire de Laguiole. Julienne se chargea, en quelques phrases explicites mais plutôt sèches, de dissiper tout malentendu. Après le repas, avec cette raideur qui la rendait antipathique, elle insista auprès de Blandine :

— Il faudra l'avoir à l'œil ! Sinon, comme tant d'autres, elle fêtera Pâques avant les Rameaux...

Blandine faillit pouffer de rire. Que pouvait-elle savoir, à son âge, des femmes d'aujourd'hui ?

Cet automne-là, une nouvelle épidémie de fièvre aphteuse jeta le désarroi dans les campagnes. Allait-on revivre les tristes scènes de l'été 1952 ? La vaccination restait toujours facultative et nombre d'éleveurs qui en redoutaient le coût s'en dispensaient. Sous la pression de son gendre et de l'oncle Numa, et depuis que l'équipe du buron se distinguait au concours de fromage, Léonard avait fini par s'y résoudre. C'était une question d'honneur et une garantie pour l'avenir. Qu'auraient pensé les négociants en bestiaux, les grossistes en fromage et les messieurs au chapeau si le domaine avait renoncé à concourir pour des raisons sanitaires ? La confiance aurait été entamée.

Alors que des foyers infectieux se déclaraient, Léonard pouvait fournir des certificats vétérinaires aux éleveurs qui se présentaient en cette saison au Cayla pour acheter ses génisses sélectionnées. Certains se déplaçaient parfois de loin, depuis le causse de Rodez ou la vallée de l'Aveyron, la Planèze de Saint-Flour, la Margeride ; ils appréciaient son sérieux et ne souhaitaient pas acheter ailleurs. Malgré tout, ses inquiétudes persistaient. Des rumeurs tenaces prétendaient que le préfet de l'Aveyron envisageait d'interdire les foires pour limiter la propagation de l'épizootie.

— En plein automne ? s'indignait Léonard. Il est fou ! S'il nous empêche de vendre nos *bourruts* avant l'hiver, nous n'aurons pas assez de place ni de fourrage pour les garder jusqu'au printemps. Qu'est-ce qu'il s'imagine ? Que nous roulons sur l'or ?

Depuis le mois de mai, les paysans envahissaient les villes, manifestaient aux grilles des préfectures, dressaient des barrages sur les nationales pour attirer l'attention sur la baisse des prix et la désorganisation des marchés. Un moment, Léonard avait craint que le Sicilien n'honore pas ses traites. Beaucoup l'avaient mis en garde contre les marchands qui pratiquaient la carambouille et les Siciliens manipulés par la mafia, les tracasseries douanières et les fluctuations de la lire. S'il les avait écoutés, il aurait déjà demandé à son fils de mandater un avocat d'affaires parisien afin d'exiger le paiement immédiat. Le premier versement, intervenu un mois après la vente, l'avait rassuré sur les intentions de Giuseppe.

— Il paiera tout ! répétait-il à Gauthier.

Léonard l'avait bien jugé. Le 20 octobre, une lettre du directeur du Crédit Agricole d'Espalion conforta son opinion à son égard : il avait réglé la deuxième traite une semaine plus tôt. C'était la seule bonne nouvelle. La veille, les journaux de Rodez avaient annoncé l'interdiction qui frappait la foire de Laguiole pour le mois d'octobre — la première depuis la fin de l'estive. Partout à travers l'Aubrac, la décision suscitait la colère. Gauthier s'enflamma :

— Le préfet n'a rien compris ! En fermant les foires, il n'arrêtera pas l'épidémie... L'Etat doit rendre la vaccination obligatoire !

Plus grave, l'arrêté toucha les gens de l'Aubrac dans leur fierté. Dans un pays réfractaire à l'autorité depuis des générations et qui ne s'en cachait pas, personne n'admettait que la gendarmerie soit chargée ce jour-là de refouler aux entrées du foirail de Laguiole le bétail, les camions, les éleveurs et les marchands. Et sûrement les badauds ! A leurs yeux, c'était une entrave à la liberté. Au café, les plus concernés par cette mesure ne mâchaient pas leurs mots :

— C'est plus facile d'arrêter de braves paysans un matin de foire que de courir après des gangsters armés de pistolets ! Qu'ils nous fichent la paix sinon...

La riposte s'organisa discrètement à l'initiative de la FDSEA[1]. Zéphirin avait transmis la présidence du syndicat de Roquebrune à son fils depuis l'arrivée à la tête de la Fédération départementale d'une jeune équipe déterminée à neutraliser le poujadisme[2] qui menaçait de séduire les campagnes avec ses slogans cocardiers, mais son esprit militant demeurait

1. FDSEA : Fédération départementale des syndicats d'exploitants agricoles.

2. Poujadisme : mouvement national de défense des artisans et commerçants, corporatiste et antifiscal, lancé par Pierre Poujade.

intact. Un après-midi, il attela les chevaux à la jardinière et prit la route du Cayla.

— Quelle connerie ! dit-il à Léonard. Les paysans ont besoin de vaccins contre ces *pétègues* plus que de coups de matraque... Le préfet mérite une leçon... Nous sommes tous dans la panade, mon vieux ! Tu ne peux pas rester chez toi à te croiser les bras pendant que les autres partent au charbon...

— Tu m'imagines à mon âge devant des gendarmes casqués et bottés ? répondit-il. Je n'ai plus vingt ans ! De toute façon, avant la guerre, on ne m'a jamais vu derrière des banderoles...

— Imbécile ! explosa Zéphirin. Pas toi ! Ton gendre...

— Mon gendre ? répéta Léonard. Je ne décide pas pour lui !

— C'est-à-dire que... Tu me comprends...

— Tu n'oses pas ?

Au village et même à Laguiole, le jeune éleveur constituait une énigme aux yeux de beaucoup. Pourquoi refusait-il de rejoindre le syndicat alors que de nouvelles équipes prenaient partout le relais des anciens ? Par référence à son éphémère syndicat, on le traitait encore de communiste, d'anarchiste ou d'utopiste sans trop savoir ce que signifiaient ces mots. C'était un « rouge ».

Léonard l'accompagna au buron mais n'entra pas.

— Débrouille-toi maintenant ! glissa-t-il au premier adjoint.

Gauthier inspectait la cave en vue d'une prochaine livraison au grossiste de Saint-Geniez. La visite de Zéphirin le surprit.

— Cogner sur des gendarmes ? s'étonna-t-il.

L'ancien président du syndicat protesta :

— Tu y vas trop fort ! Nous ne sommes pas des mineurs... Ni des métallos... Non... Simplement forcer des barrages...

— C'est tout comme ! répondit Gauthier. Il y aura de la casse...

— Même si vous vendez bien votre bétail au Cayla, cette affaire vous concerne autant que nous ! C'est une question de principe...

Pendant qu'il retournait les fourmes, Gauthier le laissa discourir puis promit d'y réfléchir. Après avoir hésité, il céda à la veille de la foire. Léonard n'y trouva rien à redire mais se montra, comme à son habitude, sceptique sur l'issue de ce coup d'éclat. Quant à Blandine, elle trembla pour son mari. Dès l'instant où il quitta le domaine, à six heures du matin, jusqu'à son retour de Laguiole au milieu de l'après-midi, elle resta en alerte. En cours de matinée, à trois ou quatre reprises, elle téléphona chez l'oncle Numa. Depuis l'une des fenêtres de la salle à manger, au premier, le pharmacien et sa belle-fille ne perdaient rien de l'animation du foirail. Numa, muni de ses jumelles, essayait de repérer Gauthier au milieu de la foule des paysans qui envahissait Laguiole par toutes les entrées ; Charlotte renseignait au mieux sa cousine lorsqu'elle appelait. Les manifestants réussirent à dégager l'accès du foirail peu avant dix heures puis à repousser les derniers cordons de gendarmes. Alors des camions s'approchèrent de la place, déchargèrent du bétail et un marché illégal débuta. Ce qui sidéra Blandine.

— C'est impossible ! dit-elle à sa cousine.

— Je t'assure ! rétorqua Charlotte. Les gendarmes ont disparu... Plus aucun képi dans les rues ! Maintenant, il y a des centaines de bêtes attachées aux chaînes... Comme un jour de foire...

A l'instar de sa fille, Léonard eut peine à le croire. Pourtant, dès son arrivée, Gauthier le certifia.

— Une vraie foire ! raconta-t-il. C'est un pied de nez au préfet...

Puis d'un ton admiratif :

— Une sacrée organisation ! Chapeau !

— Certainement, murmura Blandine en hochant la tête. Regarde aussi dans quel état tu reviens...

Ses pommettes portaient les traces des coups que

Clothilde avait soignés dès la fin de la manifestation lorsque les hommes, souffrant d'une arcade sourcilière ouverte ou d'un saignement de nez, s'étaient précipités à la pharmacie pour y recevoir des soins. Pendant une heure, Numa et Charlotte avaient nettoyé des plaies tandis que Laurent distribuait des pommades ou de l'arnica. Dans une course-poursuite avec les gendarmes, Gauthier s'était foulé le pied gauche : Clothilde y avait appliqué un cataplasme de verveine cuite dans du vinaigre fort. C'était un vieux remède de sa grand-mère ou d'une lointaine aïeule, plus efficace — affirmait-on — que les savantes préparations de pharmacien. Pour l'heure, cette étrange mixture avait à peine atténué la douleur.

— Envoie l'un des bouviers prévenir la Louve ! insista Blandine après avoir examiné sa cheville enflée.

— Demain ! répondit-il en étirant sa jambe et avant de poser son pied sur une chaise. C'est trop tard... La nuit tombe vite...

Tandis que sa femme montait à l'étage chercher des bandages, Gauthier songeait aux événements de cette journée. Au milieu des centaines d'éleveurs mobilisés par la FDSEA, il avait rencontré le Petit Duc. Indifférent aux suppliques de sa mère qui l'exhortait à se tenir tranquille, il prenait plaisir à provoquer. Ainsi, ce matin, avant d'enfoncer le premier barrage de gendarmerie, Romain avait lancé à la cantonade qu'il s'était déplacé pour « bouffer » du pandore ; il s'était armé d'un *drelhier,* prêt à frapper. A l'adresse de Gauthier et d'un air terrifiant, il avait ajouté :

— Méfie-toi, Chassan ! Tes oreilles pourraient chauffer aussi...

Ces propos l'avaient glacé. Malgré les promesses d'Emilienne, les cousins Fau n'avaient nullement l'intention de baisser la garde. Pourquoi cette rancune, cette haine ? Gauthier s'imagina combien leur mère devait en souffrir : elle désirait tant la paix. C'était une femme sensible, écorchée vive. La mort d'Antoine l'avait affectée. Malgré le mauvais temps, elle avait assisté aux obsèques — seule de sa famille —, s'était déplacée à pied depuis La Bruyère jusqu'à Roquebrune, puis leur avait envoyé une lettre poignante à laquelle Blandine avait répondu la semaine suivante. Toutes deux s'étaient croisées devant l'épicerie du village quelques jours avant Pâques. Sans se soucier des commères postées derrière les fenêtres, elles avaient parlé longuement sur la place. Seul, Gauthier avait été mis dans la confidence : Blandine jugeait son père trop strict sur cette affaire pour qu'il puisse comprendre.

Maintenant qu'il revoyait le Petit Duc sur le foirail, un mouchoir taché de sang en guise de tampon aux narines, les yeux au beurre noir et une paupière à demi close, des bosses rougeâtres au front, Gauthier s'interrogeait sur ses intentions. Souhaitait-il les intimider ou déclencher une nouvelle « guerre » ?

Le jour de la Toussaint, le maire présenta l'étrave brise-neige à ses administrés : le tracteur de son fermier, équipé d'un bel éperon d'acier orné d'un drapeau tricolore, trôna sur la place depuis dix heures du matin jusqu'à la nuit. Au conseil municipal, réuni deux semaines plus tôt pour examiner le budget complémentaire, maître Delmas avait annoncé qu'il voulait rendre compte publiquement de l'utilisation des fonds réunis depuis six mois pour l'acquisition de l'étrave. La fête de la Toussaint fournissait un bon prétexte : elle permettait de rassembler, autour des tombes fleuries, les habitants de Roquebrune et les cousins de Paris — tout au moins en partie. Les anciens patrons de cafés ou de restaurants ne fermaient leurs maisons qu'au début novembre en vue de passer l'hiver dans leur villa de Seine-et-Marne ou leur appartement de Paris : ils assistaient aux enchères qui suivaient l'office de l'après-midi, achetaient œufs ou gâteaux au prix fort afin d'aider les âmes errantes à gagner le Paradis. Malgré les contraintes de leur métier, des limonadiers en activité ne manquaient pas une Toussaint à Roquebrune. C'était le cas du président de l'amicale, Ernest Fabié, qui désertait pendant trois ou quatre jours son restaurant de l'avenue Paul-Doumer.

— Cette année encore, il descendra ! avait souligné le notaire. Il constatera que l'argent de la souscription a été bien employé...

L'appel lancé au banquet d'été avait été entendu au-delà des espérances. En moins d'un mois, le compte ouvert à la perception de Laguiole avait reçu largement ce qui manquait.

Maître Delmas avait insisté :

— Sans les Parisiens, nous n'aurions toujours pas d'étrave !

Il avait proposé de remercier l'amicale lors d'une réception qui marquerait l'arrivée du brise-neige : des discours devant la mairie après la vente aux enchères ou sous le préau de l'école en cas de mauvais temps, suivis d'un apéritif chez le Père Bugeaud.

— Nous convoquerons la presse ! avait-il ajouté.

Léonard n'avait pas pris la parole ; il l'avait écouté distraitement comme s'il ne se sentait plus concerné. Maître Delmas avait réussi à le déposséder de son idée et cherchait maintenant à en tirer des profits. La mort du petit Antoine avait-elle encore de l'importance à ses yeux ? « Cette fête est indécente ! jugeait Léonard. Exposer son tracteur comme sur le foirail de Rodez... Se gonfler comme un paon sur la place du village avec son écharpe de maire... Trinquer au café un jour de Toussaint où on se recueille sur les tombes... Il aurait pu reporter son raout au lendemain... » Ces réflexions, il les avait ressassées des nuits durant sans trouver le sommeil.

L'après-midi de Toussaint, après la messe, la famille participa sur la place à la « criée aux âmes » que dirigeait le sacristain — juché sur la plus haute pierre du socle de la croix. Chez les Fau du Cayla, personne ne regarda à la dépense : Léonard, Gauthier, Blandine, Julienne, François et Florence — descendus par le train de nuit — poussèrent activement les enchères. Le souvenir d'Antoine était présent dans le cœur de chacun. Après la visite au cimetière, les paroissiens se massèrent autour de l'étrave mais Léonard s'en détourna.

— On rentre ! dit-il à son gendre, d'une voix cassée.

Le dos ployant sous un invisible fardeau, aussi sombre que les mauvais jours, il s'appuyait sur le bras de Blandine que le chagrin et l'émotion étreignaient aussi.

— François n'est pas là ? s'inquiéta-t-il soudain.

Sa femme tenait la main de Catherine et marchait derrière eux. Embarrassée, elle ne sut que répondre. Pressée par Léonard, elle dut s'y résoudre — persuadée qu'il n'apprécierait pas sa décision.

— Il reste au village... Pour la réception...

François, devenu trésorier de l'amicale au cours de la dernière assemblée générale, s'était dépensé pour assurer le succès de la souscription ; il paraissait logique qu'il se joigne au président pour la présentation de l'étrave. Mais son père ne l'entendait pas ainsi et sa réplique fusa aussitôt :

— On respecte les morts un jour de Toussaint !

Cet incident gâcha la fin de la journée. Au repas du soir, assis en bout de table, Léonard demeura taciturne tandis que François se gardait de la moindre allusion à la réception du maire.

Préoccupé par l'épizootie de fièvre aphteuse qui progressait en Aubrac et déstabilisait des marchés fonctionnant déjà en dents de scie, Léonard céda à l'abattement. Tout l'y poussait : des journées courtes et brumeuses qui le rendaient mélancolique, un temps humide qui réveillait ses douleurs et sa toux. Le vieil homme avait perdu peu à peu l'appétit ; il s'affaiblissait. Certains soirs, alors que ses enfants l'entouraient de leur mieux, il parlait de rejoindre Pauline. Que faire pour le forcer à reprendre goût à la vie ? Il refusait de quitter Le Cayla, ses terres et son troupeau. Même pour deux jours !

— Tu t'enterres vivant ! répétait l'oncle Numa à chacune de ses visites. Secoue-toi !

Il ne sortit de sa torpeur qu'un mois et demi plus tard en découvrant parmi son courrier — glissée sous la bande d'envoi du journal — une lettre du herd-book d'Aubrac. C'était un matin gris de décembre ; il avait neigé en fin de nuit ce qui n'avait pas empêché le facteur d'assurer son service. Pendant que le préposé avalait un bol de vin chaud près du feu, il décacheta l'enveloppe d'un doigt nerveux. En quelques lignes, le président annonçait le passage de la commission chargée de sélectionner l'élite de la race en vue de l'Exposition de Paris. Ce moment magique, il l'attendait depuis son enfance. Jamais encore, malgré de bons classements, le domaine n'avait pu participer au concours de Paris. Son père en avait rêvé.

— Un jour, tu y monteras ! avait-il soufflé à Léonard sur son lit de mort. Là-haut, je serai fier de toi...

Tandis qu'il glissait la lettre dans sa poche, son visage s'éclaira. Le facteur coiffait sa casquette, s'apprêtait à poursuivre sa tournée. Aussi, avant qu'il ne reprenne sa sacoche, lança-t-il à dessein :

— Nous recevrons la « commission de Paris » le 20 !

Des applaudissements saluèrent la nouvelle.

En quelques heures, Léonard devint méconnaissable. A midi, il ouvrit du vin vieux. En début d'après-midi, il disparut à l'étable des vaches où il rassembla les hommes en présence de Gauthier.

— Ces messieurs viennent dans huit jours ! dit-il. Soyons prêts !

Depuis des années, tout était clairement ordonné dans sa tête : enlever les toiles d'araignées aux fenêtres et aux poutres, réparer les barreaux cassés des mangeoires, repeindre les écriteaux fixés au-dessus de chaque bête avec son nom et sa date de naissance, nettoyer les plaques de zinc — gagnées en concours — qui ornaient l'une des poutres supportant le plancher de la grange, sans oublier les cloches de transhumance alignées dans un coin de l'étable.

— Vous cirerez chaque collier de cuir ! imposa-t-il. Je veux qu'ils brillent ce jour-là. Vous astiquerez aussi le bronze des cloches, les clous, les initiales de mon père... La veille, vous laverez les sabots de chaque vache jusqu'à la corne ! Vous les brosserez mieux que d'habitude... Vous couperez les poils disgracieux sur les croupes... Tout doit être parfait... Comme si le préfet nous rendait visite...

Les efforts demandés payèrent. Les membres de la commission promenèrent leurs yeux du sol au plafond en entrant. Pas un détail n'échappa à leur perspicacité. L'étable était propre, bien éclairée.

Chaque bête retint leur attention mais ils s'arrêtèrent longtemps devant Marquise, premier prix de sa catégorie au concours spécial en mai dernier et susceptible d'être retenue dans la sélection pour Paris. Ils l'examinèrent avec soin, vérifièrent les notes qu'elle avait obtenues six mois plus tôt, comparèrent ses performances laitières à celles des meilleurs élevages avant de reconnaître ses qualités.

— C'est une championne ! avouèrent-ils d'une même voix. Elle a toutes les chances de monter à Paris...

L'heureuse nouvelle tomba le soir du 24 décembre. Blandine la téléphona aussitôt à Paris. Son cœur battait d'autant plus fort que Léonard se montrait décidé à accompagner Marquise à la Porte de Versailles. Quel événement ! Dans la brasserie de François, elle entendit une explosion de joie.

Le voyage les accapara pendant deux mois. Léonard en parlait chaque jour ; Gauthier récapitulait avec sa femme les sorties qu'ils pourraient s'offrir. Enfin, un matin neigeux de février, Marquise quitta l'étable du Cayla. A huit heures sonnantes, Choisy la chargeait sur son camion pour la déposer ensuite devant le taureau de bronze du foirail de Laguiole où les vaches et les taureaux sélectionnés devaient se rassembler avant de prendre le départ pour Paris à bord de quatre bétaillères. La bise qui cinglait les visages n'empêcha pas la foule des curieux de s'agglutiner autour des animaux — attachés à la chaîne comme un jour de foire ou de concours — pour les admirer, questionner les propriétaires, commenter les choix de la commission, s'étonner de l'absence de célèbres lignées. Pendant deux heures, les hommes entrecoupèrent les discussions de quelques visites dans les cafés voisins où le blanc sec les réchauffa. Vers la fin de la matinée, les dernières bêtes arrivèrent des fermes éloignées de la Lozère et du Cantal au grand soulagement de Léonard qui piaffait d'impatience derrière la porte vitrée de la pharmacie Auriac.

— Toujours en retard ! gronda-t-il à propos des Cantalous. Les camions pourraient être sur la route depuis deux heures...

Puis à l'adresse de son beau-frère :

— C'est un temps à congestion. N'est-ce pas, Numa ? Pour nous comme pour les vaches...

Le pharmacien l'approuva.

Les hommes ne traînèrent pas et, bientôt, le taureau de bronze trôna seul sur la place déserte au milieu des tourbillons de neige. Le lendemain, Léonard et Blandine gagnèrent Paris par le train. A peine avait-il embrassé François sur les quais d'Austerlitz que le vieil homme voulut se rendre à la Porte de Versailles ; il avait hâte de revoir Marquise. Comment avait-elle supporté un déplacement de six cents kilomètres et les routes sinueuses du Massif central ? Malgré l'heure tardive, François n'essaya pas de l'en dissuader, convaincu que son père appellerait un taxi à la sortie de la gare s'il refusait de l'accompagner. Ils s'égarèrent dans les allées puis finirent par trouver Gauthier qui cassait la croûte avec les éleveurs de la vallée au milieu des meuglements — une botte de paille en guise de table. Léonard le pressa de questions sans se soucier de son fils qui avait commencé sa journée à six heures ni de sa fille qui se sentait fatiguée après cet interminable trajet en train.

Ils ne rentrèrent qu'après minuit. Dans la voiture qui les ramena au cœur de Paris, Blandine rêvait d'un bon lit tandis que son père parlait encore avec passion de ce qu'il venait de découvrir. « C'est à peine croyable ! songeait-elle, les paupières mi-closes, pendant que la DS de François filait à vive allure sur les avenues. Il y a trois mois, on le croyait à bout de forces... C'est une résurrection ! » La Citroën remonta les Champs-Elysées à la demande de Léonard qui s'émerveillait toujours à observer Paris vivre la nuit.

— Comme tout a changé ! murmura-t-il.

A l'Etoile, François prit l'avenue Kléber puis tourna dans la rue Galilée avant de se garer près de l'Aéro-Club de France devant la brasserie Galilée. Après avoir posé un pied sur le trottoir, Léonard promena son regard sur la façade de l'immeuble dont il remarqua les pierres de taille et les sculptures.

— Bravo, fiston ! lança-t-il en sifflant d'admiration. Beau quartier ! Belle maison ! Vous avez du goût, mes enfants !

A la fin de l'été dernier, à quelques centaines de

mètres du bar-tabac-PMU de leurs débuts, François et sa femme avaient racheté cette affaire à un patron du Puy-de-Dôme. Ils aimaient le quartier, y avaient leurs habitudes depuis leur mariage, entendaient y rester ; ils s'étaient contentés de changer le lambrequin et l'enseigne lumineuse mais n'avaient pas touché aux mosaïques murales qui les avaient attirés dès leur première visite des lieux.

— Dix ans de travail et de nuits courtes ! insista François.

Dès qu'elle les aperçut, Florence descendit de son tabouret — près de la caisse — pour se précipiter au-devant d'eux. Elle affichait la même satisfaction que François. Ils étaient ravis de les recevoir au Galilée, de les accueillir aussi dans l'appartement qu'ils avaient pu acquérir dans le même immeuble — au second.

— Une folie ! chuchota-t-elle à Blandine tandis que les hommes buvaient l'apéritif au comptoir. Entre la maison de Roquebrune, la brasserie et le cinq pièces, nous nous sommes endettés pour des années... Heureusement que nous avions mis de l'argent de côté... J'espère que les recettes suivront...

— Mais tes recettes suivent ! rétorqua Blandine après un coup d'œil dans la salle. Il est une heure du matin et vous continuez à servir...

Florence, confuse, rougit avant de suggérer à sa belle-sœur de s'installer à la table qu'elle leur avait réservée en milieu de soirée. Elle pria les hommes de la rejoindre avant de reprendre sa place à la caisse jusqu'à la fermeture. Ils bavardèrent longtemps après le départ des derniers clients.

Léonard passa toutes ses journées à la Porte de Versailles, ses soirées en famille car tous l'invitaient à dîner ! Malgré un rythme de vie plus intense qu'au domaine, il ne se plaignit de rien.

Le matin du concours arriva enfin. Cette nuit-là, Gauthier dormit près des bêtes sur un lit de fortune pour avoir le temps de préparer Marquise avant le défilé devant le jury prévu à l'approche de midi. Léonard et Blandine le découvrirent en train de cirer les sabots.

— Elle est magnifique ! s'exclamèrent-ils d'une même voix.

Avec son chapeau neuf, son costume trois-pièces dont la poche du gilet s'ornait d'une chaîne en or attachée à la montre cachée au fond du gousset, le maître du Cayla avait aussi de l'allure. Il n'avait surpris personne en annonçant le premier jour de l'Exposition qu'il présenterait lui-même la meilleure vache de son élevage. Gauthier s'était incliné bien qu'il brûlât d'envie d'être aux côtés de Marquise sur le ring ; cette sélection, le domaine et Léonard la lui devaient.

— Bien sûr ! avait répondu Blandine. Comprends-le... C'est son jour de gloire... Peut-être l'un de ses derniers bonheurs...

Les hommes de la famille — son fils, ses frères et son beau-frère ainsi que ses neveux — s'étaient arrangés pour se libérer à l'heure de midi, confiant les affaires à leurs épouses. A tous, l'attente parut insupportable. Les bêtes s'énervaient et Blandine craignait que son père ne fût emporté dans une bousculade ou piétiné. Quand il avança enfin d'un pas assuré sous la lumière des projecteurs, elle sentit des frissons parcourir son corps et songea à sa mère. Ses yeux se troublèrent à ne plus distinguer ni Marquise ni son maître.

Deux heures plus tard, la proclamation du palmarès déclencha un tonnerre d'applaudissements dans le clan Fau : Marquise obtint le prix de championnat alors que Gauthier misait raisonnablement sur une seconde ou une troisième place dans sa catégorie.

Emue, Blandine embrassa son mari.

— Cette récompense te revient ! murmura-t-elle.

— Je la partage avec ton père ! rectifia-t-il. S'il n'avait pas été un bon éleveur, nous ne serions jamais montés à Paris...

— Certainement... Mais...

— Et toi ? Tu m'as toujours soutenu...

Sous le choc de cette nouvelle, Léonard chercha ses mots pour le féliciter à son tour. Mais déjà le speaker l'appelait pour la remise des prix en présence du ministre de l'Agriculture. Alors, d'un geste paternel, il l'entraîna vers le podium.

— Viens ! insista-t-il. C'est toi qui mérites ce prix...

Le soir même, la grande famille se rassembla au Galilée. Pierre avait acheté de la tome de Laguiole à l'Exposition et entreprit de tourner l'aligot au milieu de la salle devant les clients médusés. On but de bonnes bouteilles et Gauthier sortit l'harmonica de son étui rouge lorsque les hommes entonnèrent des chansons de *cantalès* et dansèrent la bourrée en bras de chemise.

L'idée de cette soirée improvisée revenait à François.

— Papa rêvait de revoir tout le monde ! ne cessait-il de dire à sa sœur. C'était l'occasion...

Il ne manquait personne. C'était un samedi. Les enfants étaient de sortie. Blandine était heureuse d'embrasser des cousins perdus de vue depuis des années. En été, certains d'entre eux préféraient s'offrir des vacances sur la Riviera ou sur la Costa Brava plutôt que de sacrifier au rituel de la première quinzaine d'août sur l'Aubrac.

Tard dans la soirée, la jeune femme s'assit près de son père sur l'une des banquettes. Il avait enlevé sa veste et sa cravate, ouvert son gilet ; il paraissait détendu.

— Je peux partir maintenant, dit-il calmement à mi-voix. J'ai tenu mes promesses...

La gorge de Blandine se noua. Pourquoi parlait-il de sa mort en pleine fête ? Leurs regards se croisèrent. Léonard posa une main sur celle de sa fille puis se ravisa d'un ton ferme :

— Oh ! non ! Pas encore. Rien ne presse !

16

Le dimanche qui suivit leur retour au pays, Léonard et Gauthier reçurent un accueil chaleureux chez le Père Bugeaud. A l'issue de la messe, dès qu'ils entrèrent dans le café, on les acclama de tous côtés. En réalité, les clients souhaitaient leur forcer la main pour qu'ils les régalent de quelques bouteilles de blanc.

A peine le beau-père et le gendre commencèrent-ils à saluer leurs amis qu'une poignée d'assoiffés scanda à tue-tête :

— C'est à boi-re, à boi-re, à boi-re ! C'est à boi-re qu'il nous faut !

Dans le brouhaha, Zéphirin se permit de souffler à Léonard :

— Un prix de championnat au concours de Paris, ça s'arrose ! Ils ont raison... Personne ne comprendrait...

Léonard se montra beau joueur, même s'il renâclait à rincer le gosier de quelques lavettes qui hurlaient avec les loups durant les campagnes électorales et ne l'épargnaient guère.

Sur ces entrefaites survint maître Delmas. Pendant que la Mère Bugeaud alignait des verres sur le comptoir, il couvrit d'éloges son conseiller comme s'il cherchait à effacer la bévue de la Toussaint à propos de l'étrave. Léonard l'écouta poliment mais l'arrêta net dès qu'il proposa d'organiser une réception en son honneur :

— Pas de flonflons !

Le maire protesta :

— Ne soyez pas modeste, mon cher Fau ! Vous êtes le premier à vous distinguer aussi brillamment à Paris...

Léonard persista à refuser :

— Pas de tralala !

Au domaine, tous partagèrent son point de vue à l'exception de Julienne, désireuse de régler ses comptes avec l'épouse du maire et quelques femmes du village.

— Tu aurais dû accepter ! insista-t-elle, déçue. Tu l'auras vexé...

Son cousin se fâcha.

— J'ai encore le droit de dire non ! dit-il avec force.

Connaissant son caractère, le maire ne se risqua pas à réitérer sa proposition les jours suivants ni à la clôture du concours spécial de Laguiole qui consacra définitivement la réputation de l'élevage du Cayla trois mois plus tard. Ce soir-là, le député d'Espalion remit à Léonard et Gauthier trois des prix les plus enviés.

— J'en étais sûr ! s'exclama Philippe Mouliac, nouveau *cantalès*, lorsqu'il aida son patron et le Merle à embarquer les bêtes sur le camion de Choisy pour les ramener sur la montagne des Mires. Je vous l'avais dit à Paris...

Gauthier avait rencontré Philippe Mouliac au concours de Paris. Ce jeune homme de vingt ans, commis boucher aux Halles durant les mois d'hiver et buronnier pendant l'été, cherchait une place de *cantalès* dans la région de Laguiole pour la Saint-Urbain.

— Pour être plus près de mes parents ! avait-il souligné avant de préciser qu'ils habitaient une ferme proche de Montpeyroux. Ils ont peu d'occasions de me voir dans l'année... Ils me manquent...

Depuis trois saisons, il se louait comme *pastre* près de Lacalm. Ce qui l'éloignait de Montpeyroux. Par ailleurs, aucun propriétaire ne voulait l'engager comme *cantalès ;* tous le jugeaient trop jeune, sans expérience. C'était aussi l'avis de Léonard.

— Vingt ans ? s'était-il écrié lorsque Gauthier lui avait présenté Philippe sur le stand de la race d'Aubrac à l'Exposition agricole. Seulement ?

Ce garçon aux épaules carrées, au visage ovale et à l'air grave, donnait l'impression d'en avoir vingt-cinq.

— Pourquoi tricher ? avait répondu Philippe. J'aurai vingt ans à la Toussaint... Dans un an, le régiment...

Léonard avait apprécié sa franchise.

Ils avaient discuté pendant deux heures, d'abord assis près des bêtes sur de la paille puis au stand de dégustation du bordeaux où Gauthier les avait bientôt rejoints. Léonard, guère enthousiaste en début de conversation, avait été surpris par son savoir et avait fini par céder à la demande de son gendre qui souhaitait lui donner sa chance. Avaient-ils vraiment le choix ? Trouveraient-ils un homme de confiance à un salaire raisonnable lors des loues d'avril ? Les meilleurs se dispensaient d'accrocher une plume à leur chapeau les jours de foire ; on se les disputait entre montagnes. Dans les cafés, on ne croisait que de pauvres bougres, des garçons violents, des poivrots à qui on évitait d'adresser la parole.

L'arrivée du jeune *cantalès* obligea Gauthier à monter au buron matin et soir — même le dimanche — après la traite, au moment de la fabrication du fromage. Ce qui raccourcit d'autant ses nuits à la saison des foins. Sans se lasser ni perdre patience, il expliqua ses méthodes mais comprit qu'il ne s'était pas trompé dans son choix. Le commis boucher aimait les bêtes plus que son métier d'hiver ne le laissait croire. Il écoutait les conseils de Gauthier, le pressait de questions, éprouvait l'envie de se surpasser pour figurer en bonne place au concours de fromage de la Saint-Michel. Gauthier se chargeait de le stimuler lorsqu'il hésitait à s'inscrire les matins où il se sentait assailli par le doute. La première visite des grossistes de Laguiole et de Saint-Geniez livra, au cœur de l'été, quelques indications sur le chemin parcouru. Léonard attendait l'instant de vérité. Une fois de plus, l'année était difficile. Des gelées tardives avaient contrarié la croissance des herbages. Aussi, leur verdict le rasséréna-t-il : ils marquèrent autant de fourmes qu'à l'habitude.

Au concours de septembre, Philippe Mouliac se classa premier — à l'unanimité —, ce qui abasourdit les propriétaires de montagnes fromagères. Surtout son ancien patron.

— Impossible ! décréta cet homme sec, nerveux. Mouliac n'a pas l'étoffe d'un *cantalès*... On l'a sûrement aidé...

Cette rumeur se répandit parmi les buronniers au moment de la remise des prix. Aussitôt la colère gronda dans les rangs. Estimant que les dés étaient pipés, ils contestèrent la décision du jury et l'un d'eux prit violemment à parti le président afin d'obtenir l'annulation du concours. Le ton monta. En cet après-midi de foire de Laguiole, certains avaient bu plus que de raison. Le maréchal-des-logis-chef, qui avait été convié à la proclamation des résultats aux côtés des notables du pays, dut s'interposer avant de solliciter quelques gros bras pour calmer les esprits. La présence du préfet n'empêcha pas les saisonniers de s'exprimer crûment tant à l'égard des jurés que des propriétaires d'estives :

— Tricheurs ! Pourris ! Vendus ! Profiteurs !

En dépit de cette avalanche de jurons, Léonard

resta impavide. Indifférent à la colère des buronniers. Il n'avait rien à se reprocher. Gauthier pas davantage. Avait-il guidé le jeune Mouliac dans ses gestes quotidiens ? La belle affaire ! C'était son rôle. S'il avait failli à son devoir, Léonard l'aurait rappelé à l'ordre. Aucun article dans le règlement du concours établi cinq ans plus tôt par le syndicat de défense du fromage Laguiole-Aubrac ne l'interdisait. Pourquoi cette mauvaise humeur ? Les buronniers jalousaient Gauthier et le domaine. Leur esprit étriqué n'acceptait toujours pas que l'un des leurs fût sorti du rang, de sa condition de classe. Par ailleurs, l'abondante moisson de prix récoltée cette année par l'élevage du Cayla ne pouvait qu'être suspecte à leurs yeux. Et si ces concours n'étaient qu'une mascarade ? Peu à peu, dans leur tête, s'imposait l'idée que les messieurs au chapeau se répartissaient les coupes et les distinctions avant même que le jury n'effectue sa mission. La rumeur devenait persistante depuis quelques mois dans les foires.

Outre les notables, les hommes s'attaquèrent aussi au *cantalès* des Mires qu'ils couvrirent d'insultes et menacèrent. Gauthier et le Merle entourèrent aussitôt Philippe Mouliac, prêts à le défendre en cas de besoin. Les prix remis sous les sifflets des buronniers, tous trois purent s'esquiver avant les discours. Seul Léonard assista à la fin de la réception ; Numa le ramènerait au domaine.

A peine arrivé sur la montagne, comme si cet argent brûlait ses poches, Philippe le distribua aux gars du buron avant de proposer à Gauthier la moitié de sa part. Alors que le *bédélié*, le *pastre* et le *roul* disparaissaient sur la draille en direction du parc pour la traite du soir, les deux hommes restèrent dans la salle commune — assis l'un en face de l'autre devant un verre de gentiane. Gauthier rejeta son offre d'un signe de tête et tenta de le raisonner :

— Cet argent est pour toi ! C'est la récompense de ton travail...

Son travail ? Sans son patron, il n'aurait jamais terminé premier du concours pour sa première saison aux Mires.

— Depuis le mois de mai, tu as tenu ta place ! expliqua Gauthier. Comme n'importe quel *cantalès,* tu t'es levé tous les matins à cinq heures et tu as trait par tous les temps... Tu as fabriqué le fromage chaque jour, tu as retourné les fourmes dans la cave et tu t'es bien occupé du troupeau...

— Non ! répondit-il. Je ne peux pas...

— Oublie ce qui s'est passé aujourd'hui ! Oublie ces braillards ! Ce sont des jaloux... La prochaine fois, tu leur cloueras le bec... Tu auras deux ou trois ans de plus... Ça compte...

Philippe hocha la tête.

— Garde cet argent : tu seras heureux de l'avoir cet hiver ! glissa Gauthier après un geste amical sur l'épaule. Tu pourras sortir sans avoir à te priver... Ou choisir un cadeau pour ta petite amie...

Le jeune homme rougit.

A la mi-octobre, le départ de Philippe pour Paris s'accompagna de changements au Cayla. A la fin de l'été, le Sicilien avait acheté tous les doublons. Après d'âpres discussions, heureux de pouvoir tirer profit des lauriers de l'année, Léonard en avait obtenu un bon prix. Pour la première fois depuis l'installation des Fau dans cette belle ferme des abbés de Bonneval, le domaine ne dresserait plus de bœufs. Dès cet hiver, trois hommes suffiraient au soin du bétail : le maître-valet, le Merle et Pied-Bot — le seul bouvier rescapé — qui devait son sobriquet à des blessures de guerre. Quelle révolution ! Il n'y aurait plus désormais qu'une paire de bœufs de quatre ans à l'étable pour les menus travaux des champs. Les chevaux avaient-ils encore leur place ? Léonard y était attaché. Chaque printemps, au moment de la montée du troupeau à l'estive, ils permettaient de transporter une douzaine de porcs jusqu'au buron des Mires grâce au break. Le vendredi, de mai à octobre, l'une des juments attelée à la jardinière conduisait Amandine sur la draille afin de livrer les provisions de la semaine aux buronniers. Depuis la fin du mois de septembre et l'acquisition d'une goélette Renault qui rendrait des services tout au long de l'année pour charrier des sacs d'engrais ou convoyer du bétail aux foires, leur présence ne s'imposait plus. Pourtant, Gauthier voulait les épargner. Son beau-père les aimait autant que les bœufs sous le joug ; il ne se lassait pas d'admirer les quatre juments ardennaises et l'étalon : l'hiver à l'écurie, l'été dans les prés avec les poulains. C'était un beau tableau ! Gauthier le reconnaissait. Les bêtes étaient splendides avec leurs jarrets musclés, leurs hanches larges, leur robe baie, leurs petites oreilles pointées en avant. Au concours des Haras de Rodez, organisé à l'automne à Laguiole, elles recevaient souvent des prix.

— On ne vendra ni les juments ni l'étalon ! promit Gauthier peu avant le marché de Rodez prévu à la Saint-André. Tant pis pour le rapport... Il y a toujours eu des chevaux dans cette maison... Il faut perpétuer la tradition...

La nouvelle combla Léonard qui songeait au jour prochain où il emmènerait son petit-fils à bord de la jardinière sur les chemins ou la draille des Mires. Parfois, il évoquait ce projet en compagnie de Blandine dont le sourire ne trompait pas : il le renforçait dans l'idée qu'il serait grand-père une quatrième fois avant quelques années. Dès que le temps aurait accompli son œuvre...

L'hiver s'installa avec son cortège de journées grises et froides, de nuits glaciales, de bourrasques et de tempêtes. Après les fêtes de fin d'année, Gauthier commença à préparer Marquise ainsi que Caporal — taureau de trois ans — pour le concours de Paris ; l'un et l'autre avaient été retenus dans la sélection à tel point que certains jasèrent dans le canton, accusant Léonard d'avoir manigancé des arrangements avec la commission.

L'élevage du Cayla fut à nouveau récompensé — premier prix pour Marquise, second prix pour Caporal —, ce qui valut à Léonard d'être félicité par le ministre, Roland Boscary-Monsservin, qui était aveyronnais. Les deux hommes s'étaient rencontrés quelques années plus tôt à Roquebrune à l'occasion de la campagne des élections législatives : l'avocat ruthénois avait été accueilli à la mairie par le notaire et le conseil. Il se souvenait de Léonard pour avoir évoqué en sa compagnie l'ouvrage que son père — Gabriel Boscary — avait consacré à la condition sociale des paysans aveyronnais au XIXe siècle. Le maître du Cayla en possédait un exemplaire.

— Ils sont cul et chemise ! ironisaient certains. La prochaine fois, Mon-cher-vin[1] lui donnera le poireau[2] !

A Paris, sur le stand, les Fau reçurent aussi la visite de Philippe Mouliac. C'était le dernier jour de l'Exposition, un dimanche en fin de matinée. Gauthier l'invita dans un restaurant alsacien. Le jeune homme, quoique fier du comportement de Marquise et de Caporal au Concours, cachait mal ses inquiétudes : il devait embarquer le 31 mars pour l'Algérie comme beaucoup d'appelés du contingent. Depuis des mois, les journaux dénonçaient les attentats terroristes du FLN qui imposait une guérilla sanglante jusqu'au cœur d'Alger. Deux soldats de Roquebrune avaient ainsi laissé leur vie dans les opérations menées par l'armée française en Kabylie et dans la région d'Oran. Chaque départ était

1. Les ménagères de la rue de Varennes, furieuses que le ministre ait augmenté les prix agricoles et cédé à la pression paysanne, l'avaient surnommé Mon-cher-vin.
2. Poireau : mérite agricole.

vécu comme un drame au sein des familles, d'autant plus que des voix s'élevaient pour critiquer la manière dont le général Massu et ses « paras » assuraient là-bas le « maintien de l'ordre ». Aussi, dans la chaleur des retrouvailles, Gauthier et Philippe parlèrent-ils sans réserve : de la guerre, de la mort, de la vie, de la liberté, de la conscience, de l'amour. Comme deux frères. Le jeune commis, tenaillé par la peur, força son patron à raconter son premier combat dans les rangs des FFI. Avait-il tué des soldats du Reich ? Ou des civils ? Avait-il pu effacer ces morts de sa mémoire ? Ou, quinze ans plus tard, devait-il vivre avec ces fantômes ? Avait-il enfreint les ordres, ne fût-ce qu'une seule fois ? Gauthier répugnait à évoquer les lendemains de la Libération qui, à ses yeux, n'étaient pas aussi glorieux qu'on le laissait entendre, mais il ne pouvait se dérober devant cette avalanche de questions. Oui, il avait tué. Pas par soif de sang ou esprit de vengeance. Pour sauver sa peau tout simplement. C'était près de la frontière suisse, en juin 1945... Quelques semaines plus tard, il avait préféré rendre fusil et munitions...

Pendant qu'il remontait le fil du temps, un malaise l'envahissait. Il plaignit Philippe d'avoir à partir.

Soudain, il héla un garçon pour commander deux bières. Alors le jeune commis demanda avec insistance :

— Vous me reprendrez au buron, à mon retour ?

Cette question étonna Gauthier qui y avait répondu au moment de son départ du domaine cinq mois plus tôt.

— Oui ! bien sûr ! répéta-t-il.

— Même si mon remplaçant a plus d'expérience que moi ?

Gauthier le rassura : il aurait sa place aux Mires dès qu'il aurait remisé son uniforme. Un sourire éclaira enfin son visage ; il promit d'écrire, de passer au Cayla lors de sa première permission. Ils se séparèrent au milieu d'une foule de gens endimanchés s'extasiant à chaque pas devant un mouton aux « lunettes noires » — race des causses du Quercy — ou des chevaux du Boulonnais, tirant par la main des enfants pleurnichards ou indisciplinés. A cet instant, pour beaucoup, l'Algérie paraissait loin.

Aux premières loues de printemps, le 25 avril à Saint-Geniez et à Saint-Urcize, Gauthier se mit en quête d'un *cantalès* mais rentra bredouille ; il s'y attendait. Depuis un an, la situation avait empiré : les fermetures de burons se succédaient tandis que les salaires grimpaient. Par acquit de conscience, il se rendit le 4 mai à Prades-d'Aubrac puis chaque samedi de mai à Laguiole en compagnie de Léonard qui dut admettre l'évidence : les loues ne rassemblaient désormais qu'une poignée de saisonniers tramant dans les bistrots.

— Quelle dégringolade ! lâcha-t-il.

Avant la Grande Guerre, les burons employaient chaque année près de mille deux cents hommes. Pendant quelques jours, à la fin des repas, il prit plaisir à rappeler cette époque sans se soucier du présent. Gauthier se chargea de le ramener à la réalité la veille de la dernière loue de mai qui devait se dérouler à Saint-Geniez. Une décision s'imposait. Fabriquerait-on encore des fourmes cette saison ? Ou fermerait-on le buron des Mires ?

— Fermer ? s'écria-t-il. Jamais !

Son gendre et sa fille partageaient aussi cette opinion. Il y avait le poids de la tradition, les prix obtenus au concours, la réputation de la cave auprès des grossistes qui rejaillissait ainsi jusqu'à Paris dans quelques restaurants — rares, hélas ! — ayant choisi de rester fidèles aux saveurs du pays. Il y avait aussi les efforts de Gauthier. Pouvait-on s'arrêter en si bon chemin ? Sûrement pas. Dans le même temps, comment assurer la production de fromage pendant cent quarante-deux jours dans de bonnes conditions ?

— Nous finirons bien par trouver un *cantalès* ! lança Léonard qui persistait à garder espoir malgré la situation. Certains changent de montagne la veille de l'estive, sur un coup de tête...

— Non ! nous ne trouverons personne ! répondit Gauthier sur un ton catégorique. Inutile de perdre notre temps à chercher...

— Tu es borné, bon sang ! répliqua-t-il sèchement. Le buron et la montagne ont besoin d'un *cantalès*...

— On s'en passera !

Gauthier y avait réfléchi depuis l'automne, échafaudant un plan que Blandine approuvait sans réserve : il s'occuperait lui-même de la fabrication du laguiole avec l'aide du *pastre* alors que le maître-valet monterait aux Mires matin et soir pour la traite. Blandine était disposée à en payer le prix fort : pas de vacances en famille durant le mois d'août, pas un dimanche de détente avec son mari à plus d'une heure et demie de route du Cayla pendant les quatre mois de l'estive alors que les journées étaient les plus longues et les plus ensoleillées. Malgré les contraintes, elle encourageait Gauthier :

— Tant pis pour les sorties et les vacances ! Entre le concours de Paris et les dimanches au ski, on se rattrapera pendant l'hiver... Si on pouvait sauver le buron...

C'était une obsession. A Paris, au mois de février, les frères de Léonard s'en étaient ouverts à leur neveu.

— Ne baisse pas les bras ! avaient-ils dit à Gauthier. Continue !

Tous deux avaient promis d'acheter une fourme à l'automne, de proposer dans leurs brasseries du laguiole des Mires aux côtés du cantal. François s'était montré moins enthousiaste, arguant du fait que les Parisiens préféraient des fromages plus doux, moins typés comme il aimait à souligner. « En clair : pas assez raffiné pour des bourgeois du XVIe ! » avait conclu Gauthier.

De ses discussions avec Pierre et Gatien, avait germé une idée. Pourquoi ne pas vendre aux touristes une partie du fromage ? En janvier, le président de la Fédération des syndicats d'initiative de l'Aveyron avait annoncé dans la presse que le département avait accueilli quarante mille touristes pendant l'été 1957. C'était peu et beaucoup à la fois. Peu comparé à la fréquentation du Mont-Saint-Michel ; beaucoup car l'Aveyron souffrait de l'enclavement routier, de médiocres dessertes ferroviaires. Gauthier avait ainsi croisé sur l'Aubrac des Marseillais, des Bretons, des Alsaciens. La semaine du 15 août, les hôtels d'Aubrac n'avaient pas désempli — rappelant la Belle Epoque lorsque les amateurs d'air pur et de petit-lait envahissaient le village. Gauthier croyait d'autant plus aux ventes d'été qu'il avait été assailli de questions par les visiteurs à la Porte de Versailles. Pour satisfaire cette curiosité, le buron pourrait les recevoir au moment de la fabrication du fromage... Ces réflexions, il les avait confiées à Blandine à leur retour de Paris. Séduite, elle avait manifesté plus d'audace encore.

— Les jours de beau temps, on devrait servir de l'aligot et de la charcuterie ! avait-elle suggéré. Nous aurions du succès...

— Peut-être ! avait-il répondu, dubitatif. Plus tard...

En cette veille de loue à Saint-Geniez, ils n'en soufflèrent mot à Léonard toujours sceptique à l'égard des initiatives de son gendre. Comme ils le pressentaient, les propositions de Gauthier quant au travail du buron ne l'enchantaient guère.

— Ne pense pas que je doute de tes capacités ! répéta-t-il. Non !

Après des hésitations, il finit par lâcher :

— Ta place n'est pas au buron...

— Pourquoi ? s'étonna-t-il.

Le maître du Cayla se lança alors dans de longues explications juridiques et coutumières sur les droits et devoirs des propriétaires ainsi que des saisonniers.

— Les rôles de chacun sont clairement définis, précisa-t-il. L'été de la déclaration de guerre, lorsque Brise-Fer a été malade, je n'ai pas été traire à la montagne... Ni saler les fourmes... Les hommes se sont débrouillés seuls pendant une semaine...

— C'est du passé ! s'emporta Gauthier. Elle est finie l'époque des messieurs au chapeau qui n'empoignaient jamais un manche de fourche au moment des foins même si l'orage menaçait...

Son beau-père regarda ses mains — blanches et lisses comme celles d'un pharmacien ou d'un notaire. Celles de Gauthier étaient rugueuses, constellées de cals.

— Aujourd'hui, dans les grandes fermes, les patrons retroussent les manches et mettent les mains dans le cambouis ! ajouta-t-il.

Ces paroles le laissèrent de marbre. Léonard monta se coucher sans avoir tranché, même s'il n'était plus question de partir à l'aube pour la loue de Saint-Geniez ; il n'aimait pas prendre des décisions dans la hâte. Blandine savait qu'il passerait une partie de la nuit à peser chaque argument.

Peu avant six heures, au moment où les coqs s'égosillaient au poulailler en attendant de retrouver la liberté des champs, son pas lourd retentit dans l'escalier. Assis en bout de table, devant un bol de café fumant, Gauthier parcourait le journal de la veille pendant qu'Amandine s'affairait à la souillarde d'où parvenaient des bruits de casseroles. Les deux hommes se saluèrent comme d'habitude mais un hochement de tête laissa supposer que Léonard se rangeait à l'avis de son gendre. Effectivement, avant de s'installer sur sa chaise à accoudoirs à l'autre extrémité de la table, il lui glissa :

— Une fois de plus, tu as raison...

Au matin de la Saint-Urbain, personne ne décrocha la bannière de la montagne des Mires dans la salle à manger. La tradition était rompue : le domaine n'avait plus de *cantalès*. Malgré tout, précédé par Gauthier, le troupeau gagna la draille avec autant de panache qu'à l'ordinaire : les sonnailles au collier ciré tintaient joyeusement au cou des bêtes parées de rubans multicolores et de rameaux de houx tandis qu'en queue de cortège, entassés dans la jardinière et tirés de bonne heure de leur loge, les porcelets grognaient.

Planté devant l'entrée de la maison, Léonard murmura lorsque le silence retomba dans la cour :

— C'est peut-être la dernière fois... Tout fout le camp...

Les comptes confortèrent Gauthier dans ses choix. Dès la fin du mois de décembre, après le règlement des dernières commandes, son beau-père constata que les ventes dégageaient des bénéfices substantiels. D'ordinaire, les salaires des hommes les réduisaient comme peau de chagrin. Les gages d'un *cantalès* n'atteignaient-ils pas désormais la valeur d'une paire de bœufs pour quatre mois ?

— Grâce à toi, c'est la première fois depuis trente ans qu'on s'en sort aussi bien ! glissa-t-il, satisfait, à son gendre.

Dans l'euphorie du moment, celui-ci regretta presque d'avoir promis à Philippe Mouliac la place de *cantalès* pour la saison qui suivrait la fin de son service militaire, mais il était homme de parole. Pendant la fenaison puis les moissons, sa présence au buron allégerait les journées de Gauthier. « S'il est sérieux, songeait-il, la petite famille pourra s'échapper quelques jours en août. Blandine aime l'océan ; elle apprendrait à nager à Catherine... »

Les événements en décidèrent autrement. La veille de Pâques, Gauthier reçut une lettre des parents de Philippe. Il neigeait dru ce jour-là. Aussi le facteur ne parvint-il au domaine qu'à deux heures de l'après-midi ; il pestait après cette neige grasse qui collait à ses souliers. Comme il n'avait pas mangé, Amandine remplit de soupe et de tranches de pain une assiette creuse. Pendant que Léonard dépliait le journal, Gauthier décacheta l'enveloppe.

— Pauvre Philippe ! murmura-t-il, glacé par les premières lignes.

A peine avait-il lâché ces mots qu'Amandine quitta la cuisine et s'enfuit en étouffant ses pleurs dans le couloir menant à la laiterie. Blandine comprit aussitôt, s'élança sur ses pas.

— Que se passe-t-il ? s'inquiéta Léonard.

— Philippe Mouliac a été tué en opération, répondit-il d'une voix triste. La semaine dernière... Dans la région d'Alger...

Amandine avait couru jusqu'à l'étable cacher sa peine près des bêtes. Blandine la découvrit effondrée sur un lit de paille, le visage décomposé ; elle la prit dans ses bras puis l'amena à se libérer de tout ce qui comprimait sa poitrine. Au début, la jeune femme se montra réservée à l'égard de sa patronne puis, mise en confiance, elle s'exprima sans retenue. Le poids de son chagrin était tel que ses phrases hachées étaient coupées de silences. Pendant un long moment, Amandine évoqua sa première rencontre avec Philippe au buron, leurs rendez-vous du dimanche après-midi dans la cabane au cœur de la forêt, leurs aveux, leurs promesses. Ils s'étaient aimés passionnément jusqu'à son départ pour Paris. La séparation avait été douloureuse.

— J'ai souvent pleuré le soir dans ma chambre, avoua-t-elle.

— Certains matins, tu étais abattue ! compléta Blandine. Jusqu'à l'heure du repas, tu guettais le passage du facteur...

— Vous aviez deviné ?

— Bien sûr ! Vous vous écriviez chaque semaine... J'étais contente pour toi... C'était un garçon réfléchi...

Amandine se força à sourire. Puis se rembrunit :

— Sans cette saleté de guerre...

On sentait de la hargne dans sa voix.

— Sans cette saleté de guerre, il serait revenu au buron ! reprit-elle avec dureté. Nous devions nous marier d'ici deux ou trois ans, nous installer à Paris... Maintenant, je n'ai plus que des photos...

17

Au cours de l'été 1959, une famille du Pas-de-Calais s'aventura la première sur la draille des Mires. C'était après les foins un matin de juillet. Le soleil était déjà haut dans un ciel pur et les buronniers s'attablaient pour leur deuxième repas de la journée que servait le *bédélié* : une soupe épaisse de pommes de terre et de haricots, de la *ventrêche.* Tandis que les enfants cherchaient des coccinelles et des grillons dans l'herbe drue sous le regard vigilant de leur mère, le père frappa. Un seul coup. Par peur de déranger. La porte était restée ouverte mais il n'osa entrer sans y être convié. Personne ne répondit ; les hommes continuèrent à manger en silence, les yeux noyés dans le bouillon gras. Alors il insista :

— Bonjour ! C'est pour la visite !

En juin, Blandine avait confectionné des affichettes qu'elle avait déposées à la réception des hôtels-restaurants d'Aubrac, Laguiole et Nasbinals qui achetaient du laguiole des Mires auprès des deux grossistes du pays. Elle comptait inciter quelques clients de nature curieuse à se déplacer au buron pour entendre les explications de Gauthier sur la fabrication des fourmes. Patrons et maîtres d'hôtels avaient accueilli cette idée avec scepticisme :

— La plupart se moquent de ce qu'ils ont dans

leur assiette ! Du moment que c'est bon, pas cher... C'est tout ce qu'ils demandent !

Elle les avait écoutés pour ne pas les vexer mais s'était gardée de rapporter leurs propos à son mari ; elle avait craint qu'il n'hésite à tenter l'expérience. Elle avait peint deux panneaux que Gauthier avait fixés à l'embranchement de la route de Roquebrune et près du domaine en indiquant la direction de la draille.

— On peut entrer ? lançait maintenant, d'une voix plus forte, cet homme aux cheveux poivre et sel qui commençait à s'impatienter.

Le Merle sursauta puis se frotta les yeux comme si, égaré dans ses songes, il reprenait pied avec la réalité. Depuis sa place tandis que la lame de son opinel mordait dans la miche de pain, il appela Gauthier. Enfin, la porte de la cave s'ouvrit.

Deux heures plus tard, parents et enfants quittaient le buron en emportant du fromage pour les pique-niques de midi et des jours à venir ; ils partirent à regret, captivés par Gauthier qui n'avait guère ménagé sa peine pour répondre à leurs questions. Avec une foule de détails, il s'était attaché à brosser la vie dans les montagnes et une journée de buronnier. Mieux ! Il avait remonté les siècles pour raconter la destinée de l'Aubrac depuis le Moyen Âge avec l'installation des moines-chevaliers au milieu des forêts jusqu'aux foires de la loue de Prades ou de Saint-Geniez en passant par le concours spécial de la race d'Aubrac.

— On sent que vous aimez ce métier, ce pays et votre troupeau ! glissa la jeune femme sur le seuil.

Gauthier hocha la tête : il aimait aussi communiquer sa passion et savait trouver les mots à tel point que le Merle le félicita lorsque les visiteurs s'éloignèrent sur la draille.

— Tu parles comme un maître d'école ! dit-il sans flatterie.

Le Merle, promu *pastre* depuis le printemps,

s'interrogeait sur la façon dont il avait acquis cette somme de connaissances à propos de la dômerie d'Aubrac, des cabanes au toit couvert de mottes de gazon qui tenaient lieu de burons au Moyen Âge, des croisements tentés au XIXe siècle. Gauthier avait lu les ouvrages que possédait son beau-père ; il avait pris des notes sur ses cahiers, fouillé dans sa mémoire pour mettre bout à bout les récits des *cantalès.* Assis sous le manteau de la cheminée pendant que le *bédélié* préparait le repas, le Merle n'avait pas résisté à la tentation de l'entendre — repoussant à plus tard ses tâches de la matinée.

— C'était comme un soir de veillée ! avoua-t-il.

Gauthier se contenta de sourire.

Le Merle était heureux d'avoir enrichi son savoir sur l'univers des montagnes et des troupeaux qui était le sien. Pourtant, tout à l'heure, il avait éprouvé de la gêne lorsque son patron avait évoqué devant cette famille aisée du Pas-de-Calais — le père était ingénieur — les conditions de vie dans les burons. Des regards s'étaient détournés de Gauthier pour se poser sur le coin de cheminée qu'il occupait. Il avait eu le sentiment qu'on violait son intimité. Comment l'inviter à se montrer plus discret pour qu'ils ne soient pas toisés comme des Indiens ? Le Merle n'avait pas le talent de Gauthier pour choisir les mots. Aussi s'exprima-t-il sans détour :

— Tu n'avais pas le droit de parler de nous ! Les gens des villes n'ont pas besoin de savoir ce que nous mangeons, comment nous nous débrouillons sans femmes pendant plus de quatre mois pour la cuisine, la lessive... Et le reste... Non ! Tu n'aurais pas dû...

Le *bédélié* — un homme taciturne et bourru — l'approuva par un signe de tête tout en remuant la soupe dans la marmite au-dessus du feu. Leur réaction surprit Gauthier. Avait-il manqué de pudeur ? Il n'avait pourtant pas soufflé mot des « vierges » des montagnes ni des « postes de secours » — ces maisons accueillantes, à la fois débits de boisson et lieux de rendez-vous — alors qu'en réponse à une question de l'un des garçons, il n'avait pas eu honte d'avouer qu'il avait partagé l'existence des buronniers jusqu'à son mariage. Pour ne pas ternir leurs relations par des malentendus ni gâcher la fin de saison, il voulut présenter ses excuses. Le Merle les refusa.

— Sans rancune ! dit-il avant de tendre sa main.

Le buron attendit presque une semaine une nouvelle visite, au grand soulagement du *bédélié* qui n'aimait pas être dérangé dans ses gestes puis Gauthier accueillit trois familles dans la même matinée. Lorsqu'il rentra au domaine peu après une heure, au milieu du repas, Blandine jubilait :

— Ça marche ! J'en étais sûre !

Gauthier modéra son excès d'optimisme ; il restait lucide.

— C'est exceptionnel ! insista-t-il, au risque de la décevoir.

Pour ajouter aussitôt :

— Heureusement ! Sinon nous ne pourrions pas travailler...

Blandine ne l'écoutait plus ; elle songeait à l'étape suivante : le casse-croûte de midi sous les arbres avec aligot et charcuteries du domaine. L'été prochain ? Peut-être. Gauthier pourrait compter sur elle pour dresser la table, préparer la purée de pommes de terre et tailler de fines tranches de jambon pour en garnir les assiettes, ou peser le fromage à l'aide d'une vieille balance Roberval achetée à l'une des épicières du Foirail à Laguiole que connaissait sa tante Clothilde. Une présence féminine serait appréciée en ces lieux...

La jeune femme montait plus souvent aux Mires depuis que son mari y passait une partie de ses journées. Les jours de grand beau temps, elle y amenait sa fille. Après le petit déjeuner, toutes deux partaient à pied sur la draille. Elles flânaient en chemin, cueillaient des fleurs que Catherine offrait ensuite à son père dès son arrivée avant de l'embrasser sur ses joues mal rasées et d'avaler un verre de lait encore tiède. Une fois au buron, la petite fille lâchait la main de sa mère pour trottiner derrière Gauthier le restant de la matinée. Elle le pressait de questions sur son travail et ce qu'elle voyait à la cave ou dans la salle commune, le forçait à s'asseoir pour chanter une chanson apprise à l'école ou l'amenait à raconter une histoire inspirée de ses albums d'enfant autour des aventures de la chèvre Biquette, du chien Anatole et de son parapluie, de Boucle d'Or. De sa voix chaude de conteur, il s'exécutait avec un plaisir sans cesse renouvelé. Les rires et les cris de Catherine égayaient à tel point le buron que le Merle était triste les jours où elle restait au domaine ; il sifflait avec moins d'entrain. Certains matins, Blandine entraînait sa fille jusqu'au Puech des Mires — sommet de la montagne ; elles en revenaient les jambes lasses et l'appétit aiguisé. A midi sonné, Gauthier les ramenait sur sa Terrot d'avant-guerre qu'il bichonnait. Blandine, habillée d'une jupe ample et légère, coupée à mi-mollet, s'installait à califourchon sur le siège alors que Catherine — assise dans une remorque attelée à la moto — battait des mains. Ravie !

Les après-midi d'août, Catherine rejoignait tantôt ses cousines de Paris dans le jardin de la maison du Fumeur de Pipe, tantôt son petit-cousin Silvère à Laguiole, qu'elle considérait comme un frère. Blandine en profitait alors pour s'échapper en forêt avec Gauthier ; ils y trouvaient par temps lourd une ombre rafraîchissante. Chaque fois, leurs pas les guidaient jusqu'à la cabane des bûcherons que Gauthier réparait encore après les tempêtes d'hiver. Par nostalgie de leurs premiers rendez-vous. A peine apercevaient-ils la toiture de branchages qu'ils couraient jusqu'à la porte main dans la main pour se précipiter sur la paillasse de feuilles sèches qui craquaient aussitôt. Après s'être aimés avec fougue, ils n'avaient guère envie d'en bouger. Blandine blottie entre les bras de son mari, les yeux clos pour savourer le bonheur de l'instant ; Gauthier, le regard fixé à la cime des hêtres à travers le tressage du toit.

Cet été-là, Blandine se montra moins assidue aux pique-niques et aux sorties organisées par les Parisiens au cours de la première quinzaine d'août. Aurait-elle osé avouer qu'elle préférait rester aux côtés de Gauthier ?

— Ce sont nos vacances ! répétait-elle à son mari sans regretter qu'ils n'aient pu partir sur la côte.

Depuis les foins, ces moments d'intimité se renouvelaient assez souvent pour éviter les frustrations. Aussi, décidée à les préserver même lorsque les travaux du domaine exigeaient de son mari plus de disponibilité, elle prévenait :

— Personne n'y touchera...

Un après-midi d'août, l'orage les surprit en pleine forêt. Il était à peine quatre heures. Des nuages d'encre envahirent brusquement le ciel mais ils ne le remarquèrent pas, somnolant sur la couchette de la cabane des bûcherons. Quand les sous-bois s'assombrirent, un moment plus tard, Gauthier réagit enfin et se demanda s'il avait dormi trop longtemps. Quelle heure était-il ? Inutile de chercher sa montre — premier cadeau de Noël de Blandine — dans la poche du pantalon. Par peur de la perdre dans les pâturages ou de l'abîmer, il ne l'emportait jamais au buron. Comment se fier à la position du soleil puisqu'il avait disparu sous les nuages ? D'un geste doux, il réveilla sa femme qui dormait — la tête logée dans le creux de son épaule. Au premier roulement de tonnerre, ils se levèrent. L'orage semblait loin mais pouvait fondre sur eux avant qu'ils n'aient eu le temps de gagner le buron s'ils traînaient trop.

— Dépêchons-nous ! ordonna Gauthier, parcouru de frissons au souvenir du drame qui avait endeuillé l'équipe lors de sa première saison aux Mires avec la mort de Brise-Fer.

Ils s'élancèrent à travers bois mais Blandine éprouva quelques difficultés à suivre son mari qui ne lâchait pas sa main, l'obligeait à allonger le pas. Elle butait parfois contre les pierres du chemin ou des racines d'arbres, et le suppliait de ralentir l'allure mais il restait sourd à ses appels. Déjà, les premières gouttes de pluie tombaient et ils n'avaient pas quitté la forêt. La jeune femme les reçut, tièdes, sur ses bras. Aussitôt, elle songea à la tempête qui avait sévi le 10 août dernier à Rodez. « Un véritable cyclone », avait titré le journal dès le lendemain. La grêle avait dévasté les jardins et les champs des maraîchers aux portes de la ville ; la tornade avait arraché des toitures, déraciné des arbres, abattu des poteaux téléphoniques et électriques ; l'eau avait inondé des caves d'immeubles. Lorsqu'ils atteignirent les murets en pierre sèche de la montagne, les éclairs illuminaient le ciel alors que l'averse redoublait. A peine sortis des sous-bois et de leurs feuillages en voûte qui les protégeaient de la bourrasque, la pluie leur infligea une douche froide. Vêtue d'une robe en coton qui collait maintenant à sa peau, Blandine se sentit gênée dans ses mouvements. Lorsqu'elle perdit ses espadrilles, pendant sa course contre l'orage, Gauthier la souleva dans ses bras. Le buron n'était plus qu'à une centaine de mètres. « Encore un effort ! » se dit-il, serrant les dents. Les grêlons fouettaient leur visage et la foudre semblait les encercler dans un fracas effrayant. La porte était entrebâillée. Il l'ouvrit grand, d'un coup de pied. Une seconde plus tard, il s'effondrait sur le dallage.

Interloqués, les trois buronniers les regardèrent. D'où venaient-ils avec un temps pareil ? Ils se gardèrent de poser cette question. Blandine se rapprocha de l'âtre pour se chauffer, prit place sur une chaise et tendit devant les flammes ses pieds glacés. Le Merle leur prépara une infusion de calament qu'ils burent brûlante dans l'une des assiettes calottes du vaisselier. Il les servit une deuxième fois.

— Sinon vous attraperez la mort ! glissa-t-il.

Au grenier, sur un tas de foin, Gauthier dénicha des couvertures attaquées par les rats et les mites. Ils s'en couvrirent les épaules.

Le déluge d'eau et de feu perdura encore une heure. Quand le danger s'éloigna, les hommes enfilèrent des manteaux de pluie et se préoccupèrent de rassembler le troupeau près du parc. Après avoir emprunté des vêtements au *bédélié*, Gauthier les rejoignit.

Une fois seule dans la salle commune, Blandine verrouilla la porte et tira le rideau de la fenêtre. Dans la pénombre, elle se déshabilla et se frotta énergiquement le corps puis — nue — s'offrit à la chaleur du feu qu'elle attisa pour qu'il pût sécher sa robe. Elle se rhabillait lorsqu'ils rentrèrent. Abattus. Furieux contre le ciel. La foudre avait tué deux veaux de l'année — deux jolis mâles.

Le lendemain, ils apprirent que l'orage avait causé bien plus de dégâts autour d'eux. Des cadavres jonchaient les montagnes : vingt et une vaches avaient péri au Pesquié-Haut.

— Une sacrée tuile ! commenta le Merle.

— On s'en sort bien ! jugea Léonard.

Gauthier et sa femme ne retournèrent qu'une seule fois dans la cabane des bûcherons, à la fin du mois d'août. Le temps devenait plus changeant. La lumière moins vive. Les myrtilles rares...

Un mois avant le chant du coucou, le docteur Lambert ordonna à Blandine de ne plus s'éloigner du domaine. Ce jeune médecin à l'accent du Midi avait succédé voici un an au docteur Mazars qui avait souhaité se retirer après trente-neuf hivers passés sur les routes au service de ses patients.

Comme elle put le constater, cet homme élancé cachait de la fermeté sous des airs affables.

— Vous ne bougerez plus ! dit-il, fronçant les sourcils.

Elle ne broncha pas mais réalisa en une seconde les sacrifices qu'elle devrait s'imposer d'ici la naissance prévue à la fin du mois de juillet : plus de promenades sur la montagne ou dans la forêt ni de sorties en voiture — pas même à quelques kilomètres du Cayla ! A contrecœur, elle se soumit à ce régime strict pour ne pas revivre le cauchemar de la mort d'Antoine.

— Trois mois seulement ! glissa Gauthier.

— C'est long ! répondit-elle.

Depuis Noël, chacun était à ses petits soins dans la maisonnée. Léonard avait acheté un divan pour la salle à manger en songeant au confort des dernières semaines de sa grossesse. Gauthier avait commandé dans un magasin d'Espalion un poste de télévision qui devait être livré puis installé au domaine avant la fête des Mères. La mise en service d'un nouveau relais aux confins de l'Aveyron et du Lot permettait enfin de capter correctement les programmes de la RTF[1]. Au village, seul le notaire les avait devancés depuis le mois de mars — fier d'être le seul à regarder le « journal de Paris » présenté par Danièle Brehms.

— Tu suivras le Tour de France ! expliqua Gauthier à sa femme.

L'été précédent, par un après-midi caniculaire, elle avait assisté avec ses cousins au passage de la caravane et des coureurs dans la côte de Vieillevie — redoutée des cyclistes. Cette année, le Tour roulerait à nouveau sur les routes de l'Aveyron au cours de l'étape Toulouse-Millau ; la capitale du gant avait été choisie, par ailleurs, comme ville-repos le lende-

1. RTF : Radio Télédiffusion Française qui deviendra ORTF au mois de mai 1964.

main. Aussi Laurent insistait-il pour que son cousin l'accompagne à Millau le jour de l'arrivée en ville ou le surlendemain sur la route de la corniche des Cévennes. Bien qu'il brûlât d'envie d'applaudir Bobet et Anquetil, Gauthier avait décliné son invitation : il ne s'éloignerait pas du buron...

— Tu me raconteras chaque soir ! demanda-t-il à Blandine.

Dès Pâques, Charlotte l'avait abonnée à un nouveau magazine, *Télé 7 Jours*, pour qu'elle se familiarise avec les émissions de la chaîne unique de la RTF. Puisant dans sa bibliothèque ou celle de ses beaux-parents, elle se chargeait de renouveler aussi les piles de livres que sa cousine dévorait à longueur de semaine.

A partir du mois de juin, entre les visites de Charlotte, la lecture des romans de Colette et la découverte des feuilletons télévisés, le temps passa plus vite. Après les foins, elle compta les jours...

Une fin d'après-midi de juillet, la veille de la Saint-Jacques, l'un des jeunes bergers monta au buron. Essoufflé, en nage, il chercha Gauthier du regard en entrant dans la salle commune.

— Le pa-tron ! répétait-il d'un ton saccadé. Le pa-tron !

De retour du parc, après la traite du soir, le Merle et le *bédélié* déposaient la *gerle* devant la cheminée.

— Le pa-tron ! s'égosillait-il, gagné par l'énervement. Vi-te !

— Qu'est-ce qui se passe ? s'inquiéta le Merle.

— C'est un gar-çon ! répondit le berger.

D'un geste, le *pastre* désigna les claies en branchages de hêtre qui constituaient l'abri des veaux pour la nuit. Les jambes coupées par l'effort, car il avait couru depuis le domaine, l'adolescent trouva quand même la force de s'élancer à travers la montagne.

Gauthier enfourcha sa moto après avoir confié au Merle le soin de doser la présure pour le caillé. Au domaine, il surprit son beau-père en train de téléphoner la nouvelle à ses frères à Paris. C'était la première fois depuis des années qu'il consentait à s'adresser à l'opératrice du central de Rodez et à prendre patience pour obtenir Paris. Le vieil homme semblait détendu, radieux. Dès qu'il aperçut son gendre, il posa le combiné sur le buffet pour l'embrasser puis claironner d'une voix forte :

— C'est un beau garçon ! Tu peux être fier !

Gauthier se déchaussa aussitôt, monta au premier en prenant garde de ne pas glisser sur le parquet ciré et prit son fils dans ses bras. Après des heures d'efforts qui l'avaient épuisée mais délivrée des angoisses tapies au plus secret de son être depuis la tragique nuit de l'hiver 1956, des larmes de bonheur coulaient sur les joues de Blandine. Des mois durant, au point de ne pas trouver le sommeil certaines nuits — une main posée sur son ventre comme pour être plus proche de son enfant —, elle avait redouté l'instant où elle ressentirait les premières douleurs. Assaillie de doutes, saisie par une peur panique, des questions s'étaient bousculées dans sa tête. Elle n'avait rien laissé paraître devant son mari, préférant s'en ouvrir à Charlotte et à la sage-femme d'Espalion qui s'étaient relayées, dès le début de sa grossesse, pour battre en brèche ses appréhensions. Sa cousine avait promis d'être là au moment des contractions — même en pleine nuit ; elle avait filé au domaine dès que Julienne avait téléphoné et n'avait pas quitté son chevet après l'arrivée de la sage-femme puis du médecin.

— Ne t'inquiète pas : elle ne peut pas être mieux entourée ! avait chuchoté Charlotte en raccompagnant Gauthier jusqu'à la cuisine, lorsqu'il avait rejoint le buron en milieu d'après-midi.

— Tout le monde a été formidable ! confirma Blandine.

La chance leur souriait, après une attente longue de quatre ans qui avait mêlé espoir et déception.

Parfois, malgré les assurances des médecins, ils avaient cédé au découragement au point de se demander s'ils auraient à nouveau un enfant. Surtout Blandine. Elle s'était alarmée au fil des semaines et des mois, guettant avec anxiété un signe de son corps. Au cours de ces moments difficiles durant lesquels elle avait perdu confiance, Gauthier avait redoublé d'attentions à son égard et l'avait empêchée de broyer du noir. Ce qui leur avait permis de résister jusqu'à ce matin de décembre où le docteur Lambert avait confirmé à Blandine l'heureuse nouvelle. Maintenant que l'enfant somnolait dans son berceau, protégé par un voile de tulle, ils étaient soulagés...

Afin de respecter la tradition, on baptisa Jacques au cours de la grand-messe du 15 août en l'église de Roquebrune avant que les invités ne prennent place autour des tables de battage dressées dans la grange des bœufs. Léonard était fringant dans son costume trois-pièces, anthracite, commandé spécialement pour l'occasion à l'un des tailleurs d'Espalion.

— Pour le baptême, on ne se privera de rien ! avait-il dit à sa fille et à son gendre. J'ai envie d'une belle fête...

Sa forme en étonna plus d'un. Ce qui le combla d'aise.

— Diable ! répondait-il. Ce n'est pas le moment de flancher... Ce petit aura besoin de moi... Il aura des choses à apprendre...

Léonard se proposait de parfaire son éducation. Enfant, n'avait-il pas été initié par son grand-père aux complexités du monde qui l'entourait ?

Son entrain contrastait avec l'apathie de Victorien Chassan que d'aucuns remarquèrent aussi. A l'heure de l'apéritif, servi sous les arbres de la cour au retour de Roquebrune, il demanda une chaise à Amandine pour s'asseoir devant l'abreuvoir de pierre — le regard éteint, les mains accrochées à la poignée de sa canne. Son fils, qui ne l'avait pas vu depuis Pâques, avait été surpris le matin même de découvrir un vieillard dans un fauteuil d'osier près de la table de la cuisine face à la fenêtre placée au-dessus de l'évier et qui donnait sur la voie ferrée. Le regard éteint. Comme figé dans ses pensées. Agité de tics et de tremblements. Après l'avoir embrassé, il avait couru jusqu'au jardin où sa mère arrosait des pieds de tomates. Il en avait la gorge nouée.

— Est-ce que tu as bien lu mes lettres ? avait glissé Aurélie.

Dès le mois de juin, elle l'avait prévenu. Victorien ne sortait plus de la maison depuis qu'il avait trébuché contre une pierre au bord de la route menant au bourg : il avait, dans sa chute, roulé dans le fossé. Témoin de la scène, un voisin l'avait aidé à se relever puis à rentrer ; il avait proposé de l'emmener chez le médecin à Laissac.

— Tu connais ton père ! avait-elle soupiré. Il a refusé...

Elle avait soigné ses ecchymoses avec des pommades. Depuis cet incident, Victorien partageait ses journées entre la chambre et la cuisine de la maisonnette alors qu'il aurait pu — par beau temps — s'installer à l'ombre des cerisiers du jardin. Il passait des heures à guetter le passage des trains, à parler à mi-voix de sa jeunesse et de la guerre dans les tranchées, à ronchonner après sa femme si le repas tardait trop.

— C'est un homme qui a beaucoup souffert ! avait-elle l'habitude de dire. La mort de Gabin l'a brisé...

Le travail en usine aussi. A Saint-Chély-d'Apcher aux côtés des métallos puis à Bertholène dans les fours à chaux, il avait besogné sans se plaindre. Pendant plus de quarante ans, il avait enduré les cadences infernales, la chaleur des feux et du métal en fusion, les gaz de combustion qui le suffoquaient à longueur de journée sans qu'il pût se protéger avec efficacité. Depuis quelque temps, ses poumons laissaient échapper un souffle de plus en plus rauque et court alors que ses muscles avaient peu à peu fondu comme si un mal mystérieux le rongeait. Le verdict du médecin était sans appel. « Votre mari est usé ! » répétait-il. Aux yeux d'Aurélie, usé signifiait condamné à plus ou moins brève échéance. Pendant combien de mois Victorien tiendrait-il encore ? « Jusqu'à Noël ! avait estimé le docteur de Laissac lorsqu'il l'avait examiné à la mi-juillet pour une bronchite dont il ne parvenait pas à se débarrasser. Peut-être plus s'il se ménage... » Sans pour autant leur cacher que Victorien était fatigué, elle s'était gardée dans ses lettres de la moindre allusion à ce sursis. Plus tard — à l'automne ou à l'approche de l'hiver —, si les circonstances l'exigeaient, elle préviendrait son fils et sa belle-fille. Pas avant. A quoi bon, dans l'immédiat, gâcher leur bonheur ?

En ce jour de fête, Aurélie suivait du regard le père de Blandine qui se déplaçait d'un pas alerte et avec aisance parmi ses invités. Cet homme guilleret, joufflu, ne paraissait pas épuisé par le travail de la terre comme pouvaient l'être au même âge ses frères et ses cousins habitués à peiner. Combien de fois, lorsqu'ils habitaient le quartier des métallos à Saint-Chély-d'Apcher, avait-elle évoqué en compagnie de son mari — brisé de fatigue au retour de l'usine — les inégalités de classe et de naissance qui les révoltaient.

L'appel de Blandine la tira de ses réflexions.

— A table ! s'exclama-t-elle en frappant dans ses mains.

Dans un piaillement digne d'une volée de moineaux, les enfants se précipitèrent vers la grange des bœufs, excepté Catherine qui se préoccupa de son grand-père toujours assis sur sa chaise près de l'abreuvoir. Gracieuse dans sa robe blanche à volants, avec ses cheveux tressés dans lesquels sa tante Florence avait piqué quelques fleurs des champs, elle proposa de l'aider à marcher jusqu'à la salle à manger improvisée. Un sourire illumina le visage de Victorien.

— Comme c'est gentil ! réussit-il à articuler.

Déjà Gauthier arrivait et tendait son bras auquel Victorien s'agrippa de ses doigts déformés.

Le repas fut joyeux, animé. Florence se chargea de veiller à ce que rien ne manque sur les tables.

— Repose-toi ! ordonna-t-elle à sa belle-sœur. J'ai l'habitude d'avoir l'œil sur tout à la brasserie...

Blandine la remercia ; elle se sentait encore lasse, trois semaines après la naissance de Jacques. Ce jour-là, pourtant, les invités la trouvèrent rayonnante et en beauté dans son costume de soie crème choisi à Rodez une semaine plus tôt. La veste sans col, légèrement cintrée et aux manches trois-quarts, la mettait en valeur. Quant à sa jupe, elle était étroite et courte. Son ourlet s'arrêtait à hauteur du genou. C'était la nouvelle mode que les Parisiennes adoptaient depuis quelques mois.

Comme le soleil tapait fort et que personne n'était pressé de se lever de table, le service traîna. A quatre heures, on servait encore le fromage ! Aussi, entre les plats, Gauthier en profitait-il pour jouer de l'harmonica et accompagner les frères de Léonard dans un tour de chant qui associait les succès traditionnels de la Montagne aux classiques du musette parisien, tandis que les enfants — impatients de se dégourdir les jambes — s'amusaient dans la grange. Cette joyeuse ambiance, quelque peu désordonnée, fatigua Victorien. Le vieil homme commença à devenir nerveux, à ronchonner après les gamins ou les frères de Léonard qui avaient une voix criarde comme des buronniers lançant l'*ahuc*. Avant que les serveuses ne déposent sur la table de Blandine et de Gauthier la pièce montée, conservée au frais à la laiterie, il préféra se retirer.

18

Les confidences d'Aurélie au cours de ces journées de fête bouleversèrent Gauthier. Plus proche de sa mère depuis ses choix d'adolescent qu'elle avait admis puis compris à l'inverse de Victorien, il découvrait soudain la place que son père tenait dans sa vie. Qu'il ait eu l'audace l'année de la débâcle de contrarier ses plans à propos de son avenir puis de récidiver après la fin de la guerre avait pesé sur leurs relations. Au retour de leur voyage de noces, les voyant côte à côte dans la maison où son mari avait grandi, Blandine avait remarqué qu'il n'y avait aucune complicité entre eux. Pouvait-il y en avoir ? Les deux hommes étaient trop différents.

Le dimanche qui suivit le baptême, Gauthier retourna en famille à Bertholène. Ce jour-là, malgré la demande insistante de l'un des hôtels de Nasbinals, il refusa d'accueillir un groupe de six visiteurs au buron ; il rentra tôt des Mires pour prendre le volant avant onze heures. C'était le premier voyage en voiture de Jacques qui trouva la route longue et sinueuse, pleurnicha dans les bras de Blandine, salit sa robe. Après quelques allers et retours, il s'assagit.

Comme elle l'avait tant souhaité, Aurélie les retrouvait chaque semaine et gâtait ses petits-enfants au-delà du raisonnable.

— Permettez que je me rattrape ! disait-elle à leur mère.

Quant à Victorien, il supportait les pleurs, les cris, les jeux sans trop bougonner. Ces visites semblaient le stimuler. Tout au long de la semaine, il y songeait. Il y avait d'abord le déplacement rituel à la gare du bourg. Chaque dimanche, un quart d'heure avant que la micheline Sévérac-Rodez ne franchisse le passage à niveau — « notre passage à niveau », aimaient-ils souligner —, il demandait à Gauthier de l'y emmener en voiture. Quand le temps le permettait, il l'accompagnait sur les quais. Victorien prenait place sur un banc et, montre en main, vérifiait que le train était ponctuel : il connaissait l'indicateur des Chemins de fer aussi bien qu'un cheminot. Le chef de gare s'amusait de ses manies ; il le saluait toujours après avoir agité son fanal pour donner le départ. Les jours de pluie, Victorien ne sortait pas de la voiture ; il pestait contre le ciel, le vent, la buée qui l'empêchaient de distinguer l'autorail avec sa vue qui baissait au fil des semaines au point qu'il ne pouvait plus lire le journal. Quelle « machine » avait-on mise en service ? Un Renault X 5100 de 67 places ? Un X 2400 de 80 places, plus moderne ? Ou un X 2800 de 74 places, plus robuste ? En fidèle abonné de *La Vie du rail*, il s'interrogeait à haute voix, marmonnait ses questions et esquissait des hypothèses sous le regard patient de son fils. Les dimanches où le repas s'achevait plus tôt, il lui demandait de pousser jusqu'à Sévérac admirer les « grandes machines » électriques. Même si les trains ne l'attiraient pas, Gauthier s'exécutait de bon cœur. Les deux hommes n'échangeaient pas un mot en cours de route, et Victorien ne se déridait qu'à l'approche des caténaires de la ligne des Causses. Dans la salle des pas perdus, pendant deux heures parfois, il fallait attendre l'arrivée à quai de l'express Paris-Béziers tracté en général par deux « BB Midi » utilisées en couplage pour tirer plus facilement les voitures dans les rampes raides. Victorien commentait leur puissance et leur vitesse avant de prendre son fils à témoin lorsque le convoi s'élançait doucement.

— La vapeur, c'était quand même autre chose ! disait-il à regret. Les machines bouillaient et vivaient...

Après les fêtes, il commença à perdre l'appétit. A la fin du mois de janvier, il glissa sur le parquet et tomba dans la chambre. Pas de fracture mais une belle peur ! Aurélie n'osait plus s'absenter de la maison sans songer au pire. Les trains ne le passionnaient plus et leur passage le laissait indifférent. Il n'y avait guère que l'éclipse de soleil pour le sortir de sa léthargie. Les journaux y consacraient des articles, depuis le début de l'année, et un cheminot retraité de Bertholène les lui lisait l'après-midi. Prévue le mercredi 15 février, elle piquait sa curiosité. Comme la prochaine n'aurait lieu qu'en 1999, il ne souhaitait pas manquer l'instant où le soleil allait disparaître. La dernière remontait à 1912. Il travaillait alors à la cordonnerie de son père à Allanche. Lorsque le ciel s'était assombri, il avait couru rejoindre leurs voisins au milieu de la rue...

Le dimanche précédent, il l'évoqua encore devant Gauthier :

— Quelle chance de pouvoir en voir deux dans ma vie !

La mort le surprit le mardi. Après le passage du premier train de la journée, Aurélie le découvrit sans vie dans leur lit. Serein. Les mains tièdes. Il s'était éteint doucement tandis qu'elle manœuvrait les barrières. Elle laissa échapper un cri, faillit lâcher le bol de lait qu'elle lui apportait comme chaque matin et déposait sur la table de nuit, se mordit les lèvres pour refouler ses larmes. Pourquoi avait-il choisi de mourir seul ? Elle aurait tant voulu être à ses côtés, tenir sa main et chuchoter des mots d'amour à son oreille puis apaiser ses tourments à l'instant de quitter ce monde. Pourquoi l'avait-on empêchée d'être là alors qu'il avait besoin d'elle ? A genoux près du lit, Aurélie pleura un long moment ; elle songea à ce qu'ils avaient partagé pendant plus de quarante ans — les épreuves, les joies —, à la force des sentiments qui les unissaient toujours l'un à l'autre malgré le temps et les infortunes de la vie. Depuis le jour de leur mariage, rien n'avait été facile pour eux : ils avaient dû lutter, ils avaient souffert mais ils n'avaient jamais désespéré.

On enterra Victorien, le jeudi après-midi, au cimetière du village dans la tombe où reposait Gabin. C'était une modeste fosse, logée à l'extrémité d'une allée au pied d'un cyprès, ornée d'une croix de bois noire. Une plaque émaillée, offerte par l'amicale des Anciens des maquis du mont Mouchet au début des années 50, rappelait la disparition tragique du jeune cheminot. Malgré le soleil, l'air restait frais. D'une voix forte, le curé récita la prière des morts que le vent dispersa avant que les premières pelletées de terre ne recouvrent le cercueil de chêne...

A la tombée de la nuit, Blandine remonta au domaine avec son père, son oncle Numa et Charlotte. Dans la cuisine surchauffée de la maisonnette, Gauthier se retrouva seul face à sa mère. Le repas expédié, il s'efforça de la convaincre d'habiter l'Aubrac.

— La maison est assez grande ! insista-t-il. Tu profiteras enfin de tes petits-enfants... Tu pourras te reposer, te promener dans la forêt ou sur la montagne, cultiver un coin de jardin, aider à la cuisine ou crocheter sous les arbres en été...

— C'est tout réfléchi, répondit-elle d'une voix décidée. Vous êtes tous très gentils avec moi... Mais j'ai peur de m'ennuyer et de vous gêner... C'est vrai : je n'aurais pas le souci du lendemain mais je ne serais jamais chez moi ! Toi-même, tu dis que... Alors, moi...

Gauthier voulut protester. Elle l'arrêta :

— Depuis vingt-cinq ans, nous avons été heureux

avec ton père dans cette maison... Même s'il y a eu la guerre et des coups durs... J'ai fini par m'y attacher... Il y tenait autant que moi... Au milieu des montagnes, des troupeaux et des bois, les trains me manqueront... Le train, c'est ma vie... Essaie de comprendre !

Malgré ces arguments qui ne pouvaient le laisser indifférent car il avait grandi aux côtés de Gabin entre les murs de cette modeste demeure, il revint à la charge :

— Dans un an, tu devras déménager au moment de ta retraite... Une nouvelle garde-barrière prendra ta place...

— Non ! Gauthier ! dit-elle. Personne ne me remplacera... Sur la ligne, il y a trop de passages à niveau : nous coûtons trop cher à la SNCF... Grâce aux barrières automatiques, on pourra se passer de nous... C'est le progrès ! Je n'avais rien dit à ton père... Il aurait été furieux... Il aurait écrit à Rodez, à Toulouse, à Paris...

— Quoi qu'il arrive, tu devras déménager !

— Pas du tout ! On loue les petites gares et les maisonnettes de garde aux retraités... Les loyers sont raisonnables... A ce tarif-là, je n'aurai pas mieux ailleurs... C'est mon chez-moi...

Elle marqua un temps de silence avant de poursuivre :

— L'été dernier, j'ai promis à ton père de monter chaque jour au cimetière s'il partait le premier. C'était le matin de l'anniversaire de la mort de Gabin... Il faisait chaud... Il était trop fatigué pour pouvoir m'accompagner... Entre deux trains, je suis allée fleurir la tombe...

Gauthier regretta presque d'avoir cherché à persuader sa mère de le suivre au domaine ; il bredouilla des excuses :

— Ne crois pas que... Je voulais simplement...

— C'était une bonne idée ! Merci d'avoir pensé à moi...

Puis elle posa sa main sur la sienne, ajouta d'une voix douce :
— Plus tard... peut-être...

Le lendemain, en milieu de matinée, il embrassa sa mère après avoir avalé un bol de café. Sur la tombe, au cimetière, il déposa un bouquet de tulipes rouges qu'elle avait cultivées durant l'hiver puis quitta le village. En route, ses pensées le ramenèrent à son père et à leurs désaccords. Pourquoi n'avaient-ils pas su se parler ? Cette question devenait lancinante depuis ses deux nuits de veille dans la chambre mortuaire au cours desquelles des scènes et des mots étaient remontés à sa mémoire. Ils en portaient chacun une part de responsabilité : Victorien avait tracé le chemin de son fils sans se préoccuper de ses goûts, et Gauthier s'était dressé contre cet abus d'autorité. Il avait envie de voler de ses propres ailes. Par goût de l'indépendance ? Sûrement. Tous deux avaient péché par orgueil et n'avaient pas voulu reconnaître leurs torts, ce qui les avait éloignés pendant des années. Gauthier savait que sa mère en avait souffert.

Dans la côte du Cayrol, tandis qu'il suivait un camion au moteur poussif, il songea à leur dernière visite en gare de Sévérac. C'était l'après-midi de Noël sous un soleil presque printanier, inhabituel à cette saison. Ils avaient flâné sur les quais puis découvert au bout d'une voie de garage une vieille machine à vapeur.

— Toutes les locos partent à la casse ! avait-il déploré d'une voix triste. C'est le règne du diesel et de l'électrique. S'il était encore de ce monde, ton frère en serait malade ! Il bichonnait les machines comme un bon mécanicien...

Après un moment de réflexion, il avait concédé :

— Vois-tu, Gauthier... Il y a des jours où je me demande si tu n'as pas eu raison en avril 40 de jouer les idiots au concours d'entrée à l'Ecole d'apprentissage de la SNCF... Tout a changé tellement vite au chemin de fer... Peut-être, tu ne t'y plairais plus aujourd'hui... Tu aimes trop la terre, comme ton grand-père d'Allanche...

Cet aveu l'avait touché. Pour la première fois, Victorien admettait ses erreurs de jugement.

— Tout change aussi dans l'agriculture ! avait souligné Gauthier. Il n'y aura bientôt plus de bœufs dressés dans les campagnes : on les envoie à la boucherie ; on leur préfère le tracteur... Il est difficile d'arrêter le progrès, de revenir en arrière... C'est comme la vapeur et le diesel chez les cheminots...

Après avoir levé sa canne, le vieil homme avait rectifié :

— A une différence près ! On aura toujours besoin de viande et on continuera à élever des bœufs...

Alors que le camion lourdement chargé peinait à monter la côte et noyait ses poursuivants dans une épaisse fumée noire, Gauthier demeurait dubitatif. Avait-il eu raison de choisir la terre d'Aubrac ? Pour beaucoup d'éleveurs, l'avenir s'annonçait moins radieux que ne l'avait certainement imaginé Victorien. En cette mi-février 1961, les sujets d'inquiétude s'accumulaient, ce qui laissait augurer d'un printemps agité sur les routes et jusqu'aux entrées des villes. Depuis des années, sans que nul y remédiât, le fossé se creusait entre les prix à la production et les prix à la consommation. C'était flagrant dans le secteur de la viande. Le paysan bradait ses veaux et le boucher ne répercutait aucune baisse. La colère était partout à son comble : la question des prix à la production figurait parmi les priorités des syndicats. Quant au Marché commun agricole, mis en place par le traité de Rome, il ne soulevait pas l'enthousiasme. De l'Europe des Six, les paysans souhaitaient obtenir avant tout une organisation des marchés et la garantie des prix. Le nouveau franc n'était pas mieux loti ! Lorsque Antoine Pinay avait substitué le franc lourd au franc Poincaré, le 1er janvier 1960 — cent anciens francs devenaient un nouveau franc —, il n'avait suscité que de la méfiance. Ce matin-là, les Français avaient eu l'impression de se réveiller moins riches que la veille ! Léonard en était tout retourné et avait avoué à ses invités qu'il se sentait dépouillé :

— Comme si on m'avait volé de l'argent pendant la nuit !

A son âge, s'habituerait-il aux pièces de 1 franc et 5 francs alors que sa génération usait encore de l'ancienne monnaie — cent sous désignant cinq cents francs Poincaré ? Il craignait d'être berné par les marchands sur les champs de foire au moment de discuter des prix : ils se montraient souvent pressés de conclure, surtout vers la fin de la matinée. Disposerait-il d'un temps suffisant pour effectuer, mentalement, la conversion entre anciens et nouveaux francs ?

— J'aurai besoin de toi plus que jamais ! avait-il dit à son gendre.

Depuis, Gauthier le secondait lors de chaque vente et Léonard continuait à compter en anciens francs...

La réforme monétaire, traumatisante pour beaucoup d'éleveurs, s'accompagnait sur l'Aubrac d'une révolution tout aussi choquante aux yeux des tenants de la tradition : le croisement industriel de la race d'Aubrac avec la race charolaise.

— Une hérésie ! s'était écrié Léonard, la première fois qu'il avait découvert des veaux croisés sur un foirail. On abâtardit notre race ! On l'assassine ! On cherche à l'éliminer !

C'était le 29 août dernier, à Lacalm, lors de la grande foire d'été. Ce jour-là, un éleveur de la Viadène présentait un joli lot de douze croisés — des veaux de huit mois. A peine les avait-il débarqués du camion puis attachés que la rumeur avait circulé entre les chaînes et dans les cafés où les hommes cassaient la croûte avant le début des transactions.

D'aucuns avaient abandonné leur charcuterie ou leur fromage dans l'assiette pour se précipiter à la sortie du village sur la route de Saint-Flour où se déroulait le marché ; ils avaient hâte de les juger, de tâter la culotte et l'encolure, de constater s'ils étaient plus lourds et plus fournis en viande que les veaux de race pure d'Aubrac à l'échine trop pointue au goût de certains. Gauthier et Léonard avaient assisté à la vente : le lot avait été enlevé par un négociant italien à un prix qui avait suscité des oh ! de surprise. Ce qui n'ébranlait pas les convictions du maître du Cayla. A l'heure de passer à table, tandis qu'ils se dirigeaient vers l'hôtel de la Poste, il n'avait pas mâché ses mots :

— Prends garde, Gauthier ! Le croisement n'est qu'un miroir aux alouettes ! C'est sûrement rentable pour la boucherie... Tu l'as vu : ces mâles se vendent mieux et plus cher que les nôtres... Mais les femelles ? Tu ne pourras jamais monter un bon troupeau avec des génisses bâtardes... Ne parlons pas d'un élevage d'élite comme le nôtre mais d'un troupeau d'une qualité moyenne... Un bâtard reste bâtard ! Impossible de sélectionner... Même si tu as le meilleur des taureaux de race pure, aubrac ou charolais, tu n'obtiendras rien de fameux avec des femelles croisées ! En tout cas, tu ne pourras pas réunir les qualités des deux races... N'oublie pas, fiston, les leçons du passé ! Depuis cent cinquante ans, les grands éleveurs ont tout essayé en croisement avec des vaches ou des taureaux : la brune des Alpes, la parthenaise, la maraîchine, le limousin, la nantaise. Rien n'a été concluant... Ils sont revenus à la race pure...

Puis d'un ton plus ferme encore :

— Tant que je tiendrai la barre, il n'y aura jamais de croisés dans nos *devèzes* ni à l'estive... Même si nous avions besoin d'argent... Mon père et mon grand-père se retourneraient dans la tombe... Ils croiraient que nous sommes fous ! Sur notre montagne, je ne veux voir que des vaches d'Aubrac ! De belles bêtes à la robe froment ! Pas une brune[1] ni une blanche[2] ! Ni une rouge[3] même si tu viens du pays de la salers et si tu aimes ces vaches...

Gauthier savait à quoi s'en tenir. Sa position ne l'étonnait pas : Léonard se rangeait parmi les défenseurs acharnés de l'aubrac. Il partageait son souci de préserver un troupeau de race pure et de poursuivre le travail de sélection entrepris depuis des générations au Cayla. Mais, à l'inverse de son beau-père, il se demandait si le croisement ne constituerait pas une chance pour les domaines qui — comme eux — proposaient des génisses de qualité sur le marché des reproducteurs. L'obligation d'avoir recours à des mères de race pure pour le pratiquer dans de bonnes conditions offrirait, en effet, d'excellents débouchés pour les génisses aubracs, réputées bons « moules à veaux ». « Loin d'être une catastrophe, nous pourrions peut-être y trouver notre salut ! songeait Gauthier. A nous de savoir saisir cette chance... A moins qu'à l'avenir, les Italiens ne préfèrent les mâles croisés à nos doublons et nous imposent d'en produire... Le coup de grâce pour notre race... » Il avait hâte de connaître les intentions du Sicilien.

Comme chaque année, Giuseppe Forlani passa au domaine en plein mois d'août. C'était la veille de la foire de Laguiole. A six heures du matin, le moteur de sa Fiat rugissait devant le portail du domaine tandis que son klaxon réveillait la maisonnée. Gauthier quitta la cuisine où il buvait un bol de café et traversa la cour en courant pour éviter qu'il n'insiste. La nuit avait été courte. Du banquet de l'amicale parisienne, ils étaient rentrés à deux heures ! Cheveux gominés, chemise jaune et panta-

1. Une brune : une vache de race brune des Alpes.
2. Une blanche : une vache de race charolaise.
3. Une rouge : une vache de race salers.

lon de toile, Giuseppe était frais comme un gardon. Il était trop tôt pour se rendre dans les prairies. Aussi s'attablèrent-ils à la cuisine autour d'une assiette de charcuterie. Jusqu'à l'arrivée de Léonard, ils évitèrent de parler de leurs affaires et s'intéressèrent davantage aux performances d'un nouveau champion cycliste : Raymond Poulidor, qui avait remporté au mois de mars la classique Milan-San Remo. Comme Giuseppe suivait en Italie les exploits de Rino Benedetti — le rival de Poulidor dans cette course —, leur discussion les mena jusqu'à huit heures ! Dès que Léonard les rejoignit, ils filèrent en direction des *devèzes*. Deux heures plus tard, la vente des quinze doublons était signée. A leur retour, le Sicilien aiguilla la conversation sur le croisement industriel pour le plaisir de provoquer Léonard ; il aimait plaisanter après avoir conclu ses affaires. Mais Léonard le prit au sérieux. Sa colère éclata aussitôt.

— Des *bourruts* croisés ? s'écria-t-il. Vous n'en trouverez jamais chez moi ! Et vous le savez !

Giuseppe sourit avant de poursuivre d'une voix calme :

— *Nono* ! Vous avez tort d'être têtu... Si vous fermiez le buron, si vous arrêtiez de traire, si vous choisissiez deux taureaux charolais dans le Cher, vous gagneriez enfin de l'argent...

— Jamais ! répondit-il.

— Vous gagneriez enfin de l'argent ! répéta le Sicilien.

— L'argent ! L'argent ! Vous ne pensez qu'à l'argent !

Le négociant haussa les épaules. Qui n'y pensait pas ?

— Ecoutez-moi, *nono* ! Sur les montagnes où on ne trait plus, les mâles et les femelles croisés grossissent plus vite que les *bourruts* d'Aubrac... Pendant l'estive, ils « prennent » 100 à 150 grammes de plus chaque jour... Calculez, *nono* ! En octobre, ils pèsent 15 à 20 kilos de plus, 25 à 30 kilos de plus sur les bonnes montagnes ! Soit 150 francs de plus par tête...

— 150 nouveaux francs ? coupa Léonard.

Giuseppe confirma d'un signe de tête.

— Avec les quarante ou cinquante veaux que vous vendez tous les ans à l'automne, vous perdez au moins six ou huit mille francs ! souligna-t-il. C'est beaucoup...

Léonard ne broncha pas ; il connaissait le prix du renoncement en ces temps difficiles.

— Vous prendrez encore mes doublons dans un an ? demanda-t-il au Sicilien, inquiet de sa réponse.

— Oui, affirma-t-il sans hésiter. Pour le moment. Sauf si... Soyez prudent, *nono* ! Même avec le Marché commun, l'Italie peut fermer ses frontières aux expéditions françaises... C'est déjà arrivé...

— Oui... Je sais...

Si ses mâles de deux ans ne trouvaient plus preneurs en Italie, Léonard devrait les castrer, les engraisser et attendre douze à dix-huit mois de plus avant de les vendre pour la boucherie française. Ce qui n'arrangerait pas ses affaires. La production de bœufs gras était trop longue et coûteuse pour être rentable. Il misait gros en ne comptant que sur le Sicilien pour écouler ses doublons. En était-il conscient ? Sûrement. Ces derniers jours encore, il en avait causé avec ses deux frères — terriens dans l'âme — qui montaient souvent à la montagne des Mires et fréquentaient les foires. Ils l'admiraient de savoir attendre le bon moment pour vendre au meilleur cours. Léonard se fiait à son intuition ; il se trompait rarement. Pourtant, chaque année, rien n'était acquis à tel point qu'il leur avait confié :

— J'ai l'impression de jouer au poker !

Son beau-père, joueur de poker ? Gauthier souriait : il détestait perdre, encore moins être floué. C'était un homme de pouvoir, qu'il avait appris à mieux connaître au fil des ans. Malgré l'approche de ses soixante-dix ans, Léonard tenait à conserver ses prérogatives de maître. « C'est ce qui le maintient ! répétait, depuis des années, Blandine à son mari. C'est sa vie ! » A l'égard de la « tribu » et de François ainsi que des habitants du village, il persistait à entretenir l'illusion de tout régenter. En fait, il sollicitait désormais les avis de son gendre et de sa fille avant de prendre une décision. Ce qui ne trompait personne au Cayla. Jules, le maître-valet, et le Merle s'en félicitaient : ils appréciaient la clairvoyance de Gauthier, son esprit pondéré. Comme à l'habitude, il n'y avait guère que Julienne pour le déplorer. Elle reprochait à Léonard de céder trop facilement aux désirs de ses enfants.

— Avant, tu leur résistais et tu leur rendais service : l'argent était mieux employé ! ne manquait-elle pas d'observer, dans l'espoir de semer le doute et de l'amener ainsi à manifester plus de fermeté à leur égard. Maintenant, ils ne se privent de rien ; ils gaspillent à tort et à travers... C'est cette manie de vouloir tenir pied aux gens des villes ! A croire que l'argent leur troue les poches ! Pourtant, par les temps qui courent... Ils t'embobinent avec leurs belles paroles ! Tu devrais ouvrir les yeux, Léonard : ils dépensent des sommes folles pour des bêtises... des gadgets !

Des gadgets ? Quelques mois plus tôt, Blandine avait équipé la maison de deux congélateurs pour conserver les légumes frais et les volailles jeunes, mieux profiter aussi des trois porcs gras que le saigneur débitait chaque hiver. Julienne, qui supervisait le sacrifice du cochon depuis plus de quarante ans, l'avait mal accepté. Cette acquisition semblait signifier que ses méthodes étaient contestées. Jusqu'à sa place, peut-être... Les femmes avaient toujours accordé leur confiance à la graisse, au sel. Pourquoi y renoncer soudain ? Atteinte dans sa fierté, sa réputation de grande prêtresse du sang, elle avait tenté de retourner l'opinion de son petit-cousin. En vain.

— Et mes confits ? s'était-elle écriée.

— On s'en lasse vite l'été ! avait-il répondu d'un ton sérieux. On les digère mal... surtout à nos âges !

Que Léonard souhaite régner sur le domaine jusqu'à l'heure de sa mort — à l'image de son père — ne contrariait nullement Gauthier dans la mesure où il n'entravait pas la réalisation de ses projets ou n'y opposait pas de veto systématique. Depuis son mariage, il s'efforçait d'être patient : il restait dans l'ombre, se contentait d'un rôle ingrat pour préserver la bonne entente qui régnait au Cayla. Le jour viendrait où Gauthier dirigerait le domaine avant de le transmettre à son fils. Pourquoi se presser au risque de tout gâcher et de provoquer une guerre ouverte avec son beau-père dont Blandine ne pourrait que souffrir, qui pèserait longtemps sur le quotidien de la famille ? D'ici là, il estimait avoir encore à apprendre de cet homme d'expérience qui avait l'étoffe d'un maître et n'avait pas usurpé sa réputation. Ils s'appréciaient mutuellement. Léonard admettait ainsi qu'il devait à son gendre d'avoir entrepris la modernisation du domaine à temps et dans de bonnes conditions même si cela ne dissipait pas toutes les inquiétudes pour l'avenir. Gauthier, quant à lui, avait acquis au contact de son beau-père un savoir — tout en subtilité — qu'aucune école d'agriculture n'enseignait. Ils avaient besoin l'un de l'autre — ce dont se réjouissait Blandine. De cette situation où chacun trouvait son compte, seul François s'accommodait mal car elle retardait le partage. Il n'en avait soufflé mot à quiconque pendant des années, jusqu'à cette fin de matinée de février 1957 où il avait glissé à son beau-frère, alors que Léonard présentait Marquise devant les jurés de l'Exposition agricole de Paris :

— Mon père s'accroche à ses terres comme si personne n'était capable de s'en occuper ! Il pourrait comprendre qu'il est temps de lâcher les rênes. Il devrait arranger ses affaires... On ne sait pas ce qui peut nous arriver... La maladie... Un accident... On doit prévoir... Penser à ses enfants... Les aider... A Paris, notre métier a changé... Autrefois, on doublait facilement la mise à la revente d'un fonds ; on n'hésitait pas à acheter plus grand, plus beau... Aujourd'hui, c'est différent... Les bonnes brasseries sont très chères... Tout le monde gagnerait à passer chez le notaire... Toi le premier ! Au domaine, tu aurais les coudées franches... Moi... Je serais plus à l'aise... Il reste à en persuader mon père ! C'est loin d'être gagné... J'espère qu'il n'attendra pas d'avoir reçu l'extrême-onction pour signer... Sinon il sera trop tard... Pour moi et mes filles... Je suis en train de bâtir leur avenir comme tu construis celui de tes enfants... Est-ce que tu crois qu'il y a réfléchi ? Non ! Il est trop égoïste...

Ces paroles empreintes d'amertume avaient surpris Gauthier et suscité des interrogations. Pour l'acquisition du Galilée, François avait-il sollicité une avance d'hoirie, essuyé un refus de son père ? Ou échafaudait-il des projets pour lesquels il aurait prochainement besoin d'argent, ce qui le conduirait à demander sa part d'héritage, à précipiter la succession ? Il s'était gardé de rapporter à Blandine ces propos, qui l'auraient blessée. Depuis, à Paris ou au pays, les deux hommes avaient eu l'occasion de se retrouver en tête à tête mais François avait évité d'aborder à nouveau le sujet. Comme s'il regrettait d'avoir égratigné son père... A moins qu'il ne guettât une opportunité, une affaire à saisir... Sans doute comptait-il sur l'appui de son beau-frère pour convaincre Léonard. Ses intentions étaient claires aux yeux de Gauthier. « Il doit s'imaginer que je suis prêt à tout pour devenir propriétaire du domaine ! pensait-il. A me heurter à mon beau-père contre l'avis de Blandine... A diviser la famille, ou à créer la zizanie... Il se trompe : je n'entrerai pas dans son jeu... »

Gauthier craignait également qu'il ne manifestât ses prétentions à un moment difficile pour eux ; il avait vu juste. François demanda sa part d'héritage au mois d'août 1962 alors que le pays manquait de pluie depuis le début juin et les troupeaux d'herbe verte sur les montagnes. Gauthier avait commencé à élaguer les hêtres qui se dressaient au bord des chemins ou le long des murets pour que les bêtes puissent se nourrir de feuilles à défaut de centaurée, de crételle, de silène ou de trèfle rampant. Léonard avait adressé un courrier au directeur des Eaux et Forêts pour obtenir l'autorisation de mener le troupeau pâturer en forêt. Sa réponse tardait malgré l'urgence de la situation. En cas de refus, de persistance du temps sec, il faudrait se résoudre à puiser dans les réserves de foin pour maintenir la production de fromage puis à passer commande chez Choisy d'une provision de tourteaux, de pulpe de betterave ou de luzerne déshydratée pour les rations d'hiver.

Cet été-là, François et sa femme avaient décidé de prolonger leurs vacances après le 15 août.

— Jusqu'à la foire de Nasbinals ! avait décrété Florence.

Pendant que les hommes jaugeaient les bêtes sur le foirail, elle aimait flâner dans les rues du bourg aux côtés de sa belle-sœur et s'arrêter devant les étals des forains pour marchander coupons de tissu, draps, taies d'oreiller, torchons et serviettes.

— Avec deux maisons, il faut toujours acheter ! se lamentait-elle.

Ce jour-là, Florence s'était contentée de deux paires de draps.

— Les filles nous coûtent de plus en plus cher ! s'était-elle plainte. Leurs frais de scolarité ont encore augmenté cette année... Finalement, j'aurais dû les inscrire à Espalion ! Elles seraient montées au Cayla chaque fin de semaine et nous auraient rejoints pour les petites vacances... Tu aurais pu t'en occuper... Tu le vois : nous sommes tellement pris... Peut-être, l'année prochaine...

A la fin de la journée, ils s'étaient retrouvés au domaine pour le repas du soir qu'Amandine avait servi à la salle à manger, une fois Gauthier de retour du buron. Ils avaient parlé de la foire, des cours du bétail, de leurs rencontres dans les cafés ou devant l'église, de la sécheresse. Après le fromage, devant des enfants impatients et gourmands, Amandine avait servi de la tarte aux myrtilles. Jacques et Catherine s'en étaient léché les doigts avant de disparaître à la cuisine pour écouter les récits du Merle tandis que leurs cousines s'étaient retirées sur le divan de la salle à manger pour poursuivre la lecture de leur magazine préféré, *Salut les copains*. Maintenant, Gauthier exhumait du buffet une bouteille d'eau-de-vie portant une étiquette « Mirabelle, 1932 » ainsi que trois verres à liqueur.

— Le coup de l'étrier ! prévint Léonard. Il commence à être tard...

La fatigue se lisait sur son visage : sa journée avait débuté tôt le matin sur le foirail de Nasbinals où, en compagnie de son gendre, il avait conduit cinq veaux de l'année que la montagne des Mires ne pouvait garder plus longtemps, faute d'herbe.

Les hommes sirotèrent leur alcool en silence.

— Toujours aussi fameuse ! lança François.

Il en avala deux verres puis fixa son père :

— Avant de remonter à Paris, je voulais te dire...

Léonard sembla sortir de l'engourdissement qui le gagnait peu à peu dans cette pièce où l'air était étouffant malgré la brise légère qui pénétrait par la fenêtre entrouverte. Il le regarda à son tour. Les mains nerveuses, François hésitait.

— Tes affaires ? s'inquiéta son père.

— Non ! répondit-il, l'œil rivé à la pendule.

— Alors ? demanda Léonard.

— C'est délicat à dire ! avoua François avant de chercher auprès de sa femme un encouragement.

Soudain les conversations cessèrent et chacun resta suspendu à ses lèvres, y compris Florence qui redoutait une maladresse de son mari après ce repas bien arrosé.

— C'est simple ! expliqua-t-il. Tu avances en âge et nos enfants grandissent... Il est urgent de partager le domaine...

— Urgent ? répéta Léonard sans se départir de son calme. Mais pourquoi ? As-tu besoin d'argent d'ici quelques mois ? Comptes-tu revendre ta brasserie et acheter un grand restaurant ? Changer de quartier ? Combien te faut-il ?

Ses questions, son offre le décontenancèrent.

— Combien ? insista-t-il. On peut toujours s'arranger... Mon père avait aidé Pierre et Gatien à s'agrandir après la guerre... Je ne vois pas comment je pourrais te le refuser...

François remercia poliment puis, le front plissé, ajouta :

— Dans l'immédiat, je n'ai besoin de rien ! Peut-être plus tard...

Léonard pensa que ces mots avaient clos la discussion et, d'un geste sec, referma son laguiole. Il glissait son couteau au fond de la poche de son pantalon lorsque son fils l'arrêta :

— Nous nous sommes mal compris ! Il est temps de partager...

Puis, sans qu'il ait pu réagir, il lança :

— La moitié du domaine me revient... Je veux ma part... Ecris ou téléphone au notaire... Qu'il prépare l'acte... On pourrait le signer à Toussaint lorsque nous redescendrons... Préviens-le : je préfère la terre à l'argent...

Alors, il cessa de jouer avec des boulettes de mie de pain et se tourna dans la direction de sa sœur, devenue pâle depuis le début de la conversation, puis de Gauthier — assis à côté d'elle — stupéfié par des exigences auxquelles il n'avait pas songé.

— Vous n'aurez rien à débourser ! précisa-t-il. A

l'exception des frais de notaire... Pas d'emprunt ni de remboursement d'annuités ! Donc pas de dettes ! C'est l'idéal après une sécheresse, des cours en baisse, des années maigres...

L'exaspération les gagna. Avait-il trop bu ce soir ? Pourquoi les narguait-il ? Le premier, Gauthier se fâcha :

— Arrête ton cirque ! Tu...

Il ne put achever sa phrase car la colère de Léonard, longtemps contenue, fondait maintenant sur François :

— Guignol ! Bandit ! Jean-foutre ! Où as-tu appris ces manières ? Qui t'a fourré ces idées dans la tête ? Ta femme ?

A ces mots, il obligea Florence à baisser les yeux avant de revenir vers son fils.

— Tu n'auras pas un seul hectare de terre ! martela-t-il.

— Je prendrai la montagne ! annonça François.

— Non ! répondit-il, d'un air catégorique. On ne cédera pas à tes caprices de gosse... On n'a jamais morcelé le domaine...

— Sans montagne, il perdrait toute sa valeur ! continua Blandine dans l'espoir de calmer les esprits. Sur l'Aubrac, on ne sépare pas les prairies des estives... On te l'a assez dit !

— Vous louerez des terres ! répliqua François. Dans le Cantal et en Lozère, il n'en manque pas ! Les jeunes s'en vont...

— Notre troupeau ne transhumera pas ailleurs qu'aux Mires ! coupa Léonard. Est-ce clair ? Le reste se réglera devant notaire le moment venu... Pour l'heure, rentre chez toi et boucle tes valises si tu as l'intention de prendre la route de bonne heure...

— Je veux la montagne et je l'aurai ! persista-t-il à dire. Tu devras t'en défaire tôt ou tard... On n'emporte pas dans la tombe les maisons, les terres, l'argent... On part toujours les mains vides...

Blandine laissa échapper un « oh ! » de surprise

puis se mordit les lèvres sous le coup de l'écœurement. On ne traite pas son père aussi durement et avec autant d'insolence, se disait-elle. Pauline en aurait été indignée. Pourquoi François s'acharnait-il à vouloir la montagne des Mires ? Ressentait-il le besoin, comme tant de gens de l'Aubrac exilés à Paris, de posséder de la terre ? A l'inverse de nombreux Aveyronnais de la capitale, il n'avait aucune revanche à prendre sur la vie : il avait choisi librement Paris et le monde de la limonade. Avait-il des regrets ? Que cachait cette obstination ?

19

Après avoir embrassé les enfants dans leur chambre, Blandine et Gauthier parlèrent longtemps — dans le noir, allongés sur leur lit. A peine la jeune femme avait-elle éteint la lampe que des larmes coulèrent sur ses joues. Comment ne pas être triste après ce qui s'était passé ? Pour des raisons stupides, elle allait perdre son grand frère alors qu'ils aimaient se retrouver chaque mois d'août au domaine, y partager de bons moments, y évoquer des souvenirs autour de la mémoire de leur mère, y rassembler la « tribu ». Le Cayla, chargé d'histoire familiale et territoire de jeu de leur enfance où ils avaient été heureux, pouvait-il devenir pomme de discorde ? Comme en 1908 entre Achille et Fernand, frères de lait et de sang passés pires ennemis ? Au point de créer des clans, d'engendrer de la haine pour des décennies ? Blandine n'osait le croire ; elle dépenserait toute son énergie pour éviter la brouille, l'irréparable. Déjà elle imaginait les réactions de la « tribu ». Pierre et Gatien désapprouveraient leur neveu ; leur attachement viscéral au Cayla les pousserait sûrement à le raisonner : ils étaient si fiers du berceau familial, de sa montagne, de ses bois et de ses prairies — « notre domaine », se plaisaient-ils à dire encore, un demi-siècle après l'avoir quitté — qu'ils combattraient le projet de François pour préserver ce bel ensemble.

— Nous pouvons compter sur eux ! glissa-t-elle à Gauthier après s'être blottie contre sa poitrine. Quoi qu'il arrive, Pierre et Gatien ne nous lâcheront pas... En revanche, je n'en jurerais pas autant pour l'oncle Hilarion... Il s'est occupé de François à son arrivée à Paris... Comme il n'a eu que deux filles et qu'elles se sont toutes les deux détournées de la limonade, il l'a aidé... comme si c'était son fils... Avant son mariage, il l'a présenté aux fournisseurs... Même si les parents de Florence qui sont dans la restauration connaissent les ficelles du métier, c'est tout de même l'oncle Hilarion qui leur a mis le pied à l'étrier, leur a trouvé une place de gérants... Je crois qu'il continue à les conseiller pour leur brasserie...

— Et Patricia ? s'inquiéta Gauthier.

La jeune femme sourit.

— Patricia ? A Paris, elle fréquente peu François et Florence... Ils n'ont guère le temps de recevoir ni de sortir, comme la plupart des patrons de cafés... Contrairement à son père, Patricia ne se mêlera pas de nos affaires...

— Et Numa ?

— Il nous défendra, répondit-elle avec certitude. L'oncle Hilarion n'a pas d'influence sur son beau-frère ni sur sa sœur... Ils sont trop différents... Numa n'aime pas les flambeurs...

Des questions se bousculaient encore dans la tête de Gauthier. Si par bonheur son beau-frère renonçait à la montagne, comment paieraient-ils sa part d'héritage ?

— On devra emprunter au plus mauvais moment ! soupira-t-il en songeant aux faibles marges des bonnes années. S'endetter pour quinze ou vingt ans... Garder le vieux tracteur qu'il faudrait bientôt remplacer... Rouler avec une voiture à bout de souffle... Se passer des services d'Amandine... Se priver de...

Blandine tempéra aussitôt son pessimisme.

— Tu oublies la gentiane ! dit-elle. Nous pouvons la vendre toute dans une seule saison !

Abondante sur les terrains bien ensoleillés du haut plateau, elle constituait une valeur-refuge pour les propriétaires de montagnes. Avant-guerre, Léonard avait livré la montagne des Mires en bloc à une équipe de *gentianaïres*[1] de Laguiole qui travaillait pour une distillerie du Puy-de-Dôme. La récolte, fameuse, avait dépassé les estimations du négociant. Cinquante tonnes de racines avaient ainsi séché au milieu des pâturages pendant un mois tandis que l'argent avait servi à moderniser les étables, installer l'électricité et acheter une moissonneuse-lieuse.

— Presque trente ans se sont écoulés depuis ! précisa Blandine qui gardait en mémoire le souvenir du passage de ces hommes armés de « fourches du diable ». Mon père a préservé ce capital : il se doutait bien qu'un jour, nous en aurions besoin ! On n'arrache qu'une fois par génération...

Ces révélations soulagèrent Gauthier qui se sentit plus léger.

Mais avait-il été suffisamment prévoyant ? se demanda-t-il soudain. Dans son esprit, des inquiétudes demeuraient quant au calcul de la part de François. Comment le notaire prendrait-il en compte ce qu'il avait apporté au Cayla depuis son mariage ? Jusqu'à présent, il s'en était peu préoccupé ; c'était désormais son souci majeur. Certes maître Lombard pourrait consulter les cahiers sur lesquels il avait consigné au fil des jours l'évolution de la ferme et de ses projets mais suffiraient-ils à l'éclairer ? Alors qu'il avait été maître-d'œuvre de la modernisation, Gauthier craignait d'être lésé. Treize années d'efforts pour rien ? C'était injuste, révoltant ! Le découragement le gagna tandis que défi-

1. *Gentianaïre* : arracheur de gentiane.

laient dans sa tête des moments heureux de sa vie au Cayla. Qu'en pensait Blandine ?

En guise de réponse, elle l'embrassa et caressa sa joue.

— Tranquillise-toi ! chuchota Blandine. Mon père a tout prévu...

Un mois avant leur mariage, Léonard avait demandé au notaire de famille d'établir un état des lieux aussi minutieux que possible. Trois jours durant, un jeune clerc l'avait accompagné dans chaque pièce puis dans les remises, les étables, les granges et au buron. Il avait rendu un rapport d'une douzaine de pages rédigées d'une écriture fine, qui mentionnait tous les ustensiles de la batterie de cuisine et du buron, l'outillage des domestiques, le mobilier de la maison, sans oublier le cheptel à sa valeur de la foire de la Saint-Jean de Rodez. Blandine avait pu le parcourir.

— Pour les faux, le clerc a même relevé la marque de la lame et leur état ! souligna-t-elle. Tout a été inventorié... jusqu'aux pots de chambre ébréchés et aux chaises bancales que Julienne entasse dans un coin du grenier !

Ces détails amusèrent Gauthier qui sourit.

— Sois rassuré ! dit-elle plus sérieusement. Il n'y manque rien... Mon père n'aurait pas supporté que nous soyons désavantagés... Hélas ! Il était loin d'imaginer que...

Gauthier hocha la tête avant de pousser un profond soupir. Peu à peu, il envisageait l'avenir sous un jour moins sombre même si rien n'était réglé.

— Malgré une écorce rugueuse, c'est un homme droit et intègre, reprit-elle à propos de son père. Pour le domaine, il se battra jusqu'au bout de ses forces...

Gauthier posa un doigt sur ses lèvres.

— Nous nous battrons tous ! ajouta-t-il.

François rompit avec ses habitudes dès le lendemain. De retour à Paris en début de soirée, il ne téléphona pas à son père au Cayla pour raconter leur voyage. Nul ne s'en étonna. Il l'avait quitté furieux, la veille.

— Il reviendra ! estima Julienne. Dans quelque temps... C'est un garçon intelligent... Il comprendra qu'il n'est pas raisonnable...

Son silence persista. Les premières semaines, sa sœur ne s'en alarma pas : il était trop tôt pour qu'il se manifeste. Il consultait des avocats avant d'entreprendre des démarches auprès du notaire de famille. Ou, contrarié de constater que rien ne se déroulait comme il l'avait imaginé, remâchait encore leur discussion. Ou, tenaillé de remords, n'osait décrocher le téléphone par peur d'être sermonné. A la fin du mois de septembre, Blandine chercha à obtenir de ses nouvelles par l'intermédiaire de Patricia mais sa cousine ne l'avait pas revu depuis la rentrée. Alors, chaque soir, elle rejoignit la salle à manger après le repas pour guetter la sonnerie du téléphone en feuilletant des magazines. Elle veillait ainsi jusqu'à minuit, persuadée qu'il finirait par éprouver des regrets puis à se confondre en excuses. En vain. Elle voyait bien que son père attendait aussi cet appel capable de tout effacer, ce qui le rendait sombre — parfois irascible.

L'approche de la Toussaint raviva ses espoirs. Le 1er novembre tombait un jeudi cette année-là. En profiterait-il pour descendre au pays ? Lorsqu'il pouvait fermer sa brasserie, il filait à Roquebrune pour quelques jours : il tenait à assister à l'office de l'après-midi et à la vente aux enchères pour les âmes, à fleurir lui-même la tombe de leur mère. Les années où ses affaires le retenaient à Paris, il ne manquait pas de commander les plus beaux chrysanthèmes à une fleuriste d'Espalion qui montait les déposer au cimetière de bonne heure au matin de la Toussaint, ce qui leur évitait d'être flétris par le gel de la nuit. Le lundi, à l'ouverture de sa boutique, Blandine faillit l'appeler pour savoir si François avait retenu des fleurs...

L'après-midi de Toussaint, une gerbe de dahlias et trois pots de chrysanthèmes ornaient leur tombe. Elle en déduisit que son frère avait préféré rester à Paris, soucieux d'éviter une rencontre avec son père. Conclusion hâtive ! Le lendemain matin, les volets de sa maison étaient ouverts. Elle le remarqua en traversant le village alors qu'elle emmenait sa fille chez le dentiste mais n'en parla à personne. L'après-midi, profitant du soleil, elle partit seule à pied sur la draille et poussa jusqu'au buron. A son retour, sa décision était prise : elle s'expliquerait avec son frère avant qu'il ne remonte à Paris. Le meilleur moment ? Après le repas de midi. Emportant le journal, François aimait se retirer au salon pour boire son café puis savourer un cigare ; il fumait depuis quelque temps. Le lendemain, prétextant une visite à ses cousins de Laguiole, Blandine n'attendit pas qu'Amandine ait découpé son gâteau et se hâta de rejoindre Roquebrune. Comme Julienne l'avait chargée de ramener de la chicorée et du poivre moulu, elle entra à l'épicerie.

— Votre frère s'est déjà envolé ! glissa la Mère Meunier, affairée à ouvrir des cartons après la livraison du matin. Cette fois-ci, je ne l'ai même pas vu : il a envoyé l'une de ses filles...

Blandine paya sans un mot alors que l'épicière tentait de nouer une conversation. Elle rentra au Cayla sous les premières gouttes. A son arrivée, Gauthier et Léonard avaient une mine radieuse : il pleuvait enfin après cinq mois de sécheresse...

Les journées s'écoulèrent dans la grisaille, le froid. Un matin de novembre, le téléphone sonna. C'était Zéphirin. Le premier adjoint demanda Léonard d'une voix grave.

— C'est urgent ! insista-t-il auprès de Blandine.

La jeune femme pensa qu'il s'agissait d'une affaire

à régler à la mairie en l'absence de maître Delmas. Elle se précipita au premier où son père reportait sur les livres de comptes les ventes réalisées la veille à la foire de Laguiole. Il sécha l'encre à l'aide d'un buvard avant de refermer son registre puis de descendre à pas mesurés. Blandine, installée dans un fauteuil près de la fenêtre, continua la lecture de son roman lorsqu'il prit le combiné mais, après quelques minutes seulement, elle posa son livre sur la table pour proposer une chaise à son père — soudain devenu livide. Un long moment, il écouta Zéphirin sans réagir. Abasourdi par ses révélations. Avant de raccrocher, il murmura :

— Merci de m'avoir prévenu, Zéphir... Jamais je n'aurais pensé... Comme quoi... Merci encore, Zéphir...

Aussitôt Blandine s'inquiéta de savoir ce qui le secouait tant.

— Veux-tu vraiment le savoir ? dit-il d'une voix lasse.

Puis d'un ton plus sec :

— Maintenant, les choses sont claires ! Ton frère est une crapule doublée d'un faux jeton et d'un lâche !

Surprise, Blandine regarda son père.

— Un lâche ? répéta-t-elle.

— Parfaitement ! Cet été, ton frère n'a pas eu le courage de nous dire la vérité... Pourquoi il était si urgent de convoquer le notaire et de partager le domaine... Pourquoi il préférait les terres à l'argent... Pourquoi la montagne des Mires l'intéressait tant... Il a voulu jouer au plus malin mais le Petit Duc a vendu la mèche dans un café de Laguiole en fin de foire ! Le fils de Zéphirin s'y trouvait avec l'un de ses cousins de Soulages... Après quelques tournées, le Petit Duc s'est mis à table : il n'a pas été avare de détails... Il aime traîner les soirs de foire, provoquer les gens avec ses histoires de politique et de chasse... Les sales manies de son père... Mais, cette fois-ci, j'ai l'impression qu'il n'a rien inventé...

Le Petit Duc ! Elle en frissonna. Les Fau de La Bruyère étaient-ils mêlés aux projets de François ? Une idée traversa aussitôt son esprit. « La montagne, bien sûr ! supposa-t-elle. Les cousins de La Bruyère sont disposés à en payer le prix fort même s'ils s'endettent pour longtemps ! François doit avoir besoin d'argent... »

— Ton frère envisage d'exploiter la source ! enchaîna Léonard.

— La source ? s'exclama Blandine.

— L'eau du lac, si tu préfères... Cet été, malgré la sécheresse, il a dû remarquer que le niveau n'avait pas baissé...

Maintenant, elle comprenait les raisons de sa présence répétée sur la montagne depuis deux ans lors de ses vacances d'août. Il y guidait souvent des « amis » parisiens, heureux de les emmener, disait-il, sur les lieux de son enfance et de ses parties de pêche à la truite. La réalité était sans doute tout autre. Ses « amis » étaient sûrement des hommes d'affaires.

— Ton frère a des projets gigantesques ! précisa Léonard. Il veut ouvrir un chemin de sept mètres de large entre la route et l'usine ! Les bulldozers défonceront la montagne, enlèveront des dizaines de camions de terre... Ils arracheront les arbres... La gentiane...

Au fur et à mesure qu'il parlait, Blandine se représentait le triste spectacle. Quelle horreur ! Quel gâchis !

— Pire : son usine ! lança-t-il. Une verrue de béton et d'acier au milieu des estives... Sans oublier les allées et venues des camions du matin au soir, le bruit, la pagaille, les curieux... Notre montagne est si belle ! Il ne peut pas la détruire pour de l'argent... Comme s'il n'avait pas de cœur... Comme si nous n'existions pas... Comme s'il n'avait jamais été heureux sur ces terres...

Puis, après un court silence :

— Ce garnement détruira tout ! Le jour où la source sera à sec, il devra chercher de l'eau ailleurs à travers la montagne... Un travail de taupe ! Des forages, des puits, des tranchées, des canalisations pour alimenter son usine... Comme dans les champs de pétrole !

Sur ces entrefaites, Gauthier les rejoignit. Dix heures sonnaient à la pendule de la salle à manger et il revenait du village où il avait pris livraison d'une commande de tourteaux chez Choisy. Une fois la camionnette chargée, le négociant l'avait invité au café — désert à cette heure de la matinée. Maintenant, Gauthier découvrait avec stupéfaction les plans de son beau-frère.

— Personne n'est au courant à Roquebrune ! dit-il. Pourtant, rien n'échappe au Père Bugeaud...

— Entre le Petit Duc et le facteur, les nouvelles iront vite ! coupa Léonard, ironique. Les cousins Fau essaieront d'avoir le beau rôle dans l'affaire... François aurait promis d'engager à l'usine les deux frères de Romain qui travaillent aux abattoirs de Rodez : Norbert et Gabriel... Des têtes brûlées... C'est le bouquet !

— Après ce qui s'est passé ? s'étonna Gauthier. Alors que les familles sont brouillées ?

Il cherchait à comprendre, à y voir clair dans cet embrouillamini. François aurait-il accepté ces embauches en échange de l'achat à un prix élevé d'une partie de la montagne ? La réalisation de ses projets exigerait d'importants capitaux. En cédant trente-cinq ou quarante hectares des Mires, il apporterait ainsi de l'argent frais, ce qui rassurerait banquiers et associés. Quel calcul machiavélique ! Pourquoi cette trahison ? Qu'avait-il à leur reprocher ? L'appât du gain le rendait aveugle au point de mépriser sa famille, d'infliger à son père une triste fin de vie. En était-il conscient ?

— Mon fils n'est qu'un salaud ! siffla Léonard entre ses dents. Un charognard...

— Notre montagne est sacrée ! rappela Blandine. Crois-moi : il n'y touchera pas...

Sacrée, la montagne l'était assurément. La tradition voulait que les habitants du plateau s'y soient rendus en famille dès l'époque païenne jeter des offrandes dans le lac et obtenir la prospérité des troupeaux ou de leurs maisons. Dans son enfance, Blandine avait entendu de la bouche de sa grand-mère le récit de ces fêtes, tout à la fois cérémonies religieuses et bacchanales, qui se déroulaient au moment du solstice d'été. La vieille femme prétendait que la source avait le pouvoir de guérir les maladies de la peau. Pauline racontait qu'elle en avait frictionné les bras et le front de François, bébé, recouverts de plaques d'eczéma.

— Tu as raison ! l'approuva Léonard, gagné par un sentiment d'amertume et de dégoût mêlés. Nous l'empêcherons d'y toucher...

La nouvelle s'ébruita en quelques heures au village mais aussi à Laguiole. L'oncle Numa téléphona en début d'après-midi puis le maire de Roquebrune avant le repas du soir.

— Votre fils devra se plier à la loi ! expliqua-t-il à Léonard, agacé d'avoir appris ses projets par la rumeur. Même s'il a des appuis à Paris, il n'aura pas de passe-droit...

Maître Delmas, qui craignait être court-circuité dans cette affaire, avait déjà appelé le secrétaire général de la préfecture à Rodez et envisageait d'alerter les ministères.

— Je défendrai les intérêts de la commune, affirma-t-il sur un ton solennel. Il sera trop tard pour réagir lorsque l'usine aura asséché toutes les sources du pays avec ses pompes américaines...

Ses paroles ne rassurèrent pas Léonard pour autant.

— Le notaire aime manier les grands mots ! dit-il à son gendre et à sa fille. Brasser du vent... Pour se mettre en valeur... Mais si nous sommes dans la panade, il nous y laissera... Je vous garantis qu'il ne bougera pas le petit doigt... Et il jouera les girouettes si le vent tourne, s'il reçoit des recommandations d'en haut... Ou des ordres ! Avant d'être maire, il est homme d'affaires...

Quelque temps après, circula le bruit que François s'associerait à de grandes maisons d'eaux minérales ou gazeuses pour mener son projet. Tantôt on citait Vichy ou Vittel, tantôt Perrier. On avança des noms — étrangement prononcés ! — de sociétés américaines et anglaises tant et si bien qu'entre Noël et Saint-Sylvestre, le soir du quine de l'école de Roquebrune, d'aucuns prirent à partie Blandine et Gauthier alors qu'ils entraient dans la salle :

— Traîtres ! Pourris ! On sortira les fusils si les Américains ou les Anglais débarquent avec leur usine...

Ils préférèrent rester sourds aux attaques : les mises au point ne servaient à rien. Certains refusaient de comprendre ou ne pipaient mot à la situation pour le moins confuse. Le notaire de Saint-Rémy, dont l'étude était dépositaire des papiers et des actes de la famille, attendait toujours que François se manifeste : il n'avait pas écrit ni téléphoné. Etrange !

— Il est vraiment sûr de son coup ! pensait Léonard. Il s'imagine peut-être que nous trouverons un arrangement à l'amiable pour la montagne et que ma succession se réglera en un après-midi... Ou, alors, il attend que les banquiers aient étudié son dossier... Ou que ses associés se décident... A moins qu'il n'ait abandonné...

François n'avait nullement renoncé et ses projets déclenchaient les passions parmi la « tribu ». Blandine ne s'était guère trompée : Hilarion soutenait seul contre tous les idées de son neveu.

— Au lieu de calmer le jeu, il jette de l'huile sur le feu ! déplorait Patricia. Il prend plaisir à nous dresser les uns contre les autres... A croire qu'il veut la guerre dans la famille...

Lorsque Blandine appela son oncle au moment du Nouvel An, il la traita de pimbêche :

— Avec tes gamineries, tu gâches la carrière de ton frère !

Vexée, elle raccrocha aussi sec.

Au printemps, l'affaire dépassa le cadre familial le dimanche où le maire l'exposa au conseil municipal. Lorsqu'il ouvrit la séance, il affichait une telle satisfaction sur son visage que Léonard flaira un nouveau danger pour le domaine. Depuis le début d'année, maître Delmas et François s'étaient rencontrés quatre fois à Paris. D'être consulté et placé dans la confidence, alors que tant d'informations fantaisistes nourrissaient les conversations, flattait le notaire qui se montrait désormais impatient de jouer un rôle.

— Notre commune a la chance d'intéresser un entrepreneur qui a de bonnes idées et qui entend les mettre au service du pays ! dit-il en préambule. Vous le connaissez tous : c'est un enfant de chez nous... Il préside l'amicale parisienne depuis l'automne... Comme beaucoup, il est monté jeune à Paris et il y a réussi à la force du poignet... Sa brasserie est fréquentée par des gens chic : c'est le Lipp du XVIe !

Tandis qu'il tressait un panégyrique de son fils, Léonard sentait la colère l'envahir ; il détestait les hypocrites, les opportunistes. La manœuvre était claire : il voulait obtenir la bienveillance du conseil — un soutien actif ? — quant à l'exploitation de la source des Mires. Quelles avaient été les exigences de François ? Les contreparties proposées ? Qu'avait promis le notaire ? Maquillerait-il la vérité ou accepterait-il de ne rien dissimuler à ses conseillers ?

— C'est un homme écouté et apprécié ! poursuivit le maire. Il est toujours resté fidèle au pays... Il mérite d'être encouragé...

D'une chemise cartonnée, il sortit alors un épais dossier.

— Voilà ce qui nous sauvera du désert ! proclama-t-il d'une voix tonitruante. Et qui retiendra les jeunes ! C'est presque un miracle... A Laguiole, à Espalion, à Saint-Flour et même à Rodez, beaucoup nous envient déjà... François Fau sera le premier à commercialiser l'eau de l'Aubrac en bouteilles dans les brasseries et les cafés de Paris. Personne n'y avait encore pensé... Son usine produira un million deux cent mille bouteilles chaque mois !

A l'annonce de ce chiffre, d'aucuns sifflèrent d'admiration tandis qu'ils se représentaient dans la traversée du village des centaines de camions chargés de cartons de bouteilles étiquetées « Source des Mires ». D'autres s'interrogeaient. Cherchait-on à les bluffer ?

Pour accentuer son effet, maître Delmas ajouta :

— Cinquante-cinq mille bouteilles par jour, sept mille à l'heure...

Un murmure parcourut la salle. Voilà qui fixait enfin les idées !

Sans laisser à ses conseillers le temps de réagir, craignant une intervention de Léonard susceptible de semer des doutes; le maire s'empressa de développer son argumentation.

— Sept mille à l'heure ! répéta-t-il. Dix mille peut-être dans deux à trois ans... L'usine emploiera dix personnes la première année... Le double d'ici cinq ans lorsque l'eau des Mires aura été reconnue par les ministères « eau minérale naturelle » et classée « eau de montagne ». François Fau y compte : la source est de qualité. Trois laboratoires ont analysé des échantillons ; ils prouvent qu'elle est riche en calcium, magnésium, fluor et sulfates... C'est un gisement inépuisable ! Une mine d'or !

Personne n'osait l'interrompre, pas même Léonard qui essayait de saisir au vol quelques chiffres pour les griffonner sur son carnet de foire. L'aplomb de maître Delmas le désarçonnait : il les noyait sous des flots de paroles, abusait de formules percutantes comme s'il s'était engagé à convaincre ou s'il avait désormais des intérêts dans le projet, livrait en vrac des informations qu'aucun conseiller n'était en mesure de contester — encore moins de vérifier — quant à la composition scientifique de l'eau des Mires ou aux capacités de la chaîne d'embouteillage. Que dissimulait tant d'assurance ?

— Une aubaine ! lança encore le maire, le sourire aux lèvres. Un chantier de douze ou quinze mois... Des rentrées d'impôts chaque année pour notre budget... Des embauches pour les jeunes... Une image moderne et dynamique pour l'Aubrac... Une campagne de publicité dans les journaux... Des retombées touristiques en été et à la saison du ski... Que demander de plus ?

— C'est trop beau ! coupa Zéphirin, l'un des rares dans la salle à garder la tête froide après ce tableau idyllique.

— Trop beau ? s'étrangla-t-il.

— Bien sûr ! rétorqua le premier adjoint d'un ton décidé. Comme toujours, il y aura un prix à payer... Combien ?

— Une bagatelle ! dit-il, rejetant ses insinuations d'un revers de main. La commune ouvrira le chemin qui conduira à l'usine...

— Une bagatelle ? Certaines routes ne sont pas goudronnées et vous voudriez offrir un boulevard à des gens beaucoup plus riches que nous ? Non ! Ou je démissionne...

Maître Delmas tenta d'infléchir sa position puis chacun éprouva l'envie de livrer son point de vue.

Ce qui provoqua une cacophonie digne des soirées d'élections. Au bout d'un moment, le poing de Léonard s'abattit sur la table. Certains sursautèrent. On ne l'avait pas encore entendu, au point de l'avoir oublié.

— Nous avons assez discuté sur du vent ! prévint-il d'un ton sec.

Pour être compris, il avait forcé la voix. Secoué par des quintes de toux qui l'obligeaient à respirer par saccades, il porta une main à sa poitrine. Aussitôt le secrétaire de mairie entrebâilla une fenêtre.

— Vous m'empestez avec vos mégots ! grommela Léonard sans un regard indulgent pour le maire qui écrasa sa cigarette dans un cendrier plein à ras bord.

Puis, après un silence, il reprit aussi fermement :

— Nous avons assez discuté sur du vent ! La source des Mires m'appartient et je n'ai pas l'intention de la céder ou de la vendre à quiconque... Surtout pas à mon fils ! Inutile de tirer des plans sur la comète, de se monter la « bobine » après quelques belles paroles de Parisiens enveloppées dans du papier de soie... François n'est qu'un *bèque-lune*[1]. A quarante-trois ans, c'est encore un gamin ! Ne vous imaginez pas déjà à Vichy ou à Vittel... Revenez sur terre !

Ces mots jetèrent un froid parmi le conseil. Seul Zéphirin sourit.

Sans attendre la riposte du notaire, Léonard rangea son carnet, se leva et quitta la salle d'un pas lourd.

1. *Bèque-lune* : rêveur.

20

Les révélations du maire se propagèrent comme une traînée de poudre. Le dimanche suivant, plus personne n'ignorait les détails du projet tandis qu'une polémique s'instaurait sur les chiffres de production qui variaient du simple au double entre l'épicerie et le café. D'aucuns affirmèrent même que l'usine mettrait en bouteilles quinze millions de cols à l'heure, fournirait du travail à deux cents ouvriers et s'étendrait sur quinze hectares !

— Des couillonnades ! tempêtait Léonard.

En quelques jours, les positions se radicalisèrent ; la population se divisa. Emboîtant le pas du notaire, beaucoup soutenaient François sans réserve.

— Pour sauver le pays ! clamaient-ils, persuadés d'avoir raison.

Ils se raccrochaient à la construction de cette usine comme à un ultime espoir face à un avenir bien sombre. L'économie du plateau s'étiolait, éprouvait des difficultés à s'adapter aux évolutions de la société et des marchés. Le défaitisme était tel que des prévisions alarmantes alimentaient les conversations. Sous peu, l'Aubrac se transformerait en Far West avec des manades sur les montagnes et une poignée d'hommes pour surveiller des troupeaux en liberté.

— Les petits paysans plieront tous ! entendait-on. Les jeunes ne veulent pas crever de misère à la terre... Ils préfèrent partir en ville, devenir fonctionnaires, gagner un bon salaire à la fin du mois, avoir de l'argent dans les poches chaque jour... Bientôt, il n'y aura plus que des propriétés de deux ou trois cents hectares ; il n'y aura que des gros ! Des richards qui achèteront tout pour une bouchée de pain et pourront vivre de leurs rentes à Nice ou à Paris...

Aussi ces gens-là ne toléraient-ils pas l'attitude de Léonard, de sa fille, de son gendre. On sentait poindre chez eux de l'amertume et de la hargne.

— Qu'ils se sacrifient ! exigeaient-ils. Pour les jeunes et le pays... Ils en ont les moyens ; ils s'en tireront toujours... Alors que nous... Sans l'usine, nous sommes condamnés à boucler nos valises et à partir... Que tous les « messieurs au chapeau » donnent l'exemple au lieu de jouer les fossoyeurs de l'Aubrac !

Au comptoir du Père Bugeaud, sur les champs de foire ou dans les cafés de Laguiole, ces remarques fusèrent bientôt en présence de Gauthier ou de son beau-père.

— Des roquets ! estimait Léonard. Des minables ! Ils ne méritent pas qu'on leur réponde...

L'un et l'autre avaient l'impression d'être pris en otage dans ces discussions de bistrot sur l'avenir du plateau : ils constituaient des cibles idéales pour ceux qui se lassaient de critiquer l'immobilisme du gouvernement. L'affaire de la source des Mires tombait à point nommé ! On les taxait de capitalistes, d'affameurs. Avec jubilation, quasiment certain d'acquérir une partie de la montagne des Mires que sa famille convoitait depuis plus d'un demi-siècle, le Petit Duc menait la danse. A nouveau, des lettres anonymes s'entassaient dans la sacoche du facteur. Léonard empêchait sa fille de les lire, les brûlait au jour le jour.

— A quoi bon ? répétait-il à Blandine. Tu souffrirais pour rien...

Elle souffrit quand même. Après les vacances de Pâques, un soir d'avril, Catherine revint en pleurs de l'école. L'une de ses camarades de classe avait arraché les pages de son cahier de dictée au moment de ranger les affaires dans les cartables puis l'avait giflée à la récréation devant ses copines.

— Elle m'a traitée de connasse et de fille de salope ! se plaignit-elle en sanglotant. Elle raconte que les gendarmes nous prendront la montagne et la source, que nous sommes des voleurs de terres et qu'on nous chassera du domaine...

Blandine la consola de son mieux, parla longtemps avec elle ce soir-là dans sa chambre et s'en inquiéta auprès de sa maîtresse dès le lendemain matin. La jeune femme, en poste à Roquebrune depuis la rentrée d'octobre mais consciente de la place que prenaient les zizanies villageoises dans la vie des familles, promit de veiller à ce que la « querelle du lac » ne troublât plus la quiétude de l'école ni de ses élèves. Elle y parvint, non sans mal, et Catherine retrouva peu à peu son sourire.

L'affaire provoqua des remous au sein du herd-book de la race d'Aubrac. Au début du mois de mai, le président signifia à Léonard qu'il ne siégerait plus parmi les jurés des concours ; il invoqua des motifs qui ne paraissaient pas convaincants.

— Mon âge ? s'indigna le maître du Cayla qui venait de fêter ses soixante-dix ans. Des foutaises ! Depuis trente ans, mes décisions n'ont jamais été contestées... Mon âge ? Un prétexte ! Le président préfère entretenir de bonnes relations avec François : l'amicale est généreuse chaque année dans ses dotations pour le « spécial »...

Atteint dans son amour-propre d'éleveur, il décida sur-le-champ de ne présenter cette année-là aucune bête en concours.

— Puisqu'ils ne veulent plus de moi, je me passerai d'eux ! dit-il.

Après un hiver long et rude, le printemps tarda à s'imposer. Les troupeaux gagnèrent les montagnes sous des averses de grésil et le mauvais temps perdura jusqu'à la Saint-Jean. Malgré le tracteur qui permettait d'engranger plus rapidement les charretées de foin, la qualité du fourrage se révéla médiocre. Au moment de la coupe, l'herbe était trop mûre et gorgée d'eau. Dans certaines parcelles, le « talon » commençait même à pourrir.

— Fichu métier ! pestait Gauthier les jours où le soleil redoublait de paresse face aux assauts de la pluie.

Le notaire de Saint-Rémy appela Léonard la veille du 14 juillet. Lassé d'une attente qui durait maintenant depuis onze mois, le maître du Cayla était soulagé d'entendre la voix de Pierre Lombard. Ainsi qu'il s'en doutait, les exigences de son fils n'avaient pas varié d'un pouce, et sa propre intransigeance n'avait pas faibli en dépit des attaques.

— Avez-vous bien réfléchi ? s'inquiéta le notaire.

— Mon fils n'aura ni la montagne ni la source ! affirma Léonard.

— Il les veut pourtant ! insista maître Lombard. Nous pourrions peut-être discuter... Négocier... Il a un beau projet dont tout le pays profitera...

— Non ! répondit le vieil homme.

— Tout de même, vous ne pouvez...

— Je défendrai le domaine coûte que coûte ! coupa-t-il d'un ton cassant. L'héritage familial... L'avenir de mes petits-enfants...

— C'est tout à votre honneur ! estima le notaire qui s'efforçait de ne pas le brusquer. Mais... Vous êtes, monsieur Fau, un homme de bon sens... Oubliez les maladresses de votre fils et songez un peu à ce qu'il apportera à l'Aubrac, à cette bouffée d'oxygène dont tous nos petits villages ont besoin s'ils ne veulent pas mourir...

Léonard refusa de l'écouter. Ce jour-là, il ignorait encore que le projet avait reçu le soutien d'une société spécialisée dans la vente sur catalogues de séjours d'été et d'hiver en villages de vacances. Blandine l'apprit à la fin de la semaine suivante grâce à Patricia, après une bévue de l'oncle Hilarion au cours de la soirée d'anniversaire de sa femme dans les salons du Pré Catelan. François et Florence avaient été invités tout comme leurs filles. Au moment du champagne, l'oncle Hilarion avait offert des cadeaux à son épouse puis levé son verre au succès du village de vacances des Mires. François l'avait fusillé du regard : les pourparlers avec la société Vacances Vertes étaient certes avancés mais des points importants restaient à régler avant qu'un accord puisse être conclu. Devant l'insistance des convives, il s'était résolu à livrer quelques explications : la société Vacances Vertes envisageait de construire aux Mires trente chalets ainsi que des terrains de jeu et une patinoire couverte. Malgré des questions pressantes et précises, il avait refusé de révéler plus de détails sur la réalisation de ce complexe touristique. Quelques jours plus tard, Patricia les avait arrachés à son père : Hilarion brûlait d'envie de prouver qu'il jouait un rôle dans ce projet. N'avait-il pas établi les premiers contacts avec cette société grâce à ses relations dans une grande maison d'eaux minérales, fournisseur des villages de Vacances Vertes ? Il en était fier ! Dans le seul but de se mettre en avant, il avait livré à Patricia une foule de renseignements qu'elle s'était empressée de transmettre à sa cousine. La société qui avait son siège à Paris possédait des filiales en Allemagne, en Italie, en Suisse et en Autriche où elle recrutait la moitié de sa clientèle.

— Un tentacule ! en déduisit Gauthier. Une usine à fric !

D'ici trois ans, Vacantes Vertes souhaitait compléter les services offerts à ses résidents par un minigolf, une piscine et un sauna.

— Pourquoi pas un casino ? ironisa Léonard.

— Tout devrait être luxueux ! souligna Blandine. Des meubles en bois de palissandre...

— En palissandre ? tonna son père. Comme dans les îles ? Mais ils prennent l'Aubrac pour une colonie ! Chez nous, les meubles sont en noyer ou en merisier... Quel mépris pour le pays... Dans leur village de brousse, il ne manquera plus que des cocotiers !

La jeune femme montra les catalogues de Vacances Vertes que sa cousine avait pu se procurer à leur agence parisienne, reçus le matin même par la poste. On y décrivait les chalets — identiques du Tyrol au Val d'Aoste, des Alpes aux Pyrénées.

— La société cherchait depuis quelque temps à s'implanter dans le Massif central, reprit-elle. François a l'intention d'en profiter...

Hilarion avait ainsi avoué à sa fille que la vente d'une partie de la montagne à Vacances Vertes dispenserait François de se mettre en quête d'associés pour son usine qu'il dirigerait seul.

— Parce qu'il s'imagine nous tordre le cou ? s'emporta Léonard. Installer tranquillement ses pompes dans le lac ? Jamais !

L'argument irréfutable à opposer à maître Delmas, au conseiller général, aux maires du canton, aux chefs d'entreprise de la région qui menaient campagne dans la presse en faveur de la réalisation de ce projet, Gauthier pensa l'avoir trouvé au cours des premiers jours d'août lorsqu'une visiteuse du buron, professeur de biologie à la faculté des sciences de Paris, découvrit des droseras dans les zones marécageuses proches du lac. Le matin, elle avait assisté à la préparation du caillé en compagnie de son mari et de ses deux enfants puis demandé l'autorisation de pousser jusqu'à la source. Gauthier leur avait recommandé d'éviter le troupeau, notamment les taureaux dont les réactions pouvaient être imprévisibles si on les dérangeait en train de boire, quoique le ciel ne fût pas à l'orage en cet été désespérément humide et frais. Une heure plus tard, au moment où il s'apprêtait à descendre au domaine pour le repas de midi, les deux garçons et le couple étaient de retour. Triomphants ! Oubliant les gargouillements de son estomac, il écouta cette jeune femme évoquer à grands traits les dernières glaciations, mettre en évidence les richesses des tourbières et leur rôle de conservatoire des flores boréales. Fasciné par l'univers végétal quelle décrivait, il la suivit jusqu'à la cuvette qui s'étendait en dessous du lac et qui recueillait son trop-plein. Le soleil avait tenté de percer les nuages puis y avait renoncé ; ils marchèrent sous le crachin, ce qui incita la jeune biologiste à sortir de son sac un fichu en coton rouge qu'elle noua sur sa nuque. Comme le début d'été avait été pluvieux, ils pataugèrent dans une eau boueuse où les bêtes s'aventuraient parfois après avoir bu à la source. Ils prirent soin de regarder où ils posaient les pieds. A chaque pas, l'eau s'échappait des sphaignes qui l'absorbaient ou la relâchaient telle une éponge. Soudain l'un des garçons s'écria :

— Un drosera ! Je l'ai repéré !

Leur père sourit. Ces gamins âgés de dix et treize ans avaient l'œil averti ; ils étaient à bonne école auprès de leur mère.

Ils s'accroupirent au milieu des mousses pour mieux l'observer. C'était une plante de forme curieuse aux feuilles rougeâtres, ornée de fleurs blanches.

— Un drosera ? s'exclama Gauthier. C'est l'oreille du diable !

Depuis quelques saisons, il la connaissait grâce à la Louve qui quittait souvent sa maison de la forêt pour quémander au buron du pain rassis ou un peu de fourme. Elle l'avait emmené, un jour, à la tourbière pour en cueillir. Sa mère l'utilisait autrefois pour jeter des sorts mais la Louve préférait l'employer dans une préparation qui calmait la toux.

Gauthier ignorait, en revanche, que le drosera était une plante carnivore, que ses feuilles tapissées de poils rouges et gluants piégeaient les insectes.

— Vous auriez tort de laisser disparaître cette tourbière ! insista la jeune enseignante. Au contraire, il faudrait la protéger...

Autour d'eux, elle montra encore un saule nain, une ligulaire de Sibérie, une andromède.

Après avoir mis leur casse-croûte en commun, ils se séparèrent au milieu de l'après-midi. La jeune biologiste promit d'adresser à Gauthier, après son retour à Paris, un rapport scientifique sur la tourbière étayé par des photos prises par son mari.

— J'espère que ça pourra vous aider ! glissa-t-elle avec un large sourire. J'en serais si heureuse... Chaque année depuis la guerre, on détruit des dizaines d'hectares de tourbières à travers la France sans que personne s'en inquiète...

Gauthier rentra en sifflotant, convaincu qu'il tenait un moyen de défendre le domaine, mais l'idée ne souleva aucun enthousiasme chez Léonard. Excepté les botanistes, qui pourrait s'intéresser au sort des tourbières — ces « sagnes » maléfiques ? Sur l'Aubrac, on les exploitait désormais pour transformer la tourbe en terreau et en combustible. L'automne précédent, un entrepreneur du Midi avait proposé de déplacer sa pelle mécanique jusqu'à la montagne des Mires après des chantiers en Lozère, mais Léonard avait refusé en dépit d'une offre intéressante. Sa tourbière, il voulait la préserver : elle était précieuse les étés de sécheresse. Les mousses savaient restituer l'eau mise en réserve pendant la saison des pluies et les bêtes y trouvaient de quoi étancher leur soif.

Malgré tout, Gauthier entreprit dès le lendemain ses premières démarches ; il téléphona à la préfecture puis au service des Ponts et Chaussées. La communication s'égara dans les bureaux ; il dut rappeler. Peine perdue. Personne ne put le renseigner. D'aucuns tournèrent en dérision son acharnement qui ne pesait guère face à l'originalité du projet de François, surtout aux enjeux économiques qu'il représentait : des emplois à l'usine et au village de vacances, des recettes fiscales, des retombées pour la région.

La réaction de ces fonctionnaires l'ulcéra.

— On en crèvera de ces bureaucrates ! tempêta-t-il.

Quelques jours plus tard, fidèle à son rendez-vous annuel avec les habitants de Roquebrune, l'amicale organisa son *banquetou* à l'ombre des arbres de la place. Ce repas qui réunissait deux cents personnes constituait d'ordinaire l'événement de l'été. Du coucher du soleil au cœur de la nuit, c'était la fête ! Les Parisiens mettaient un point d'honneur à en soigner le menu tandis que les patrons de restaurants ou de brasseries engageaient garçons et filles de salle en vacances au pays pour assurer, ce soir-là, un service en tenue. Pas de *banquetou* sans bal ! Certaines années, la commission des festivités parvenait à inscrire la soirée dans le cadre de la tournée Avèze et recevait ainsi des vedettes de l'accordéon. Lorsque Jean Ségurel animait le repas, on se déplaçait de fort loin pour l'écouter et fredonner *Bruyères corréziennes* puis danser la bourrée. Après la tombola riche en lots grâce aux grandes maisons de boissons et d'alcools — fournisseurs habituels des cafés et des brasseries —, le président remettait les dotations annuelles de l'amicale au curé de la paroisse, à la caisse des écoles, à la société de chasse, au club de ski. C'était l'un des moments les plus attendus au cours duquel le maire et le conseiller général prenaient généralement la parole pour se féliciter des liens étroits que maintenaient avec le pays les cousins de Paris. On aimait reproduire sur la place du village le cérémonial du banquet d'hiver qui se déroulait, à Paris, dans les salons Vianey ou Delbord.

Chaque année, la famille Fau au complet assistait au banquet : Léonard réservait une table de dix couverts tout comme ses frères Pierre et Gatien. Cet été-là, ils n'avaient pas le cœur à applaudir le discours du président.

— Depuis les lendemains de la guerre, fit observer Léonard à sa fille au matin du *banquetou,* je n'en avais pas manqué un seul !

En dépit de leur absence, remarquée déjà à l'heure de l'apéritif, leur ombre plana sur la soirée. Pendant les discours, des quolibets fusèrent à l'égard de François lorsque le maire le remercia d'avoir pensé à investir dans son pays natal. Les mots ne suffirent pas. Entre les partisans du projet, aiguillonnés par le Petit Duc, et ses détracteurs, emmenés par le fils de Zéphirin, les coups de poings succédèrent aux menaces tandis que le notaire pérorait au micro. On réussit à les séparer et on évita une bagarre à grand-peine mais l'incident gâcha la soirée. Des tables se vidèrent dès la fin de l'allocution du conseiller général — gêné d'avoir à s'exprimer dans une telle ambiance.

Le lendemain, en début de matinée, le maire appela Léonard à qui il raconta l'incident du banquet dans l'espoir de l'amener enfin à infléchir sa position.

— C'était affligeant ! affirma-t-il. Jamais, un dimanche de fête ou un jour de repas d'amicale, nous n'avions connu un tel désordre... Indigne de Roquebrune !

Ses propos ne parurent pas émouvoir le maître du Cayla.

— Qu'y pouvions-nous ? rétorqua-t-il.

— Votre entêtement est ridicule ! reprit maître Delmas. Pourquoi continuez-vous à rejeter systématiquement les idées de votre fils ? Il tient là la chance de sa vie... Une belle carrière s'ouvre devant lui s'il réussit à mettre en œuvre ses projets... Et il réussira ! Car tout le monde fait bloc avec lui pour qu'il puisse réussir : les syndicats de limonadiers parisiens, une grande maison de boisson, les élus, les banques, la société Vacances Vertes... Que rêver de mieux ? Vous êtes désormais le seul à traîner des pieds : il ne manque que votre accord... Vous pouvez changer d'avis... Il est encore temps...

— Non ! répondit poliment Léonard, insensible à des arguments maintes fois ressassés par le maire depuis quelques mois.

Ce nouveau refus ne désarçonna pas le notaire qui poursuivit :

— Vous oubliez, mon cher Fau, que ce projet est d'intérêt général... C'est l'avenir du pays qui se joue...

— Et celui du domaine ?

— Nous y avons pensé aussi ! Nous trouverons des estives pour remplacer votre montagne... J'ai des relations...

— Dans le Puy-de-Dôme, la Haute-Loire ? lança Léonard. Vous le savez bien, monsieur le maire : c'est trop loin de chez nous...

— C'est l'avenir du pays qui se joue ! répéta maître Delmas. On croirait que vous n'en êtes pas conscient... D'ici quelques années, il sera trop tard... Nous avons besoin d'emplois pour les jeunes...

Il rappela ensuite à Léonard qu'il n'avait jusqu'à présent jamais privilégié ses intérêts personnels au cours de ses votes au conseil municipal.

— Ce serait bien la première fois que vous le feriez ! souligna-t-il pour le placer en porte-à-faux. On vous le reprocherait...

— Que les choses soient claires ! jeta alors Léonard. J'ai promis à mon père de transmettre le domaine tel qu'il me le léguait... Je n'ai toujours eu qu'une parole... Le reste...

Pas une fois, Blandine ne croisa son frère durant ses vacances au pays. Lorsqu'elle ralentissait pour traverser le village et passait devant l'entrée de sa maison, son cœur se serrait. Lassée de cette brouille, inquiète aussi pour l'avenir de ses enfants, une question la tourmentait. Ne devait-elle pas tenter une conciliation ? Mais comment s'y prendre ? Chacun campait sur ses positions et n'en démordait pas ; les nerfs étaient à fleur de peau. Elle avait peur d'être maladroite, d'être mal comprise. François accepterait-il de discuter, de changer d'attitude pour être raisonnable ? Elle craignait que sa femme — mesquine et envieuse en affaires ou dans la vie — ne s'y opposât ou compliquât sa mission. Florence ne l'aiderait pas à réconcilier François et son père : elle n'avait jamais manifesté beaucoup d'attentions vis-à-vis de Léonard, ni d'affection. Aussi Blandine préférait-elle s'entretenir seule avec son frère. Peut-être à Paris...

Elle se décida après la parution dans les journaux de l'Aveyron de trois articles sur « l'affaire du lac » qui racontèrent les pires bêtises sur Léonard et la famille Fau : on y évoquait l'enfance « malheureuse » de François auprès d'un père inflexible qui l'avait empêché de choisir la terre, son départ forcé à Paris et ses débuts de loufiat chez son oncle Gatien qui le traitait rudement. Outré à la lecture de ce tissu de mensonges, Léonard exigea un démenti ; il soupçonna le Petit Duc d'avoir renseigné les journalistes, inventé des détails sordides pour le couvrir de boue.

— Si je le coince, ce salaud passera un mauvais quart d'heure ! lança-t-il devant les clients du café, le dimanche suivant.

Atteinte aussi par ces coups de griffe, Blandine en pleura : on la présentait comme une profiteuse et une femme machiavélique, qui aurait été complice de son premier mari dans les tristes exploits de sa bande de faux-maquisards à la fin de la guerre.

Cette situation ne pouvait durer plus longtemps, sinon ses nerfs allaient lâcher. Un soir de novembre, Blandine annonça à Patricia sa venue à Paris. Sa cousine s'en étonna :

— Tu arrives dans deux jours ? Sans te préoccuper de savoir si ton frère acceptera de te recevoir ? Tu pourrais écrire à la brasserie, prendre le temps de t'organiser !

— M'organiser ? Mais je suis prête !

Elle connaissait les horaires d'hiver de la SNCF entre Rodez et Paris ; elle quitterait l'Aveyron en début de matinée pour être en fin de journée à la gare d'Austerlitz, embrasser les enfants avant que Patricia ne les couche. Sur un plan du métro, elle avait déjà repéré les lignes qu'elle devrait emprunter entre la Porte des Lilas où ses cousins avaient emménagé récemment et la station la plus proche de la rue Galilée. Elle comptait rencontrer son frère tôt le matin dès l'ouverture de la brasserie. Depuis deux ans, François et sa femme avaient modifié leur rythme de vie : Florence préférait fermer après minuit et dormir tard le matin.

Quoique ses chances de ramener son frère à la raison fussent minces, elle gardait espoir. « Pourquoi refuserait-il de m'écouter ? se demandait Blandine. Il n'a pas de raison de me claquer la porte au nez... Je dois essayer même si j'échoue... Au moins, je n'aurai aucun regret... » Gauthier admettait ses scrupules mais demeurait sceptique quant au revirement de son beau-frère, persuadé que leur rencontre ne déboucherait sur rien — hormis, peut-être, libérer la conscience de Blandine. Il savait ce qu'il en coûtait à sa femme de se rendre à Paris. C'était la première fois quelle déployait autant d'énergie pour Le Cayla, l'avenir de ses enfants. Son mari avait compris, depuis longtemps, quelle place occupait le domaine dans sa vie. C'était une partie de sa chair et de son âme. Alors que la menace se précisait à travers les pressions qui s'accentuaient de toutes parts pour les amener à céder, Blandine se sentait attaquée ; elle souhaitait se battre à sa manière. A mains nues. Avec des convictions et des mots en guise de seules armes. A défaut d'être entendue et comprise, elle s'exposait à être raillée pour ce combat que François jugerait archaïque ; elle ne l'ignorait pas. Gauthier saluait son courage. Depuis cette promenade sur la draille, un dimanche d'octobre, au cours de laquelle elle lui avait confié ses intentions, il s'interdisait de la détourner de son chemin.

Ainsi Blandine se retrouva-t-elle dans une rame de métro à une heure où elle aimait rêver ou somnoler une fois que Gauthier avait rejoint la cuisine. C'était un matin clair et froid. Elle avait une mine chiffonnée comme les Parisiens qui l'entouraient — mal réveillés. A la fatigue du voyage s'ajoutait une nuit courte, agitée. En dépit de l'insistance de sa cousine, elle n'avait avalé qu'une tasse de café, touché à peine à la brioche tiède. L'estomac noué.

A la sortie de la station Boissière, troublée à l'idée de revoir son frère, la jeune femme suivit machinalement le flot des voyageurs et remonta l'avenue Kléber avant de réaliser — place du Trocadéro — qu'elle s'éloignait de la rue Galilée. Après avoir rebroussé chemin, ses pas la conduisirent enfin près de la brasserie de François dont l'enseigne — une chope de bière, jaune fluorescent — se distinguait dès l'entrée de la rue. Depuis le trottoir d'en face, elle constata que deux garçons s'affairaient en salle. A son second passage, elle put repérer François à la caisse aux côtés d'un jeune serveur, ce qui la décida à traverser la chaussée en courant — indifférente au danger de la circulation — puis à pousser la porte vitrée. A l'instant où elle pénétrait dans la salle, son frère cessa de feuilleter le journal pour lever les yeux dans sa direction — prêt, selon l'habitude, à saluer le nouvel arrivant. Aussitôt il écarquilla les yeux.

Blandinc à Paris ? A une heure si matinale ? Sans prévenir ? Impossible !

Mais François dut se rendre à l'évidence lorsqu'elle enleva son chapeau rond, dénoua son écharpe de renard. Cette jeune femme aux joues rosies par le froid et quelque peu intimidée par le cercle d'hommes qui composait la clientèle du matin ne pouvait être que sa sœur. Elle se força à sourire en s'approchant de la caisse.

— Blandine ? murmura-t-il alors.

Son étonnement était tel qu'il semblait pétrifié derrière son zinc, incapable de quitter sa place pour l'accueillir.

Sans qu'il ait pu réagir, Blandine passait derrière le comptoir pour l'embrasser puis — s'armant de courage — glisser :

— François... Il fallait que je te parle...

— Vous avez réfléchi ?

Embarrassée pour répondre, elle tergiversa :

— François ! Il faut qu'on se parle... Rien que tous les deux...

Il l'approuva d'un hochement de tête et confia aussitôt la caisse au plus ancien des garçons de salle avant de la précéder dans un réduit aménagé en bureau derrière les cuisines.

Un quart d'heure plus tard, lorsqu'il frappa pour déposer sur un coin de table un plateau chargé de café et de croissants chauds, le serveur les surprit en pleine discussion. Rarement il avait vu son patron dans un tel état de fureur. Joues en feu. Visage fermé.

— Vous avez tort de vous accrocher à cette montagne et de vous encroûter dans vos traditions ! répétait-il à sa sœur. A vivre comme des ermites dans votre cambrousse au son de l'angélus, vous êtes dépassés depuis longtemps... Vous avez une guerre de retard !

— Une guerre de retard ? protesta-t-elle.

— Vous en crèverez de ne vouloir rien changer !

prédit-il. Tu sais bien que tout est fichu... La race d'Aubrac, les burons, le fromage... Il faut sauver le pays tant qu'il est temps... Grâce à mes projets, des dizaines de jeunes pourront continuer à y vivre au lieu de monter à Paris distribuer du courrier dans les boîtes aux lettres ou travailler à la chaîne chez Renault... Ouvre les yeux, bon sang !

Elle l'arrêta d'un geste :

— François ! Si tu aimais le domaine comme je...

— Oui, Blandine ! coupa-t-il. Je l'aime autant que toi... J'y suis né et j'y ai grandi... Mais je pense aussi à l'avenir du village...

— Surtout à ta carrière ! dit-elle sans se démonter.

— Ma carrière ? s'écria-t-il sous le coup de la colère. Depuis des mois, vous vous acharnez à la détruire comme si vous étiez jaloux de ma réussite, de ma brasserie, de ma maison...

— Jaloux ? répéta-t-elle de dépit, avant de hausser les épaules.

— L'usine d'embouteillage est la chance de ma vie ! martela-t-il. J'ai réussi à convaincre le groupe Perrier de s'associer au projet. Il y a aussi le village de vacances... Si j'échoue...

— La terre tournera quand même ! lança Blandine avec dérision.

Choqué par cette réponse, François roula des yeux furibonds :

— Je te promets que si vous brisez ma carrière...

— Et l'avenir de mes enfants ? répliqua-t-elle sur le même ton. Y songes-tu parfois ? Un jour, mon fils te demandera des comptes si tu nous arraches la montagne... Tu devras t'expliquer...

— L'avenir de mes filles ? rétorqua-t-il. Y as-tu pensé aussi ?

Nullement déstabilisée par sa question, elle répondit :

— Elles hériteront de votre brasserie ! C'est normal. Mais crois-tu qu'elles se contenteraient d'une moitié de comptoir ?

A ces mots, Blandine enfila son manteau et claqua la porte.

21

Toute la matinée, la rage au cœur de ne pas avoir été entendue par son frère, Blandine erra dans Paris. Elle marcha dans les rues, remâchant leur discussion. Avait-elle manqué de persuasion ? Ou les positions de François qui s'étaient encore durcies interdisaient-elles le moindre arrangement ? Bien qu'elle n'ait pu convaincre, la jeune femme ne regrettait rien. Elle se sentait soulagée tandis que l'amertume l'envahissait peu à peu. Les passants la bousculèrent mais elle n'y prêta pas attention. En fin de matinée, elle se réfugia place des Vosges chez son oncle Pierre. Il la reçut à bras ouverts et abandonna le comptoir — il aidait son fils chaque jour au moment du coup de feu — pour l'entraîner au premier étage où ils parlèrent d'avenir...

Le lundi, Blandine rentra au Cayla soucieuse. Son père chercha à savoir ce qui la contrariait mais elle refusa de se confier — il l'aurait certainement désapprouvée tandis qu'il aurait nourri de nouvelles rancœurs à l'égard de son fils. Seul Gauthier partagea sa déception et ses inquiétudes. L'approche de Noël n'y changea rien. Chaque année, elle prenait plaisir à installer la crèche puis à orner la salle à manger et les chambres des enfants de guirlandes, d'étoiles. Cet automne-là, elle laissa filer le temps sans sortir les santons de l'armoire à tel point que Catherine s'en émut :

— On ne décore plus la maison ? On n'achète plus de sapin ?

La jeune femme essaya de mettre du cœur à l'ouvrage mais n'y parvint pas en dépit des efforts déployés par Jacques — à peine âgé de quatre ans — pour la préparer à Noël : il réclamait contes et chants, le soir, avant de s'endormir...

Le froid, la neige, la tempête n'empêchèrent pas les rumeurs de se répandre à travers la campagne. Par l'intermédiaire du facteur, les gens du Cayla apprirent ainsi que François comptait organiser des parties de chasse pour la clientèle d'hiver du village des Mires. Le Petit Duc s'en était vanté : il était chargé de recruter l'équipage. Romain Fau, qui se piquait d'être invité chaque automne à chasser le chevreuil et le sanglier dans de grandes propriétés de Sologne, rêvait depuis quelques années de traquer les cerfs dans les forêts de Brameloup où ils se reproduisaient à nouveau. Ses prétentions agaçaient Léonard.

— C'est un viandard ! affirmait-il.

N'avait-il pas provoqué l'éclatement de la société de chasse de Roquebrune pour une obscure affaire de clapiers de lapins ?

— Doublé d'un Tartarin ! ajoutait le maître du Cayla. Il annoncera bientôt que François lâchera des lions sur la montagne !

« L'affaire du lac » connut un dénouement inattendu à la fin du mois de février lors d'une séance du conseil municipal. Ce jour-là, en présence du percepteur de Laguiole, maître Delmas avait réuni ses conseillers pour voter le budget primitif. Il adopta un air grave pour lire une déclaration de trois feuillets.

— C'est un coup dur pour notre commune et notre pays ! dit-il en préambule d'une voix triste. Roquebrune n'aura pas son village de vacances ni son usine d'embouteillage. Pendant des mois, nous avons vécu d'espoir... Mais il y a eu trop d'obstacles sur notre chemin...

Le maire enleva alors ses lunettes pour désigner Léonard d'un doigt accusateur.

— Vous en portez l'entière responsabilité, monsieur Fau ! jeta-t-il sur un ton vengeur. Vous avez joué les saboteurs et vous avez fini par gagner ! Les électeurs jugeront dans un an...

Léonard ne broncha pas sous l'attaque, se garda de répondre.

Après ce réquisitoire, maître Delmas communiqua une lettre de François qui expliquait les raisons de l'abandon de ses projets : la société Vacances Vertes souhaitait réaliser ailleurs son village de vacances, ce qui avait provoqué le désistement du groupe Perrier. « Pourquoi cette reculade alors que nous étions prêts à signer ? écrivait-il. Parce que l'Aubrac est loin de Paris. Parce qu'il est isolé en hiver... Certaines routes restent fermées pendant des semaines ou même des mois... Parce que le département et la commune ont rechigné à mettre la main à la poche... »

— Le département ! s'empressa de rectifier le maire. Avec le peu de marge dont elle dispose dans son budget, notre commune était prête à consentir beaucoup d'efforts...

« La société Vacances Vertes préfère s'installer dans un village où les élus se montreront plus compréhensifs et motivés, ajoutait François. En ce qui me concerne, je ne peux m'engager seul dans l'exploitation puis la commercialisation de la source qui présentent trop de risques financiers... »

— Maintenant, vous savez tout ! laissa tomber maître Delmas.

L'examen du budget, chapitre par chapitre et ligne par ligne, ne souleva aucune passion. Chacun songeait à « l'affaire du lac » qui se terminait en eau de boudin.

— C'est un camouflet pour le notaire ! glissa Zéphirin à Léonard, en sortant de la mairie.

Le premier adjoint ne cachait pas sa satisfaction :

— Une douche écossaise ! Il s'imaginait en train de brasser des millions de taxes...

A cet instant, Léonard pensait déjà à la tâche délicate qui s'imposait désormais : effacer les ressentiments, panser les plaies, restaurer la paix au sein d'une famille déchirée, ramener François au Cayla. Elle exigerait du tact et de la patience. Blandine semblait la mieux placée pour y parvenir ; son père en était persuadé. Douce et diplomate comme Pauline, elle saurait s'y prendre...

La jeune femme accepta d'écrire à son frère. Dès le lendemain, elle chercha les mots.

— Sois simple et sincère ! insista Gauthier.

Elle suivit ses conseils.

« Mon cher François,

« Hier soir, au cours d'une réunion du conseil municipal, maître Delmas a annoncé que tu renonçais à ton projet pour la montagne des Mires. J'imagine ce que tu dois ressentir après avoir pris cette décision. Il serait stupide de rester fâchés plus longtemps. Nous nous entendions si bien toi et moi que j'ai souffert de ce qui s'est passé depuis bientôt deux ans ; tu as dû en souffrir aussi. Cher François, tu es mon grand frère. Mon seul frère. Malgré les mots durs que nous avons eus et que nous regrettons, j'aimerais te retrouver tel que tu étais avant. Il ne tient qu'à toi de le vouloir... »

François tarda à répondre ; l'échec le tenaillait encore : c'était le premier revers de sa vie professionnelle. Au début du mois d'avril, il proposa malgré tout à Blandine de prendre le café chez eux à Roquebrune durant leur court séjour au pays à l'occasion des fêtes de Pâques. Elle s'y rendit le lundi après le repas de midi, sans l'avoir prévenu. Il était seul. Sa femme et leurs filles avaient rejoint les sommets du Roussillon, encore enneigés ; elles désiraient s'offrir les dernières descentes à ski de la saison avant de regagner Paris. Blandine dut s'acharner sur le heurtoir de la porte pour que son frère l'entende : il somnolait au salon devant la cheminée. Ils se séparèrent en fin d'après-midi sur des promesses : oublier ce qui les avait brouillés ; resserrer le cercle de famille ; rassembler la « tribu » dès cet été — comme avant. François préféra attendre les prochaines vacances, aux premiers jours du mois d'août, pour revoir son père — le temps de rétablir les liens brisés et, surtout, de calmer les esprits. C'était plus sage, convenait Blandine. Précipiter leurs retrouvailles ne servirait à rien tant nerfs et passions étaient à vif. Elle profiterait de ces quatre mois pour y préparer Léonard, l'amener à assouplir ses jugements et à taire ses rancunes, à se montrer compréhensif même si l'âge ne l'y aidait guère. Peut-être même accepterait-il peu à peu l'idée de régler sa succession. Elle ne désespérait pas de l'en convaincre un jour.

— J'espère que tu réussiras ! glissa François.

Elle y comptait.

Blandine rentra le cœur léger. Le soleil couchant illuminait de rose la ligne d'horizon. C'était un signe de beau temps pour le lendemain. Elle emmènerait les enfants sur la draille, leur raconterait l'histoire d'Adalard — le seigneur des Flandres perdu dans la forêt d'Aubrac au temps des pèlerinages à Compostelle —, les régalerait avec du chocolat chaud. Au volant de leur voiture neuve — une 404 crème —, elle chanta à tue-tête.

François tint parole : il appela sa sœur quelques jours plus tard. C'était un matin, à sept heures. Après une nuit blanche, passée au chevet de Jacques qui avait la rougeole, elle somnolait. Une fois le premier bol de café avalé, Gauthier et Léonard traînaient près des bêtes à l'étable en attendant le casse-croûte de huit heures. Aussi Amandine se résolut-elle à répondre lorsque la sonnerie retentit puis à réveiller sa patronne. Les yeux gonflés de sommeil et de fatigue, Blandine jeta un peignoir sur ses épaules et descendit en chemise. Ils échangèrent des nouvelles, bavardèrent un long moment. A son tour, le dimanche suivant, Blandine renoua avec ses habitudes d'avant : elle téléphona après le repas du soir. La première fois, glaciale, Florence garda ses distances. Au fil des semaines, elle devint plus aimable. Des attentions contribuèrent à donner plus de chaleur à leurs relations : un cadeau de Blandine à sa nièce Elisabeth pour ses dix-huit ans ; une carte de François et de Florence à Léonard au moment de la fête des pères...

Le 1er août, à peine arrivé à Roquebrune, François laissa le soin à sa femme d'ouvrir la maison et les valises pour filer au Cayla. La journée s'achevait sous un ciel chargé de nuages ; l'air était frais à tel point que Léonard avait dû quitter les ombrages de la cour pour se réfugier devant le poste de télévision. Il le surprit en train de regarder un épisode des *Histoires sans paroles.* Trois coups frappés à la porte et François l'embrassait.

— Déjà ? s'étonna Léonard d'une voix enjouée.

— Le pays me manquait trop ! répondit François en souriant.

Léonard chercha à se lever pour éteindre le poste de télévision mais il le devança avant de déplacer un fauteuil près du sien. Tous deux se lancèrent alors dans une longue conversation comme s'ils s'étaient séparés la veille. Une heure plus tard, de retour de Saint-Flour, Blandine les trouva détendus. Autour d'un verre, ils parlaient du Tour de France que Léonard suivait fidèlement chaque été grâce aux retransmissions de la première chaîne, du duel Anquetil-Poulidor, du suspense qui s'était prolongé jusqu'au bout et avait déclenché les passions de millions de Français à tel point que François avait tenu à assister parmi la foule des spectateurs à la dernière étape contre la montre, Paris-Versailles.

— C'était magnifique ! disait-il, enthousiasmé, à son père quand Blandine entra dans la pièce. L'an prochain, tu monteras à Paris le 14 juillet et nous irons, ensemble, voir l'arrivée... Je réserverai des places au Parc des Princes pour le tour d'honneur...

Léonard sourit :

— Oh ! d'ici là, on verra !

Durant ses vacances à Roquebrune, François rendit visite à son père chaque matin. Ils partaient à pied sur la draille, en voiture sur les routes de l'Aubrac ou de la vallée du Lot pendant que Florence reprenait à nouveau le chemin du Cayla. Certains jours, François montait aux Mires dans les premières lueurs de l'aube ; il s'enfonçait dans la forêt, retournait au buron à l'heure où Gauthier préparait le caillé, quémandait comme dans sa jeunesse un bol de lait tiède ou rinçait la *gerle*. Parfois, il arrivait à l'heure du casse-croûte avec du pâté, du saucisson, du vin de Cahors ou de Gaillac. Ce qui poussait Gauthier à confier à sa femme :

— Ton frère aurait sûrement regretté d'avoir tout détruit avec son usine d'embouteillage et son village de vacances... Il se plaît sur la montagne au milieu des vaches...

Blandine s'en félicitait d'autant plus que François échafaudait de nouveaux projets à Paris : s'installer à Saint-Germain-des-Prés, quartier en vogue depuis quelques années ; y ouvrir une brasserie qui ne fermerait pas la nuit et où il proposerait à la dégustation des centaines de marques de bière. Ses oncles limonadiers jugeaient l'idée excellente tout comme ses fournisseurs.

— C'est le moment d'investir à Saint-Germain ! répétaient Pierre et Gatien qui continuaient, malgré leurs soixante-cinq ans passés, à suivre le mouvement des ventes et des achats de fonds dans les quartiers de la capitale. Tu t'y retrouveras...

Cet enthousiasme, Blandine le partageait aussi. Depuis l'après-midi où elle s'en était entretenue avec son frère, elle ne cessait de l'encourager. Se doutant qu'il devrait réunir d'importants capitaux, elle insista pour qu'il prenne sa part d'héritage.

— Tu auras besoin de cet argent ! martela-t-elle.

Puis, fière de l'annonce :

— Désormais, personne ne s'y oppose ! Papa est d'accord pour passer devant le notaire et nous céder le domaine...

Après de longues conversations sur la draille des Mires ou à la salle à manger à l'heure du café pendant lesquelles elle avait joué le rôle de l'avocat du diable pour le forcer à changer d'attitude, elle avait vaincu ses réticences.

A sa vive surprise, il refusa le partage :

— Je me débrouillerai avec les banques et mes fournisseurs...

— Pourquoi ? demanda-t-elle. Tu as des droits sur le domaine... Cet argent te revient... De plus, c'est le moment de...

— Le moment est mal choisi ! coupa-t-il. Avec « l'affaire du lac », papa a beaucoup souffert par ma faute... Je n'aurais pas dû être aussi... N'en parlons plus... Nous avons juré...

Au terme d'un long silence, il suggéra :

— Laissons-le à la tête du Cayla !

François était persuadé que son père, dépossédé de ses terres et de son troupeau, éprouverait le sentiment d'être devenu inutile dans la bonne marche de l'exploitation ; qu'il n'y survivrait pas.

Léonard apprécia le geste ; il comprit que son fils cherchait à se racheter, qu'il sacrifiait ses intérêts pour lui ménager une vieillesse heureuse. Touché, il le serra dans ses bras avant d'avouer :

— Cette terre, c'est comme ma chair...

Les fêtes de la Toussaint puis de Noël ramenèrent

François sur l'Aubrac. Léonard ne cachait pas son bonheur : les Fau donnaient à nouveau l'image d'une famille unie. Ainsi se retrouvèrent-ils tous à l'église de Roquebrune le soir du 24 décembre pour la messe de minuit — suscitant des commentaires parmi les habitants du village, encore divisés sur « l'affaire du lac » — avant de réveillonner chez François qui leur annonça l'ouverture de son café à Saint-Germain à l'occasion de l'arrivée de la bière de mars dans les quartiers de la capitale. Depuis un mois, il préparait le programme de la soirée d'inauguration : les fûts de bière seraient livrés aux environs de six heures par un break tiré par un attelage de chevaux affrété par son principal fournisseur tandis que des musiciens irlandais joueraient jusqu'à l'aube. Il souhaitait que son père assiste au lancement du *Pub Victoria* mais Léonard n'y tenait guère :

— A mon âge, c'est trop fatigant... Entre le voyage et le bruit...

Les événements de ces derniers mois l'avaient marqué. Il ne se déplaçait plus sans canne, y compris dans la maison, et marchait à pas lents. Alors qu'il aimait les foires et leur ambiance, il s'y rendait de moins en moins : il ne supportait plus de rester debout pendant une matinée entre les travées. Ses jambes flanchaient et, après le moindre effort, il se sentait las. Depuis quelques mois, Gauthier se chargeait de vendre seul le bétail et le vieil homme ne participait qu'aux discussions avec le Sicilien. La vie publique le passionnait moins. On ne le voyait plus dans les concours de la race d'Aubrac ni chez le Père Bugeaud le dimanche ; il demandait à Blandine de le ramener au Cayla dès la fin de la messe. Replié sur le domaine, Léonard s'enfermait durant des heures dans sa chambre à classer des papiers de famille ou à relire les lettres échangées avec Pauline avant leur mariage. Aussi son refus de figurer sur la liste du maire à l'approche des élections municipales de mars 1965 n'étonna-t-il personne au Cayla.

— J'ai fait mon temps ! dit-il, catégorique. Place aux jeunes...

La proposition du notaire l'avait surpris. Maître Delmas avait eu, en public, des mots durs à son égard. Tous deux se battaient froid. Pourquoi le sollicitait-il ? Pour former une liste d'union associant les « frères ennemis » d'hier — détracteurs et partisans des projets de François — qui s'étaient déchirés pendant deux ans ? Blandine le pensait.

— Accepte ! répétait-elle à son père. Tu as de l'expérience et de l'autorité...

Elle voulait l'obliger à sortir du domaine, à reprendre goût à des activités publiques alors qu'il envisageait d'abandonner aussi ses fonctions de président du syndicat cantonal de la race d'Aubrac.

Léonard ne prit sa décision qu'à la fin du mois de février, deux semaines seulement avant le premier tour fixé au 14 mars, sous la pression du notaire qui souhaitait imprimer au plus tôt les bulletins de sa liste. Ainsi qu'il le pressentait, sa candidature déclencha des réactions hostiles — surtout chez les jeunes qui l'accusaient d'avoir brisé les chances de développement de Roquebrune. Ils menèrent une campagne acharnée contre son retour au conseil, qui le plaça en position de ballottage et à l'avant-dernier rang de sa liste. Aussi Léonard renonça-t-il à se présenter au second tour.

— Je n'aurais jamais dû y revenir ! confia-t-il à Blandine lorsqu'il rentra au domaine après le dépouillement. Je suis trop vieux...

Il dormit peu cette nuit-là. Au petit matin, il descendit à la cuisine avant son gendre, ce qui intrigua Amandine, occupée à préparer le café et à allumer la cuisinière. Pendant qu'elle sortait les bols et le pain, il appela son fils à la brasserie Galilée. Leur conversation fut brève : François avait peu de temps à consacrer à son père malgré l'heure matinale, accaparé depuis des jours par l'ouverture de son pub prévue à la fin de la semaine. Lorsque Léonard raccrocha, un sourire éclairait son visage ridé : il était heureux de constater qu'ils partageaient la même analyse à propos de la conduite à tenir pour le vote du 21 mars. Une idée avait germé dans son esprit en cours de nuit : Gauthier devait prendre sa place. François l'approuvait, prêt à en convaincre son beau-frère.

Fort de ce soutien, Léonard s'en ouvrit à Gauthier une fois qu'ils eurent pris leur café ; il l'entraîna à la salle à manger avant qu'il ne gagne l'étable prêter main-forte au Merle.

— Moi ? s'exclama-t-il, un doigt pointé sur sa poitrine et les yeux ronds comme des billes. A votre place ?

Pas un instant, il ne s'imaginait candidat sur la liste du notaire alors qu'il détestait cet homme cynique et qu'il se sentait animé de convictions politiques différentes. Plutôt qu'un siège au conseil, il préférait conserver sa liberté de parole et de pensée.

— Ta liberté, le maire n'y touchera pas ! promit Léonard. Tu peux me croire ! Il n'a jamais cherché à m'embrigader dans un parti ni à m'imposer un bulletin... Je ne l'ai pas suivi à Rodez lorsqu'il a été applaudir le colonel de La Rocque et Mermoz... Pourtant, il m'avait proposé de m'emmener...

— Delmas fricotait avec les Croix de Feu ? s'écria Gauthier.

Cette révélation outrait l'ancien résistant.

— Boscary, le futur ministre, y était aussi ! poursuivit son beau-père. A la barbe du préfet, il avait rameuté vingt mille personnes à ce meeting aérien ! Il n'est pas devenu fasciste pour autant...

Il s'attarda sur la personnalité du notaire puis glissa à Gauthier :

— Sois rassuré : il te respectera... On évite de parler de politique au conseil... Nous nous en sommes bien trouvés jusqu'à présent... Conseiller dimanche prochain... Adjoint au deuxième mandat... Ou peut-être maire... Pourquoi pas ? Maître Delmas prend de l'âge...

Malgré une réponse négative, Léonard revint à la charge après le repas de midi tandis que François téléphonait à Gauthier le soir même. A l'inverse, Blandine se garda d'intervenir.

— C'est trop délicat ! dit-elle à son père.

En seize ans de mariage, elle avait toujours éludé la politique dans ses conversations avec son mari qui s'abstenait, par ailleurs, d'aborder ces sujets dans une famille — entre autres parmi la tribu parisienne — où on affichait des points de vue contestables à ses yeux sur la question algérienne ou les essais atomiques. Pour autant, elle n'ignorait rien de ses idées plus ou moins modelées par les doctrines libertaires, qu'il n'avait pas reniées. Elle se réjouissait qu'il la considérât comme une femme majeure au moment de pénétrer dans l'isoloir. A l'inverse de certains maris, il ne se souciait pas de savoir à quel candidat elle apportait sa voix ; elle était libre de son choix.

Après deux jours et deux nuits d'hésitation, Gauthier se décida. Le conseil avait besoin de sang neuf ; il pourrait être utile. Surtout, il entendait participer à la modernisation des campagnes. Il y avait tant à entreprendre : l'adduction d'eau potable, le renforcement du réseau électrique, l'élargissement des routes et des chemins pour faciliter le passage des tracteurs... Le chantier était vaste.

Le notaire l'emmena en tournée à travers la commune pour le présenter aux électeurs. Ils y reçurent un accueil mitigé. D'aucuns refusèrent d'ouvrir et de les écouter, ou lâchèrent les chiens à leur arrivée. Quelques vieux prévinrent le maire qu'ils n'accorderaient pas leur voix à un rouge. Aussi Gauthier dut-il se contenter d'une courte majorité en sa faveur.

— Notre honneur est sauf : c'est l'essentiel ! trancha Léonard. Tu te défendras mieux la prochaine fois... Les gens te connaîtront... Ils auront appris à t'apprécier...

Au domaine, une fête marqua son élection le jour du 1er mai qui tombait un samedi cette année-là, ce qui permit à une partie de la tribu parisienne d'y participer. En fin de matinée, le notaire dévoila sur la façade une plaque tricolore « Honneur à notre élu » sous les applaudissements de la famille et du conseil au complet avant que chacun prenne place autour de tables bien garnies. Aurélie, montée dès le mercredi, avait aidé les femmes à préparer le repas. Depuis qu'elle avait pris sa retraite à l'automne 1962, c'était la première fois qu'elle consentait à quitter sa maisonnette de Bertholène. Jusqu'à présent, elle s'était donné de bonnes raisons pour décliner les invitations de son fils ou de sa belle-fille : sa visite quotidienne au cimetière, l'entretien du jardin à la belle saison, le soin des volailles, la chaleur ou le froid.

— Cette fois-ci, tu n'auras pas d'excuses : c'est la fête au Cayla ! l'avait prévenue Gauthier. Nous aurons besoin de toi...

Elle avait accepté aussitôt, ravie de rendre service, de retrouver ses petits-enfants et de retourner en Aubrac. Quand Blandine était descendue la chercher et l'avait embrassée avant d'emporter ses bagages à la voiture, elle avait glissé :

— J'ai prévu de rester une semaine... Si vous pensez que je...

— Bien sûr ! s'était écriée la jeune femme. Depuis le temps...

Aurélie avait confié sa basse-cour et son jardin à ses voisins les plus proches qui s'étaient proposés de déposer au cimetière — en son absence — le premier bouquet de muguet. Elle avait pu partir la conscience en paix...

Ils profitèrent du week-end du 8 mai pour effectuer une visite en Cézallier chez les Aubagne. Aurélie n'était pas revenue dans sa ferme natale depuis le décès de son père au cours de l'hiver 1954. Les enfants étaient contents de partir en voyage en compagnie de leur grand-mère et espéraient rencontrer des cousins de leur âge. Quant à Blandine, elle se montrait impatiente de découvrir le pays. Le temps s'annonçait beau ; le soleil les accompagna durant ces deux journées qui coulèrent trop vite à leur goût. A l'aller, Aurélie demanda à s'arrêter à Allanche et voulut indiquer à Gauthier la rue où travaillait son grand-père. Une mercerie avait remplacé l'atelier de cordonnerie. Elle y entra. Par nostalgie. Elle acheta même des boutons pour ne pas paraître impolie.

— J'y ai croisé ton père pour la première fois ! confessa-t-elle en sortant. C'était au mois de mai... Un jour de foire... Le magasin était bourré de monde... Des gens pressés... J'amenais des chaussures à réparer... J'ai attendu presque une heure qu'on veuille s'occuper de moi... Ton grand-père râlait après les clients... Victorien sifflotait dans son coin ; il a pris mon paquet... Il m'a souri... C'était avant la guerre... J'avais quinze ans...

Les joues rosies par l'émotion, elle osait enfin en parler.

L'heure tournait. Ils filèrent en direction de Pradiers, arrivèrent à midi devant le berceau de la famille Aubagne. L'oncle Isidore, le frère aîné d'Aurélie, les attendait de pied ferme ; il fallut le suivre à l'étable et dans le pré voisin avant de se mettre à table. Des repas plantureux se succédèrent jusqu'au lendemain, entrecoupés d'un pèlerinage dans les cimetières alentour sur les tombes des Chassan et des Aubagne, de discussions passionnantes autour de vieilles photos de mariage, d'une promenade sur les pâturages riches en herbe grasse et parsemés de fleurs que les vaches à la robe acajou se préparaient à rejoindre.

Comme le soleil et l'air doux persistaient, Aurélie repoussa son retour à Bertholène de deux semaines.

— L'Aubrac me rappelle trop le Cézallier ! dit-elle à sa belle-fille.

Elle baignait encore dans le souvenir de cette escapade sur les hautes terres. Bientôt le troupeau du Cayla gagnerait la montagne des Mires. Elle brûlait d'envie de le suivre sur la draille comme elle avait suivi les salers de son père dans son enfance au jour de la transhumance : elle marchait aux côtés des bêtes, un bâton à la main pour hâter le pas des traînardes. Comment résister ?

Les soirs qui précédèrent la Saint-Urbain, la vieille femme aida à recoudre les drapeaux déchirés, à orner de rubans les bouquets de houx que les buronniers fixeraient entre les cornes des vaches. Au matin du 25 mai, elle accompagna Gauthier jusqu'au buron. Le troupeau et les hommes installés, ils rentrèrent à pied au domaine à l'approche de midi ; le maître-valet les avait devancés avec le break. Ils flânèrent sur la draille. Aurélie guettait le moment où elle se retrouverait seule avec son fils pour lui parler.

— C'est beau ! murmura-t-elle, le regard perdu dans les lointains brumeux. Ta proposition tient toujours ?

— Ma proposition ? répéta Gauthier, étonné.

Elle se chargea de rafraîchir sa mémoire.

— Tu restes ? s'exclama-t-il, abasourdi.

Elle répondit d'un hochement de tête. Fou de joie, il l'embrassa.

— Au moins jusqu'à l'automne ! précisa-t-elle. Après... la vallée me manquera peut-être... surtout ton père...

22

Aurélie retourna à Bertholène au moment de la Toussaint avant de fermer sa maison pour l'hiver dès la Saint-Martin : l'Aubrac et le domaine l'attiraient. Elle s'y plaisait en été et pensait qu'elle pourrait aussi y vivre pendant la mauvaise saison. N'était-elle pas née dans les montagnes du Cantal assaillies par la neige et la tempête ? Sa décision ravit la maisonnée, excepté Julienne qui se méprenait sur ses intentions : Aurélie n'entendait pas empiéter sur ses plates-bandes ni s'emparer de la queue de la poêle ! Elle voulait profiter de ses petits-enfants, découvrir les charmes de la télévision et les reportages de *Cinq Colonnes à la une,* se passionner à l'instar de la maisonnée pour les aventures de *Thierry la Fronde* ou la vie de *Janique Aimée,* succomber à la facilité d'une existence sans soucis. Ne l'avait-elle pas méritée après tant d'années rivée à ses barrières ? Le métier était ingrat mais elle ne s'était jamais plainte. Grâce à sa belle-fille, elle rattraperait le temps perdu aux premiers beaux jours : revoir sa famille dans le Cézallier et sa sœur cadette Hortense dans la Châtaigneraie, flâner dans les rues d'Espalion et de Rodez, entrer dans les boutiques de confection, peut-être visiter Paris et la tour Eiffel — rêve de jeunesse... Que pouvait-elle espérer de mieux pour ses vieux jours ?

Six mois passés au Cayla avaient suffi pour

qu'Aurélie retrouve ses réflexes de paysanne : apprendre à connaître chaque vache, à retenir son nom, à la distinguer au milieu du troupeau par un détail dont la subtilité échappait au profane. Aussi, à peine installée, prit-elle l'habitude de suivre son fils près des bêtes avant de monter se coucher. Dans la douceur de l'étable, alors que le vent sifflait sous les toitures, ils se lançaient dans de longues conversations autour de l'avenir du domaine. Gauthier ne cachait pas ses difficultés : les éleveurs du plateau d'Aubrac subissaient désormais de plein fouet la modernisation des campagnes dont les choix condamnaient les systèmes traditionnels d'exploitation ainsi que les races rustiques aux qualités laitières ou bouchères jugées trop médiocres. Une génisse aubrac de deux ans se négociait au même prix qu'une femelle charolaise âgée de huit à neuf mois. « Quand elle trouve preneur ! ajoutait Gauthier. Nos bêtes n'intéressent plus personne sur les foires... Les marchands achètent des croisés, des charolais ou des limousins... » Le Cayla se maintenait à flot grâce au Sicilien qui continuait à marquer tous les doublons chaque été, à la vente des cochons du buron nourris au petit-lait et recherchés par les charcutiers, à l'écoulement d'une partie du fromage auprès des restaurants du plateau ou des visiteurs des Mires, alors que les grossistes délaissaient de plus en plus les fourmes de Laguiole au profit du cantal produit désormais industriellement. La présence de Gauthier aux Mires, matin et soir, permettait de limiter le personnel de la montagne à deux hommes durant l'estive. Malgré ces efforts, les comptes du domaine s'équilibraient à grand-peine et Blandine défendait à nouveau son idée de servir en été des repas au buron. Elle essayait d'en convaincre son mari depuis deux ans. Certaines matinées d'août, les touristes affluaient par dizaines sur la draille des Mires et beaucoup demandaient l'autorisation de pique-niquer sous les arbres. Leur proposer à midi de la charcuterie, de l'aligot et du fromage semblait logique. Les tables de battage et les bancs serviraient à recevoir les convives ; il suffirait de les transporter des remises au buron à l'aide de la camionnette, de les entreposer à la salle commune et de les dresser devant l'entrée. Les hommes des Mires s'en chargeraient. Quant aux tâches les plus fastidieuses qui restaient à accomplir — préparer les repas, les servir chaque jour —, Blandine envisageait de les répartir entre les femmes de la maison et de mettre aussi la main à la pâte. Elle avait songé aux moindres détails : chacun apporterait son assiette, ses couverts, son pain et ses boissons ; le buron n'accepterait, sur réservation, que quinze à vingt personnes chaque jour.

— Succès garanti ! affirmait-elle à Gauthier. Les touristes aiment le dépaysement... Le buron n'est pas un restaurant... Ils mangeront en plein air, ils regarderont filer l'aligot dans le chaudron devant la cheminée de la salle commune... Je suis sûre qu'ils apprécieront... Ils en parleront autour d'eux... Ils auront envie de revenir...

Son mari ne le contestait pas, persuadé que les bilans du domaine s'en porteraient mieux, mais il s'inquiétait plutôt de savoir qui assumerait ce surcroît de travail. Même si elles avaient moins de bouches à nourrir en été grâce à la mécanisation des travaux, Amandine et Julienne avaient de quoi meubler leurs journées.

— Seule, tu ne pourras pas ! dit-il à sa femme.

Pendant les deux mois de vacances, les enfants l'accaparaient. Elle devait les surveiller constamment en raison du danger qui les guettait à la ferme ou alentour, surtout Jacques qui était un diablotin. N'avait-il pas failli se noyer dans l'abreuvoir de la cour et passer à travers l'une des trappes de la grange qui permettait de garnir en fourrage les râteliers de l'étable ? Comment s'organiserait-elle ? A qui confierait-elle les enfants ? Rejetant ses objections, Blandine prétendait pouvoir tout assumer.

— Tranquillise-toi ! disait-elle à son mari, le sourire aux lèvres. Je me débrouillerai...

Ce qui laissait Gauthier perplexe.

Il évoqua ce projet en compagnie de sa mère au cours de l'une de leurs discussions du soir, à l'approche de la Saint-André, alors qu'ils s'apprêtaient à quitter l'étable. Comme le Merle venait de se retirer dans sa chambre, ils poursuivirent la conversation à la cuisine. A sa surprise, Aurélie s'enflamma pour l'idée de sa belle-fille et proposa de la seconder. Voilà qui l'occuperait utilement ! L'été dernier, elle s'était lassée de manier le crochet à l'ombre des arbres de la cour ou de feuilleter des magazines de mode les jours où Blandine et les enfants s'absentaient, où la chaleur l'empêchait de se promener sur la draille et de monter aux Mires.

Le lendemain matin, après le petit déjeuner, Blandine annonça à son père qu'elle tenterait l'expérience des repas au buron dès le mois d'août prochain. Chez le vieil homme, la nouvelle ne souleva aucune passion : l'été paraissait loin dans son esprit.

Cette décision modifia les habitudes du domaine. Avant que les rigueurs de l'hiver ne perturbent trop la circulation, Gauthier se mit en quête de compléter auprès des producteurs du haut Ségala les stocks de pommes de terre qui serviraient à fabriquer l'aligot dans six mois ; la recette excluait, en effet, l'emploi des pommes de terre nouvelles. A partir de la mi-décembre, le saigneur de Roquebrune ne chôma pas. Entre la Sainte-Luce et les Cendres, il sacrifia cinq cochons — deux de plus qu'à l'ordinaire — choisis avant les foires grasses de Noël parmi les plus belles bêtes élevées au buron. Les femmes de la maison les transformèrent en saucisses, saucissons, jambons, pâtés, fricandeaux qui garniraient les assiettes sur les tables de battage aux premiers jours du mois d'août. Les étagères prévues par Julienne dans les caves pour ranger les boîtes de fer-blanc et les bocaux de verre ne purent recevoir cette montagne de victuailles que l'on dut entasser dans d'anciens paniers à fromage, des caisses récupérées chez Choisy. Jamais les sous-sols du Cayla n'avaient regorgé d'autant de provisions.

— Il y aurait de quoi nourrir un régiment ! soupira Julienne. Quel gaspillage !

Elle reprochait à Blandine de n'avoir aucun sens de la mesure, d'avoir vu trop grand, de s'être laissée abuser par son imagination.

— Quinze personnes chaque jour aux Mires ? s'écria-t-elle. Mais tu rêves, ma fille ! Nous sommes loin de tout ; notre buron n'est pas un restaurant ! Tu oublies que les touristes recherchent des salons confortables... Ils ne voudront pas s'asseoir sur des bancs, manger sans nappe ni serviettes, supporter le voisinage de la porcherie...

Ces arguments n'entamèrent pas la détermination de Blandine. Elle confectionna des affichettes pour les syndicats d'initiative, les hôtels de l'Aubrac et de la vallée du Lot ; elle consacra ses soirées d'hiver à peindre des panneaux pour indiquer la montagne depuis Roquebrune, Laguiole et Curières : les maires des trois communes ainsi que l'agent voyer l'avaient autorisée à les poser au bord des routes dès la mi-juillet. Un article de presse, consacré au bilan de la saison touristique en Aveyron qui signalait une nouvelle formule de séjour sous forme de stages d'artisanat d'art, l'incita à écrire au Club des Vacances insolites en Rouergue, fondé à l'automne 1965 à Rodez. Le président promit de mentionner la visite du buron des Mires et la découverte des spécialités culinaires de l'Aubrac parmi les suggestions de sorties à travers le département transmises aux stagiaires dont les inscriptions parvenaient déjà au siège du Club. Ses encouragements amenèrent Blandine et Gauthier à aller plus loin : ils prirent la plume pour présenter Le Cayla, brosser à grands traits l'histoire du pastoralisme et de la race d'Aubrac, évoquer les burons et la fabrication du fromage, l'art et la manière de préparer l'aligot. Dans leur élan, ils rédigèrent un texte de trois pages qu'ils tirèrent sur la ronéo du club de ski de Laguiole.

L'effervescence s'empara du domaine après la Saint-Jacques : les aoûtiens ne tarderaient pas à arriver dans les hôtels d'Aubrac ou de Laguiole, à planter leur tente dans les campings de la vallée du Lot en bordure de la rivière. Comme le 1er août 1966 tombait un lundi, Blandine et Gauthier brûlèrent d'impatience dès le 30 juillet. Comble de malchance, un temps venteux et frais persista au cours des premiers jours d'août. Aussi le buron ne reçut-il aucun visiteur avant le retour du soleil et de la chaleur à la fin de la semaine. Le samedi matin alors que Gauthier quittait Les Mires, un couple s'aventura sur la draille. Ces jeunes, originaires du Val-de-Loire, s'initiaient à la sculpture sur bois à Saint-Geniez. Déçus de ne pouvoir assister à la préparation du caillé ni goûter à l'aligot, ils achetèrent du fromage pour improviser un casse-croûte en lisière de la forêt. Gauthier les plaignit d'avoir à le manger sans pain. Aussi tailla-t-il un chanteau dans l'une des miches conservées au buron puis leur offrit-il deux tranches de jambon qu'il avait emportées dans son sac à dos. La jeune femme voulut payer ; il refusa.

— Vous reviendrez avec vos amis ! lança-t-il sans trop y croire.

Durant le repas du soir, le téléphone sonna au domaine. C'était l'institutrice du Val-de-Loire qui remerciait son hôte du matin.

— Votre en-cas était délicieux ! avoua-t-elle.

Le geste de Gauthier avait été tant apprécié que le couple avait convaincu les stagiaires de leur groupe de les suivre sur l'Aubrac, de partager leur repas au buron des Mires.

Le lendemain, Blandine se leva tôt et se préoccupa de recevoir au mieux ses convives. Inquiète, elle se demandait s'ils aimeraient tous l'aligot et prévoyait de la *truffade*[1]. Comment trouveraient-ils la charcuterie ? Epicée à point ou trop relevée ? Elle se soucia à tort. Il n'y eut pas de fausse note et il manqua de l'aligot pour rassasier les appétits ! Le bouche à oreille se chargea en quelques jours de colporter la réputation des Mires, d'amener de nouveaux clients au moment de midi. Devant ce franc succès, Julienne s'inclina.

— Je dois être vieux jeu ! dit-elle à Blandine d'un air pincé.

A l'inverse, François ne se montra pas avare de compliments :

— Bravo ! Continue ! Tu as peut-être inventé une mode !

Une mode ? Pourquoi pas ! Léonard riait sous cape. Le monde changeait tellement vite qu'il ne s'en étonnait guère.

— C'est bien que tu sois la première ! glissa-t-il à sa fille avec de la fierté dans la voix. Pour maintenir un troupeau à l'estive sur une montagne, c'est mieux que de produire des veaux croisés.

Quant à Aurélie, elle était heureuse d'apporter sa contribution à cette réussite. Elle ne regrettait nullement sa maisonnette de garde ni son jardin de Bertholène. Peu à peu, elle prenait racine dans la terre d'Aubrac...

Le 15 août, sur proposition de Pierre et de Gatien, la « tribu » se rassembla au buron.

— C'est l'occasion ! estimèrent-ils de concert. On ne s'est jamais retrouvés aux Mires...

Léonard les approuva. Pour célébrer l'événement, il exhuma de la cave une caisse de bordeaux aux bouteilles poussiéreuses dont les étiquettes avaient souffert du temps. On lisait encore le nom du châ-

1. *Truffade* : pommes de terre rissolées sur lesquelles on fait fondre de la tomme fraîche en lamelles.

teau ainsi que le millésime sur certaines d'entre elles. François siffla d'admiration en les découvrant la veille :

— Saint-Emilion 1934 !

Avant de se tourner vers son père :

— En quel honneur ?

— Les vingt ans d'Elisabeth ! répondit-il.

— Nous les avons fêtés la semaine dernière...

Léonard ne se démonta pas :

— On n'a pas tous les jours vingt ans ! Il était temps de boire ces bouteilles sinon elles auraient tourné en madère...

Les amateurs s'en régalèrent. Assis dans un fauteuil, coiffé d'un panama, il les observa humer le bouquet ou commenter la couleur de la robe. Son regard s'arrêta aussi sur Elisabeth. Le temps avait-il coulé si vite ? Il se souvenait l'avoir emmenée sur la draille avec sa sœur Bénédicte, à bord de la jardinière. Mais en quelle année ? Il chercha. En vain. Sa mémoire flanchait... Elisabeth, ou sa sœur, se rappellerait peut-être... La jument était si docile qu'il avait cédé les rênes au retour, peu avant le domaine.

C'était une belle journée d'été.

Comme aujourd'hui.

Un moment de bonheur.

Cette fête revigora le vieil homme. Alors qu'il ne fréquentait plus les foires depuis un an, il demanda à Gauthier de l'accompagner à Nasbinals le 17 août puis à Lacalm le 29 août. Il se sentait capable d'affronter à nouveau la foule, l'agitation d'un marché.

— Ça me manque ! confia-t-il à son gendre.

Chaque fois, il rentra fatigué mais la joie se lisait sur son visage, ce qui rassurait Blandine ; elle avait eu peur qu'il ne surmontât pas les critiques des jeunes de Roquebrune après l'abandon du projet de François puis le désaveu des électeurs lors du premier tour des municipales. Mieux ! Léonard se montrait vis-à-vis de l'avenir d'un optimisme surprenant alors qu'une majorité d'éleveurs du plateau sombrait dans le défaitisme et que les menaces de disparition des troupeaux de race pure se précisaient.

— Nous sommes en avance de cent ans ! clamait-il à qui voulait l'entendre. C'est nous qui avons raison... On reviendra en arrière...

Il répétait ce discours les jours de foire dans les cafés ou autour des bêtes lorsqu'il croisait les négociants. On le taxait de fou mais il s'obstinait. Sa force de conviction étonnait ; d'aucuns qui le pensaient diminué par l'âge saluaient son mordant. Pourtant, au lendemain de la foire d'Aubrac, Léonard tomba malade. Fiévreux, courbaturé, il toussait à se déchirer la gorge. De bonne heure, sa fille s'inquiéta de son état. Il dissipa aussitôt ses craintes.

— Des courants d'air, un chaud et froid ! dit-il d'une voix presque caverneuse. Avec ce fichu temps...

En ce début du mois d'octobre, l'automne noyait le pays dans la grisaille, la froidure. La veille, sur la place d'Aubrac, le vieil homme avait passé des heures sous un crachin tenace — le visage fouetté par la bise. A trois reprises, dans la matinée, il avait avalé un grog dans l'un des cafés du village puis avait rejoint son gendre chez Germaine pour le repas de midi.

— Ce n'est rien ! ajouta-t-il. J'ai mes remèdes...

Ses remèdes ? Des tisanes de feuilles de ronce ou d'aubépine, additionnées de miel ; des grogs ou des bols de lait bouillant dans lequel il trempait les pincettes — rougies — de la cheminée avant d'y verser quelques gouttes de teinture d'iode ; des infusions de peau de vipère qui provoquaient la transpiration.

Pendant une semaine, Léonard se soigna selon ses méthodes. Ses quintes de toux perturbaient ses nuits ; il ne s'endormait qu'au petit matin. Affaibli, patraque dès qu'il posait un pied sur le tapis de sa chambre, il prenait son petit déjeuner au lit et traînait jusqu'au moment du repas. A table, chacun remarqua qu'il mangeait peu.

— Oblige-toi ! insistait Blandine. Tu te remettras plus vite...

Léonard esquissait un sourire mais n'écoutait pas ses conseils ; il se contentait de quelques cuillerées de soupe, touchait à peine à ce qu'Amandine avait préparé, grignotait un morceau de fromage avant de regagner l'étage. Parfois, le soir, il n'avait pas le courage de redescendre à la cuisine et un bol de bouillon chaud constituait son seul souper. Ses joues s'étaient creusées ; son teint avait pâli. Blandine souffrait de l'entendre tousser jour et nuit, de le voir dans cet état ; elle le suppliait de consulter le médecin mais il refusait. Appelé à la rescousse, l'oncle Numa se heurta à un mur.

— Quelle tête de pioche ! jeta-t-il, excédé.

Dès les premiers jours, Blandine avait ramené de la pharmacie deux flacons de sirop que Léonard n'avait pas ouverts, préférant les pastilles à la menthe qu'il consommait en grande quantité.

— Un emplâtre sur une jambe de bois ! estimait son beau-frère.

— Ça m'adoucit la voix ! prétendait-il.

Illusion ! Sa voix devenait de plus en plus inaudible.

A la Toussaint, François haussa le ton pour l'obliger à accepter la visite du médecin. Son père s'emporta :

— Laissez-moi tranquille !

Il n'assista pas à l'office ni aux enchères pour les âmes.

— Tu prieras pour moi et tous les nôtres ! glissa-t-il à sa fille d'un air énigmatique.

La semaine qui suivit, il profita d'un bel après-midi pour monter au cimetière en compagnie de Blandine et se recueillir ainsi sur la tombe de la famille.

Sa santé se dégrada peu à peu. Sa fille remarqua que du sang tachait désormais ses mouchoirs. Un matin de décembre, Léonard consentit à recevoir le docteur Lambert qui resta un long moment à son chevet. Gauthier et Blandine le trouvèrent soucieux, perplexe. Ses paroles, prudentes, les éclairèrent peu sur la nature ainsi que la gravité de sa maladie.

— J'ai peur qu'il n'ait trop attendu ! avoua-t-il tout de même. Il ne peut plus rester chez vous dans cet état...

Le soir même, une ambulance d'Espalion conduisait Léonard à l'hôpital de Rodez sous un ciel de neige. C'était un mercredi. Deux jours plus tard, les résultats des premiers examens confirmaient le pressentiment du médecin : le vieil homme était atteint d'un cancer du larynx. Ce matin-là, Blandine et Gauthier peinèrent pour arriver jusqu'à Rodez ; ils ne purent se garer qu'à midi sur l'esplanade du foirail alors qu'ils avaient quitté Le Cayla à neuf heures. Les routes étaient glissantes ; il avait neigé au début de la soirée avant que le gel ne complique la circulation. Dans sa chambre surchauffée, aux murs d'une blancheur froide, Léonard les attendait. Un instant plus tôt, il avait reçu la visite du médecin. Ses révélations ne l'avaient pas surpris. Il avait marqué un temps de silence après la fin de ses explications, puis avait hoché la tête pour murmurer :

— Je sais...

Depuis des mois, il se doutait qu'un mal invisible l'attaquait et le rongeait. Il s'était habitué, peu à peu, à vivre avec un intrus chevillé au corps — tantôt assoupi tantôt remuant. Pourquoi s'en étonner ? C'était le lot de la vieillesse. Il avait enduré stoïquement la douleur. Jusqu'au bout du supportable. Trop fier pour se plaindre. Modelés dans des blocs de granit, le caractère endurci par les rudesses du ciel et de la terre, les hommes de l'Aubrac ne se lamentent pas...

L'homme à la blouse blanche avait plissé le front. Contrarié par cette attitude suicidaire.

— Pourquoi n'avez-vous rien dit ? avait-il demandé. Nous avons perdu du temps... C'est dommage...

Léonard n'avait pas bronché sous les reproches. Il avait haussé les épaules. Résigné. Prêt à entendre le pire.

— Vous êtes solide ! avait-il poursuivi sur un ton mordant afin de provoquer un sursaut chez son patient, d'allumer un espoir. Nous nous battrons ensemble ! Vous avez une chance...

D'échapper à d'abominables souffrances avant la mort ? Ou de parler à nouveau normalement ? Léonard s'interrogeait.

— ... une chance de vivre des années encore près de vos bêtes et au milieu des montagnes ! De marier vos petites-filles !

Le malade avait souri.

— C'est ce qui compte pour vous, n'est-ce pas ?

Le vieil homme ne l'écoutait déjà plus ; il s'imaginait coupé du monde, incapable de se mêler à une conversation, condamné à se déplacer à tout instant de la journée avec une ardoise et une craie pour exprimer ses besoins vitaux. Mais avait-il le choix ? Lorsque Blandine et Gauthier le rejoignirent dans la chambre qu'il partageait avec un ancien métallo, il l'avait accepté.

On l'opéra du larynx au début de la semaine suivante. Pendant son séjour à l'hôpital, toute la famille l'entoura de son affection. En dépit du temps hivernal, il reçut une visite chaque jour : tantôt celle de sa fille ou de son gendre, tantôt celle de Charlotte ou de l'oncle Numa. François qui ne put descendre téléphona tous les soirs à sa sœur pour prendre de ses nouvelles et promit d'être là au moment des fêtes de Noël. Le médecin l'autorisa à sortir à la mi-décembre. Le trajet l'épuisa : l'ambulancier roulait lentement à cause du givre et du brouillard. Il faillit trébucher dans l'entrée. C'était maintenant un vieillard au regard éteint et au visage hâve qui flottait dans son costume. En le débarrassant de son chapeau et de son pardessus, Amandine retint ses larmes.

— Mon Dieu ! dit-elle lorsqu'il commença à gravir l'escalier avec l'aide de son gendre et du maître-valet. Jamais je n'aurais pensé...

Quelques jours après son retour au domaine, Blandine suggéra à son père de transformer la salle à manger en chambre.

— Tu aurais la télévision : tu t'ennuierais moins ! expliqua-t-elle.

En réalité, elle n'osait avouer que la fatigue la gagnait le soir, à force de multiplier les allées et venues entre le rez-de-chaussée et le premier. Même assistée à tour de rôle par Amandine, Aurélie ou Julienne, résisterait-elle longtemps ? Elle était prête à dormir sur le divan, la nuit, pour qu'il ne soit pas seul à l'étage.

Léonard s'opposa à son déménagement.

— J'ai envie de mourir dans mon lit, écrivit-il sur son ardoise. Au milieu de mes souvenirs... Comme ta mère...

Elle céda.

Désormais, le passage de l'infirmière ponctua deux fois par jour la vie du domaine. La jeune femme se déplaçait depuis Laguiole à bord d'une 4 L rouge qui se repérait de loin au milieu des champs de neige du plateau. Elle sympathisa avec Blandine qui lui offrait café et gâteaux à chacune de ses visites. Elle la prépara à cohabiter avec la maladie...

A la fin du mois de janvier, Léonard sembla enfin se remettre de son opération : il mangeait avec plus d'appétit, rompait l'isolement dans lequel il s'était enfermé et passait une partie de ses journées à lire des romans de Daudet — cadeaux de Numa — ou devant le poste de télévision à la tombée de la nuit, trouvait la force de se rendre à l'étable en compagnie de Blandine ou seul avec deux cannes. Chacun s'en réjouit, surtout le petit Jacques qui avait été impressionné de voir son grand-père si apathique avant Noël.

— On le guérira ! répétait-il à sa mère. Pas vrai ?

— Bien sûr ! répondait-elle, se gardant de briser ses espoirs.

Le docteur Lambert l'avait prévenue : la rémission risquait d'être brève. Elle perdura jusqu'à la mi-mars. Soudain, en quelques jours, l'état de Léonard s'aggrava. Au début de la semaine de Pâques, une ambulance le ramena à l'hôpital...

Crises et répits se succédèrent ainsi jusqu'à l'été, le privant peu à peu de l'énergie qu'il conservait encore. Bientôt, il cessa de lire : ses yeux se brouillaient au bout d'une page tandis que ses forces le trahissaient et il ne pouvait tenir plus de quelques minutes un livre ou le journal entre ses mains. Léonard compta alors sur sa fille pour le distraire, maintenir un lien avec le pays. Le matin, elle poursuivait la lecture d'un roman de Jean Giono, *Regain*, offert par François à Pâques et qui leur arrachait des larmes à tous deux. A nouveau dans l'après-midi, après sa sieste, elle reprenait son rôle de lectrice pour feuilleter le journal en sa compagnie, découvrir les menus faits qui émaillaient la vie des hameaux ou des communes de l'Aubrac. Parfois, le vieil homme s'assoupissait pendant qu'elle détaillait les cours du bétail des dernières foires de Laguiole ou de Saint-Geniez. Ils passaient beaucoup de temps ensemble dans sa chambre que baignait une semi-pénombre derrière les volets mi-clos. Assis dans son fauteuil, Léonard écoutait sa fille raconter le quotidien du domaine. Elle savait à ses réactions — un mouvement de ses doigts, un hochement de tête ou un battement de cils — que l'événement le plus anodin l'intéressait. A ces récits succédait un long silence. Blandine posait alors une main sur celle de son père puis tous deux laissaient vagabonder leur esprit — unis en pensée.

Avant que la maladie le condamne à rester alité, elle décida de l'emmener sur la montagne qu'il souhaitait revoir une dernière fois avant de quitter ce monde. Un matin de la mi-juillet, son mari et le maître-valet l'aidèrent à l'installer confortablement sur la banquette arrière de la voiture. Pour rassembler le troupeau près du buron, Gauthier avait sollicité le concours de Jules et de Pied-Bot en plus du pastre et du *bédélié* ; il craignait que les bêtes ne renâclent à le suivre à cette heure de la journée où elles avaient l'habitude de se masser autour du lac. A sa surprise, dès qu'il lança son premier appel, les vaches les plus anciennes levèrent la tête. Il répéta leur nom d'une voix douce, mais ferme, jusqu'à ce qu'elles cessent de ruminer, le fixent puis marchent dans sa direction. Elles finirent par entraîner leurs compagnes ainsi que les jeunes veaux, plus indisciplinés.

Lorsque Léonard reconnut ses favorites puis les doyennes de l'étable, son visage s'éclaira. Installé sous un arbre, il souriait. La joie pétillait dans ses yeux tandis que des larmes coulaient sur ses joues pâles. Passée cette première émotion, il s'attacha à repérer les plus jeunes — « la relève ! » se plaisait-il à dire avant. Son regard se promena de l'une à l'autre et il s'efforça d'identifier les différentes souches. Dès qu'il hésitait, il se tournait vers Gauthier et — au prix d'un effort qui l'obligeait à grimacer de douleur — pointait le bout ferré de sa canne sur une bête dont son gendre s'empressait de dresser l'arbre généalogique. Il était comblé.

Avant de redescendre au domaine, Léonard insista pour visiter la cave ; il s'appuya sur Gauthier et sur le Merle pour parcourir les quelques mètres qui le séparaient de la porte d'entrée du buron. A peine avait-il pénétré sous la voûte de pierre qu'il dut s'asseoir sur une chaise près d'une travée ; ses jambes refusaient de le porter. Un moment plus tard, il se sentit mieux et se redressa à nouveau pour effleurer de la main la croûte fleurie des fourmes fabriquées en début de saison. En connaisseur, il porta les doigts à ses narines puis, satisfait, hocha la tête. Aussitôt, saisi par la fraîcheur de la pièce, il voulut retourner à la voiture. Même si cette sortie l'avait épuisé, il pouvait désormais mourir en paix.

Aux premiers jours d'août, Léonard ne se leva plus ; il devint de plus en plus faible au point de ne pouvoir chasser les mouches qui assaillaient ses mains ou ses joues décharnées. La maladie l'avait rendu méconnaissable. Lorsque François le découvrit dans son lit à son retour au pays, son cœur se serra.

— C'est la fin ? demanda-t-il à sa sœur.

— J'en ai peur ! dit-elle d'une voix triste. Avec ces chaleurs, il ne résistera pas longtemps... Quelques jours seulement... Il savait que tu allais descendre ; il a voulu tenir jusqu'à ce que tu arrives...

Dès le lendemain, ils appliquèrent ses dispositions : prévenir le curé de Roquebrune ; ouvrir l'enveloppe qu'il avait rangée dans le tiroir de son armoire avec son livret de famille, et qui contenait ses dernières volontés. L'abbé Humbert, retenu par un service funèbre ce matin-là, ne put se déplacer qu'après le repas de midi ; il passa un long moment au chevet de Léonard dans la chambre aux volets clos où régnait déjà une atmosphère de veillée mortuaire et où on étouffait malgré la fenêtre restée entrouverte. Puis, en la présence des siens, le malade reçut l'extrême-onction...

Après le départ du prêtre, ses enfants se retrouvèrent à la salle à manger pour prendre connaissance de la lettre qu'il avait rédigée le 16 août 1966 — l'été précédent — au lendemain du repas de famille au buron. François la décacheta d'un coup sec et en commença la lecture d'une voix lasse mais qui s'efforçait d'être claire en dépit de l'émotion.

« Mes chers enfants,

« Plus les jours passent et plus le temps m'est compté ! Pauline m'attend depuis vingt-quatre ans et je ne tarderai certainement pas à la rejoindre. C'est maintenant une question de mois. Tant que la maladie m'accorde du répit, j'en profite pour mettre de l'ordre dans mes affaires. Comme je vous l'ai si souvent dit, nous exploitons les terres du Cayla depuis trois siècles... »

François glissa sur les rappels historiques, qui occupaient près d'une page, pour aborder les points essentiels. Léonard souhaitait que le domaine revienne en intégralité à Blandine et à Gauthier qui le transmettraient à leur fils Jacques. « Comme son père, ce garçon — se plaisait-il à souligner à propos de son petit-fils — aime les montagnes et la race d'Aubrac. Je suis sûr qu'il aura à cœur de préserver Le Cayla, de perpétuer la tradition, de poursuivre nos efforts... » Nul n'en parut étonné. En revanche, les décisions prises à l'égard de François surprirent : il héritait d'une montagne dans le Cantal.

— Une montagne ? murmura-t-il, abasourdi et ravi à la fois.

Il se tourna vers sa sœur et son beau-frère. Savaient-ils que les Fau possédaient soixante hectares d'estives au pied du plomb du Cantal ? A leur air ébahi, il en déduisit qu'ils l'ignoraient aussi. Dès l'hiver 1963, alors que les projets de François menaçaient de priver le domaine de pâturages d'été, Léonard s'était mis en quête d'une montagne à trente kilomètres à la ronde. Pendant des mois, il avait cherché en vain. Rien n'était à vendre ! A force d'écrire aux notaires et aux maires, il avait déniché des pacages d'altitude près de Bélinay, aux confins des berceaux naturels des races d'aubrac et de salers, qu'il léguait à son fils. « François est attaché à la terre comme les gens de l'Aubrac, écrivait-il. Maintenant qu'il a réussi, c'est bien qu'il en possède aussi. Cette propriété, il pourra la louer à un éleveur ou la "charger" d'un troupeau d'aubracs... Peut-être un jour, retiré des affaires parisiennes, aura-t-il envie à son tour de se lancer dans l'élevage... On pourrait sauver la race d'Aubrac si les Parisiens qui ont des capitaux soutenaient nos efforts au lieu de jouer les spéculateurs dans le pays ou de devenir propriétaires de fermes en Normandie, en Sologne, dans la Marne... L'Aubrac a besoin de tous... » Ecoutant un discours entendu maintes fois dans sa bouche, François et Gauthier échangèrent un regard complice : Léonard avait ménagé les intérêts de chacun, éliminé les sources de conflits. Il s'était efforcé d'être équitable, d'éviter des sentiments de frustration chez son fils ainsi que des occasions de dispute après sa mort. Quel talent de démineur !

Dans sa précipitation, François avait oublié un passage ; il s'en aperçut en reprenant les feuillets et put ainsi préciser que la vente d'une maison à Rodez avait permis d'acquérir cette montagne.

— Une maison à Rodez ? s'exclama-t-il alors.

« Après notre mariage — expliquait Léonard — et son installation au domaine, votre mère craignait de s'ennuyer en Aubrac. A Paris, elle sortait beaucoup. Elle avait pensé que nous aurions pu passer en ville une semaine par mois pendant l'hiver. L'argent de sa dot avait servi à acheter une maison à Rodez, sur le tour de ville. Nous l'avons peu habitée : votre mère se plaisait au Cayla ; nous l'avons louée... Au début de la guerre, nous avions décidé de la réserver à Blandine si elle choisissait de s'établir à Rodez... Le destin... »

La jeune femme remonta en quelques secondes le fil de sa vie. Que d'épreuves depuis ! La maladie et la mort de sa mère ; l'assassinat de son premier mari et les lettres anonymes ; l'accident de Gauthier ; le décès d'Antoine... Chaque fois, elle avait puisé du réconfort auprès de son père, la force de se battre contre le sort ; il l'avait aidée à retrouver l'envie de vivre puis les chemins du bonheur aux côtés de Gauthier, de ses enfants. Blandine avait une dette qu'elle s'efforçait d'honorer depuis des semaines à son chevet, l'entourant de son amour et de ses attentions, essayant de deviner sur ses lèvres ce qu'il éprouvait le besoin de dire mais ne pouvait plus exprimer — incapable de tenir une craie, ou un crayon, entre ses doigts. Elle passait des heures à ses côtés, l'obligeant à s'alimenter alors qu'il se laissait mourir...

La voix de Julienne qui les avait relayés près du vieil homme la tira brusquement de ses réflexions :

— Blandine ! François !

Elle sursauta sur sa chaise, exténuée par les nuits de veille qui s'enchaînaient sans répit depuis une dizaine de jours, avant de se précipiter au premier.

— Papa ! Papa ! s'écria-t-elle dans le couloir.

Léonard agonisait. Ses doigts s'agrippèrent à son bras comme s'il cherchait à se raccrocher à sa jeunesse, à la vie. Un instant plus tard, ils lâchèrent prise et retombèrent mollement sur le drap.

Serrant dans ses bras un corps squelettique, Blandine sentit un nœud garrotter sa gorge.

Puis les larmes inonder ses yeux...

ÉPILOGUE

En mars 1994, vingt-sept ans plus tard, le domaine reçut le prix de championnat de la race d'Aubrac au concours général du salon de l'Agriculture de Paris pour son taureau Prince qui accusait — sur la bascule — le poids respectable de 1 250 kilos ! Le jour du ballet des plus belles bêtes, tous les hommes de la famille l'entouraient : Gauthier ; son fils Jacques ; son petit-fils Lilian, âgé de six ans, que la passion des animaux poussait déjà à dormir sur un lit de paille à l'étable pendant la période des vêlages. Les Parisiens les avaient rejoints à la Porte de Versailles avant que Prince n'entre en scène sur le ring d'honneur après avoir été bichonné par son maître sous l'objectif d'une caméra de France 2.

— Ce soir, on débouchera le champagne ! prédit François à son beau-frère avant de l'entraîner au bar le plus proche dans l'attente du défilé. Comme en 1957... A la brasserie Galilée...

Gauthier sourit : ce premier prix obtenu à Paris paraissait loin ! Il avait vieilli depuis. Des fils blancs parsemaient ses cheveux bruns. Que de chemin parcouru ! Des années d'efforts alternant espoir et découragement. Blandine y avait apporté sa pierre, plus encore au lendemain de la disparition de Léonard. Malgré la tâche difficile qui les attendait, ils avaient mis un point d'honneur à tenir leurs promesses : préserver le domaine, maintenir son rang, défendre la race d'Aubrac, se soucier de l'avenir. Ils avaient réussi. Préparant leur succession, ils avaient associé Jacques à leurs choix et leurs décisions dès son retour du service militaire. En août 1987, leur fils avait épousé une jeune institutrice de Prades, Ariane, née dans une vieille famille d'éleveurs, qui l'avait charmé par son sourire et l'éclat de ses prunelles noisette, son attachement à l'Aubrac et sa simplicité. Deux garçons de six et trois ans remplissaient la maison de rires et de pleurs...

— On sablera le champagne ! répéta François à Gauthier sur un ton insistant. Prince est très beau...

A ses yeux, il surpassait le taureau Fidel issu d'un élevage de Laguiole, photographié par Yann Arthus-Bertrand et choisi depuis deux ans pour illustrer l'affiche du Salon sur les murs du métro, les spots publicitaires à la télévision.

Gauthier reconnaissait que ce magnifique mâle de trois ans, né dans les étables du Cayla, avait de la classe. Depuis son arrivée à la Porte de Versailles, Prince suscitait l'admiration des visiteurs ; il était convoité par un éleveur mexicain qui en avait proposé un bon prix à Jacques. En dollars !

— Ton fils se débrouille bien ! constata François.

— On est beaucoup plus à l'aise depuis que le vent a tourné sur l'Aubrac, confirma Gauthier.

Menacée par de grandes races bouchères puis abâtardie par le croisement industriel, la race d'Aubrac relevait enfin la tête. C'était une miraculée ! Grâce au regain d'intérêt qui se manifestait envers les races rustiques depuis quelques années en France et ailleurs, elle retrouvait sa place au point que le domaine du Cayla exportait ses meilleurs reproducteurs jusqu'en Allemagne, en Guyane, au Mexique. C'était inconcevable trente ans plus tôt.

— Dommage que mon père ne soit plus là !

déplora François, un brin de tristesse dans la voix. Il aurait été comblé...

Comment oublier ses paroles prophétiques ?

— Il doit être heureux là-haut, murmura Gauthier sous le coup de l'émotion. Il nous a obligés à y croire...

Soudain, le petit Lilian l'arracha à ses pensées :

— Dépêche-toi, grand-père ! Prince passe sur le ring...

En fin d'après-midi, Gauthier, Jacques et Lilian montaient sur le podium pour être félicités par le conseiller agricole du président de la République sous les applaudissements d'une foule de visiteurs. Le soir même, à la brasserie Galilée, la « tribu » fêta les lauriers de Prince autour d'un aligot préparé par François. Titubant de fatigue après cette longue journée, Lilian s'endormit sur une banquette et ses rêves l'entraînèrent sur la draille au matin de la transhumance. Juché sur les épaules de son père, il conduisait le troupeau vers la montagne au milieu des meuglements et du tintement des cloches. Les pâturages, mouillés de rosée, s'ouvraient devant eux ; le soleil jouait avec les gouttelettes d'eau alors que la brume noyait encore la forêt et les lointains.

Du même auteur :

Aux Éditions du Rouergue :

• *La Bête noire. L'Aventure du rail en Aveyron depuis 1858,* 1986.

• *Douze métiers, treize coutumes,* 1987.

• *Les Feux de la liberté (1789-1793),* roman, 1988.

• *La Cloche volée (1793),* roman, 1989.

• *De corne et d'acier. L'épopée du couteau de Laguiole,* 1990.

• *Les Neiges rouges de l'an II (1793-1794),* roman, 1991.

• *Raymond Lacombe. Un combat pour la terre,* 1992.

• *Les Aveyronnais. L'esprit des conquérants* (avec Danielle Magne), 1993.

• *Les Pain blanc,* roman, 1994. Prix Mémoire d'Oc 1994. Pocket n° 4493,1997.

• *Daniel Crozes vous guide en Aveyron,* 1994 ; nouvelle édition revue et actualisée sous le titre *Le Guide de l'Aveyron,* 2000.

• *Le Café de Camille* (avec Danielle Magne), roman, 1995.

• *Métiers de tradition, coutumes en fête, l995.*

• *L'Année des treize lunes,* almanach perpétuel, 1996.

• *Le Laguiole. Une lame de légende,* 1996.

• *La Gantière,* roman, 1997. Prix Lucien-Gachon 1998. Prix des Inter CE (Comités d'entreprise) des Pays de Loire 1998. Le Livre de Poche n° 31/4717/0,1999.

• *La Fille de La Ramière,* roman, 1998. Le Livre de Poche n° 14919, 2000.

• *Ces objets qui nous habitent,* 1999.

• *Julie,* roman, 1999.

Aux Éditions Pour le Pays d'Oc :

• *La Révolution en Ségala. Un district de l'Aveyron de 1789 à 1799,* 1986 et 1987.

Composition réalisée par JOUVE

IMPRIMÉ EN ALLEMAGNE PAR ELSNERDRUCK
Dépôt légal : 19440-05/2002
LIBRAIRIE GÉNÉRALE FRANÇAISE - 43, quai de Grenelle - 75015 Paris.

ISBN : 2 - 253 - 15300 - 1 31/53004/4